星雲智慧

星雲大師　著

王力行　主編
高希均　迴響

星雲智慧

目錄

第三部

大眾事：修忍讓，解生活之道

第四部

談心事：勤行善，解蒙昧雜心

第五部 智慧事：喜讀書，解世上癡愚

第六部 佛家事：主修行，解入世之法

第七部 兩岸事：得善解，解人際之間

第八部

大千事：執正見，解偏執之言

星雲自序

「破船多攬載」

我一生只希望好好地做一個修道的和尚，並沒有什麼大志大願要去辦多少事業，也沒有想要成為一個專業的作家，我只是有一個隨緣的性格，用一句中國的俗話來形容，就是「破船多攬載」。

無論做什麼事情，我都沒有受過專業訓練，只因為我有不忍聖教衰，不忍眾生苦，不忍世間上沒有公平正義，不希望人生懶惰懈怠的性格，因此只要我看到、聽到、遇到的任何事，都想隨喜隨緣去做。就這樣，養成了我一生在佛教裡，不但懂得佛門的叢林寺院生活、戒律規矩、各種專任職務的內容，也歡喜布置花園草木，增添盎然生機；歡喜房屋建築，砌磚牆、釘板模；就是廚房裡面各種酸甜苦辣的料理燒煮，我也有家傳的技能；甚至製作衣服鞋襪、布置地方場所，在我也都不為難事。當然，一般的打掃、清潔、整理，我也心甘情願從事，認為是自己分內之事。

到了後來，又再有各種因緣訓練我，讓我和各類人事接觸。先是從老年的信徒開始，在宜蘭念佛會裡，我帶領他們念佛、參禪；後來，除了老人以外，又覺得青年人需要教育，所以我就辦了補習班、文藝營、歌詠隊；繼而辦理幼稚園、星期學校、兒童班、小學、中學、大學以及佛教學院；再辦出版社、電視台、報紙等等。就這樣，我走上了社會教化的不歸路，當我發心在社會弘法以來，凡是機關學校、工廠監獄，有人要我前去為他們講說佛法時，我都從未拒絕，總是排除萬難地去滿足他們的願望。

我雖沒有正式經過學校教育，可是由於生性好學，無論是古典的文史哲學、近代的散文小說，或是一些中外名著，尤其報章雜誌，我都是如饑如渴地在忙碌中抽空認真閱讀。所以，我的世界也就愈來愈廣闊了。而與一些社會人士之間的往來，是教育家的，我就和他們談教育，向他們學習、了解教育的內容；是軍事家的，我就和他們談論行軍布陣，在心內模擬指揮大軍團的情況；是經濟學家的，我雖不愛錢財，但也向他們學習一些經濟的觀念，例如從經濟學者高希均教授的言談中，我就受益很多。

總之，我不感覺缺乏，只覺得在這個世間上，最重要的就是服務、結緣，用佛教的話講就是要「慈悲」。我本來也沒有想行走天下，弘揚佛法，但是就有各種因緣推動著我去做。可以說，我對佛門的信心，除了自己基本的信仰以及諸佛菩薩的加持，最重要的還是慈悲、服務、結緣，尤其今日能夠「佛光普照，法水長流」，這都得要感謝社會的老、中、青各界影響我、教育我、助長我，讓我時時有一種悟道的感受。

我一生自詡做了一些善行好事，但是少有人稱道，反倒是在奉行佛法、推動人間佛教當中，佛門內外給予我的阻礙、批評很多。好在我的個性，總能把外在的境界不看成是什麼嚴重的事，只求「豈能盡如人意，但求無愧吾心」。就像我辦了多少的學校，人家都不談不說，只說我在哪裡辦過什麼補習班、做過一些什麼隨堂開示；早期我遊走在台灣的三家電視台之間，三、四十年未嘗間斷，也少有人談起。

另外，我有很多學術性的經典註釋、論文著作，也少有人問津，反而是我那許多不成文的作品，像《玉琳國師》、《無聲息的歌唱》等小說和幾首小詩，承蒙藝文界給予我多少的讚美；我的一些通俗化講演、趣談，也引起了人家說我是一個講故事的專家。甚至於後來我每天在《人間福報》寫專欄，十五年沒有間斷，也都沒有什麼人講說我的文章、好事。除了有北京大學樓宇烈等幾位教授採用人間佛教論文做為教科書，和西方一些大學把我的文章翻譯成各種語言做為教科書，幾乎大家都沒有留意過我寫的文章。

現在承蒙天下文化要為我出版《星雲智慧》一書，說是星雲的「隨筆」、「雜感」倒還可以，稱「智慧」，實在愧不敢當。總之，謝謝天下遠見發行人兼總編輯王力行女士和同仁們的幫助，也謝謝有緣的讀者們了！

編者序

佛說的、人要的、淨化的、善美的人間佛教

王力行

星雲大師二十三歲來台，弘法已超過一甲子。他的創新、改革、構建、驗證，把人間佛教落實到每個人的生活裡。

曾經請教過星雲大師：「什麼是人間佛教？」他回答說：「佛說的、人要的、淨化的、善美的，就是人間佛教」。他也說：「人間佛教不是我或太虛大師創立的；探本究源應是釋迦牟尼佛的學說」。正因是「人要的」，也就和我們的生活、生存，社會的變遷、和諧、進步，世界的和平、環境，息息相關。

星雲大師推動人間佛教，就是希望回歸佛陀本懷，將佛法落實到各階層，讓大家透過佛陀的智慧，認識自己、肯定自己。他用特殊的弘法方式：

不同的語言說法

不同的方式弘化

不同的願心為教
不同的目標證悟

最終是要強調「佛性平等」、「緣起中道」、「自覺行佛」、「轉識成智」。

這種把佛法用於人間事、人間理，惠及廣大的人群，而不僅僅限於佛教徒的創新做法，使得人間佛教「給人信心、給人歡喜、給人希望、給人方便」的信念深植人心，話語朗朗上口。

星雲大師是位了不起的宗教家，他擺脫過去誤導佛教是避世消極的形象，關懷世間事。當台灣或世界各地發生與人相關的喜悅、災難和衝擊時，他的「隨緣性格」就會發揮，他的「不忍聖教衰、不忍眾生苦、不忍不公不義、懶惰懈怠」的慈悲心自然流露。

多年來，他以一枝先天優異、後天努力的文學之筆，對於現實社會一些關鍵大事，寫下自己的感想、省思和建議，陸續在各報章、雜誌上刊出。

這本《星雲智慧》一書，正是集結了大師多年來對許多問題的評論。我們把全書分成八個章節：人間事、悲苦事、大眾事、談心事、智慧事、佛家事、兩岸事、大千事。在書中，大師談媒體、談民主、談災難、談教育、談生死，事事都離不開佛理佛法。字字珠璣，看出他的慈悲、智慧、包容和無私。

每篇章節之最後，更有高希均教授的迴響文章；使得本書更臻圓滿。

第一部

人間事：要捨去，解人間煩惱

挑戰壓力的勇氣

諸位仁者：

從九月五日到十月十日，一個月零五天之中，幾位職事陪著我走過美國、加拿大、巴西、阿根廷、英國、德國、瑞士、法國。三十五天的行程，天天在坐飛機，有時甚至長達二十六小時，下了飛機，人好像踩在雲裡，飄浮不落實的感覺；天天在搬運行李，二十四箱的大紙箱，裝滿佛光山與佛光協會的訊息，要帶給遍於海外的佛光人。

每到一個別分院，我總聽到徒眾跟我提起讀書的事。讀書本來是一件很美妙、很重要的事，但是我覺得讀書會使一個人讀得很成功，但是也會使一個人讀得很失敗；讀書會使一個人很有用，但是也會使一個人一無事處；讀書能使一個人很明理，但是也會使一個人變成很無明；讀書能使一個人懂得謙虛，但是也會使一個人變成知識上的傲慢；讀書能使一個人思想開通，但是也會使一個人頑冥執著；讀書能使人成聖成賢，但是也會使人自私自利；讀書能啟發正知正見，但是也會使人變得愚昧偏邪；讀書能使人氣度寬宏，但也能使人肚量狹小；讀書能使人精進奮發，但也會使人懶惰無能。

有的人很能讀書，有的人不能讀書；有的人愛讀書，有的人不愛讀書；有的人很會讀書，有的人不會讀書；有的人活讀書，有的人死讀書。佛光山的大家，你們要讀哪一種書呢？讀書要學以致用，學了以後沒有用處，倒不如不學，你要怎麼用法呢？

有的弟子問我：一天到晚坐飛機，不覺得危險嗎？一天到晚忙碌奔波，不覺得壓力很大嗎？因此，讓我想起一些問題，我有幾點意見告訴你們：

一、我不覺得有壓力

大家常常說：「我工作壓力很大。」「我生活壓力很大。」但是我確實不覺得有壓力。人生本來就需要奮鬥，世間本來就是一種責任。一個氣體飽滿的皮球，如果你不打它、壓它，它怎麼彈跳得起來？我們為什麼甘心做個洩了氣的皮球呢？為什麼不能承受壓力，使自己進步、再昇華呢？我很慶幸自己童年的時候，遭遇到一些苦難、挫折，使我養成習慣壓力的個性，因此日後縱然遇到壓力，我也不覺得，反而感到很幸福。我們要有不怕向壓力挑戰的勇氣，一旦不覺得有壓力，能夠奮鬥不挫，自然有力量。

二、我不覺得有危險

世間上究竟哪裡才是安全？哪裡又是危險呢？我從小就在戰亂中度過，先是中日戰爭，再是國共戰爭。四十多年前，我來到台灣也不是為躲避戰亂，而是為了參加「僧伽救護隊」，為因戰亂而傷亡的人救苦救難，結果反而平安地過了四十多年。因此，佛光山的弟子不要害怕危險，要像富樓那尊者，甚至基督教、天主教的教士們那樣，冒險犯難，到邊遠險惡的地方傳播佛法真理。

三、我不覺得有困難

世間上沒有困難的事，只要我肯發心，困難也迎刃而解，變得不困難。拿破崙曾說：「在我的字典裡找不到一個『難』字。」我們也要訓練自己的人生沒有困難的畏怯。我們佛弟子成佛作祖，如此難行能行、難忍能忍的事，都有勇氣追求實踐，成佛都敢承當，了生脫死都敢承認，除此，天下還有什麼更困難的事嗎？不要常常把困難放在心裡，擺在嘴邊，那是推諉不負責任的態度。

四、我不覺得有忙碌

我一天到晚海外五大洲、國內台灣環島，有許多的會議要開，許多的事情要辦，許多的人要見，許多的人輪流要和我講話，坐車子有人和我講話，連坐飛機空服人員、駕駛員也跑來和我說話。在忙碌的生活中，大家要養成人忙心不忙的定力，忙碌時而心中自有一份安詳、寧靜，忙亂中自己要能夠處變不驚，大家應該做一個雖忙碌而悠閒的人。

五、我不覺得有是非

有人生活在人我是非之中，我以為說人是非者，便是是非人。我不輕易相信是非，也不為是非所動，因為是非好壞沒有那麼要緊。我一生受到多少毀謗打擊，從生下來就被人品頭論足了數十年，佛陀都有人毀謗，我何如人也，我還把是非看得那麼嚴重嗎？我要耿耿於懷嗎？有的人為了別人的一句話、一件事，幾天吃不下飯，幾夜睡不著覺，甚至幾年過去了，還掛礙在心頭，揹著是非過日子，徒然增加自己的煩惱，不是很愚昧的行為嗎？我們要以佛法的般若智慧來照破是非，雖處是非而不說是非，不怕是非。

六、我不覺得有寒熱

有的人天氣太熱了受不了，天氣太冷了又不能適應，寒冷、炎熱又有什麼關係呢？禪師說：「寒冷的時候要到寒冷的地方去，炎熱的時候就到炎熱的地方去。」前賢古德的禪語詩偈，我們一點也沒有受用嗎？今日佛弟子最大的悲哀，就是不能運用佛法來轉變環境，反而隨境而轉。冷熱隨他去，心中自清涼，你能如此，你就能隨處而安，隨緣自在了。

七、我不覺得有榮耀

許多的信徒恭敬我、讚歎我、供養我，但是我心上從不覺得有絲毫的榮耀。因為大家對我的恭敬、讚歎、供養，只讓我覺得更加的任重道遠，更加的戰戰兢兢，要如何加倍精進勇猛，才能回報檀那厚德！佛陀處逆境不憂苦，處順境也不欣躍，我佛光弟子也要有如此的涵養，順逆當前，都能如如不動。

八、我不覺得有委屈

生活中不可能事事盡如人意，但是也不必因此煩惱。比如出國上飛機前，海關人員要搜身；上車子沒有位子坐，法治之前人人平等，我一點也不覺得委屈。有晚輩來拜訪我，我都說：「不必了，我去你那裡談話好了。」對方認為我移駕太委屈了，在我看來，一切都很平常，何來委屈呢？我希望佛光人都要有這種「能大能小，能進能退，能屈能伸，能榮能辱」的氣度，縱然有委屈也不為意。

九、我不覺得有時差

我飛行各國，一路轉機，世界各國都有時差。有時正當美國半夜二、三點時，經常有徒眾、職事在台灣吃過晚飯後，就打電話給我，我都是從睡眠中起接聽。他們吃過藥石有時間打電話，不過我半夜在睡眠也有時間聽電話。我希望佛光山的弟子要有國際的性格，首先要培養沒有時差的煩惱。不覺得有時差的困擾，才能海闊天空，任性逍遙。

十、我不覺得有空距

古人說咫尺天涯，天涯咫尺，天涯若比鄰，哪裡是近的？哪裡又是遠的？「只要自覺心安，東西南北都好。」我確實，在世界上走到哪個國家，都覺得哪個國很好，風景好、氣候好、人情好，三千大千世界都好，大千世界都在我的方寸之間，還有什麼空間距離的不便感覺呢？

十一、我不覺得有灰心

很多人常問我：「師父！您曾經失望嗎？您曾經灰心嗎？」對於一切的人或事，我總認為「當然的」，人我的意見紛爭是「當然的」，事情的困難棘手也是「當然的」，被人欺悔陷害，想到自己道德不夠；被人打擊傷害，想到待人慈悲不夠，如此一來，便沒有什麼灰心失望了。我對於弟子從來沒有灰心的念頭，我對於遭遇到的事情也沒有沮喪退轉的心，有的只有隨緣的平常心。

十二、我不覺得有缺乏

有的人需要維他命丸，有的人需要別人的呵護，有的人需要物質的供應，有的人需要精神的關愛。佛光山的弟子要養成沒有缺乏的習慣，我們擁有了佛法、擁有了慈悲，擁有了六度萬行的清淨功德，我們還缺乏什麼呢？

除了十二種不覺得有什麼之外，大家應具備十二種我覺得有：

1. 我覺得我有慈悲、
2. 我覺得我有發心、
3. 我覺得我有耐心、
4. 我覺得我有勤勞、
5. 我覺得我有隨緣、

6. 我覺得我有坦誠、
7. 我覺得我有合群、
8. 我覺得我有惜福、
9. 我覺得我有慚愧、
10. 我覺得我有感恩、
11. 我覺得我有明理、
12. 我覺得我有擔當。

希望各位仁者
精進實踐
道業有成

星雲
佛光紀元二十六年
十月二十一日
（刊於一九九二年十月佛光山傳燈學院）

【修心之鑰】

- 人生本來就需要奮鬥，世間本來就是一種責任。我們要有不怕向壓力挑戰的勇氣，一旦不覺得有壓力，心裡自然產生力量。
- 說人是非者，便是是非人。不輕易相信是非，也不為是非所動，因為是非好壞沒有那麼要緊。
- 禪師說：「寒冷的時候要到寒冷的地方去，炎熱的時候就到炎熱的地方去。」冷熱隨他去，心中自清涼，如此才能隨處而安，隨緣自在。

現代青年應有的人生觀

一個人的生活在物質上有所滿足後，就需要精神的生活；擁有精神生活後，還要追求藝術的生活；生活中要求真、求善、求美；有了藝術生活後，就想要再超越，進而嚮往宗教的生活。

現代青年應具有什麼樣的人生觀呢？

一、從退讓中體驗樂趣

我們現在的口號是「向前進」，不能開倒車，一般人也都認為退讓比較消極，其實這可不一定。為什麼呢？「以退為進」，有時候退一步比進一步高明。因為我們大都只看到前面的世界，忽略了後面這一個世界其實也很有樂趣，佛教裡有一首偈語說：「手把青秧插滿田，低頭便見水中天；六根清淨方為道，退步原來是向前。」我從佛教生活中感受到一點心得，就是我們在人際間如何相處，自己如何和他人處得快樂，提供四點給大家參考，即（一）你對我錯；（二）你大我小；（三）你有我無；（四）你樂我苦。

二、從寧靜中安頓身心

我們經常聽別人說：「這個世界太動亂了，現在的社會噪音很多，我們找不到片刻的安寧、片刻的寂靜。」寂靜是很重要的，寧靜才能致遠；從寧靜中可以找回自己，從寧靜中可以找回智慧。

三、從自制中克制物欲

外界給予我們的誘惑太多，金銀財寶、感情、洋房、汽車……都是誘惑。現在年輕人也委實了不起，需要培養很大的力量，才能在與外界作戰時有勝算。修心主要也是與煩惱欲望作戰，從道德、修養中可以感受到這股力量，而忍耐和自制就是我們戰勝誘惑的主力。

四、從空無中認識人生

現代年輕人的人生觀為什麼狹小不能寬大？要想寬大，像虛空一般，要能對「空」有所認識。「空」、「無」一般人常將其視為佛教老套，所有東西都說四大皆空，這是完全不了解最高真理「空」的意義。一般人說「空」，有「空」的觀念，就是「不空」；佛教的「空」，不是由知識得來的，而是從體驗得來的。佛教的「空」是要從「萬有的因緣」上去了解的，例如桌子，您們說是木材、是大樹、是種子……，其實這些種種，都是結合宇宙有的因緣，才成為我們眼前所看到的東西，人生的因緣種種也無非是從真空中而產生妙有的。

提供以上幾點讓大家參考，希望帶給青年朋友，建立更美好的人生觀！

（一九九八年十二月二十日刊於《覺世》月刊一三九一期：【佛光世紀——創會會長的話】現代青年應有的人生觀）

【修心之鑰】

- 「以退為進」，有時候退一步比進一步高明。從退讓中體驗樂趣，從退讓中體會更開闊的空間。
- 寧靜，重要且可貴！
- 年輕時早日建立有智慧的人生觀，人生將走得更穩，境界更美好。

如何戰勝自己

世間上有很多偉大的革命家，他們為社會大眾帶來了福祉。但是，所謂的「革命家」，首先必須要革自己的命，要把自己內心的自私、貪欲、瞋恚、嫉妒、愚癡、執著、傲慢、偏狹等毛病一一革除，能夠真正用心為天下黎民百姓犧牲奉獻，才能成為真正的革命家。

例如，中國近代史上，國父孫中山先生歷經十一次的革命，推翻滿清，締造民國，這是人盡皆知的史實。但是，他所革除的，不只是滿清的專制，更是自己的私心、私念，因此得能致力於「天下為公，世界大同」的理想。

至聖先師孔子，一生學不厭、教不倦，甚至「發憤忘食，樂以忘憂，不知老之將至。」他痛斥邪惡、虛偽，而以君子、聖人為修養的最高理想，並且終生致之。因為他能夠戰勝自己的懶惰、惡習，因此圓滿道德事功，成為一代聖人。

佛教裡的曹洞宗祖師洞山良价禪師，為了慕道求法，毅然割捨親情，寫下情摯意切的「辭北堂書」，終於獲得母親的祝福，潛心道業，廣度有情，成為一代祖師。

一個人能夠為了理想而犧牲奉獻，能夠戰勝自己，才是真正的勝利。因為，人生最大的敵人，不是別人，而是自己；人生最大的勝利，也不是戰勝敵人，而是戰勝自己。

然而，在中外的歷史上，有不少軍事家，他們雖然一時戰勝了敵人，卻無法戰勝自己貪求的野心，最後只有功敗垂成，例如拿破崙、史達林、希特勒、亞歷山大等。再如近代的日本軍閥，因為貪圖中國的土地，發動侵略，雖然短暫的統治了台灣，最後仍然落得無條件投降。

其實，在人生的旅途中，每個人縱使有一些與自己理念不盡相同的反對者，但是依佛教來講，自己心中的「八萬四千煩惱」，才是自己真正的敵人，它們像賊人一樣，出沒不定，最難打敗，因此王陽明先生說：「擒山中之賊易，捉心中之賊難」。

所謂「八萬四千煩惱」，實際上是以貪瞋癡為首領，它們是煩惱的根本，也是人生最大的敵人，學佛，就是向自己的煩惱魔軍作戰；念佛，就是對自己的煩惱習氣革命。當一個人的心中不再被自私、貪欲、怨恨、不平、比較、計較、瞋恚、嫉妒等情緒占據時，當下就是解脫煩惱，就是戰勝自己。

在企業界頗負盛譽的台南奇美實業公司董事長許文龍先生，他把公司每年的盈餘分享給員工，他戰勝了自己的私欲、貪求、佔有，故能視員工為一家人，而能利益分享員工，成為人所敬重的實業家。

現任台北市長馬英九先生，是一個有為有守的政務官，他本不希求做官發財，然而一旦國家人民需要他，即毅然棄守個人的堅持，他戰勝了自己的執著，為國為民加入選戰，這就是政治家的典範。

一般說來，經營企業的實業家，無不希望在商場上勝利；從事作戰的軍事將領，無不希望在戰場上報捷。然而人生最大的敵人，不是別人，而是自己的心；一個人如果沒有向自己的內心革命，縱然成功，也只是事功上的成就，自己的道德人格不能圓滿，即不能名之為成功。

目前台灣正值總統大選，未來不管任何人當選，如果大家在競選時，都有「我最好」的信心；落選時，都有「你最好」的風度，大家摒除成見，捐棄私欲，共同合作，相謀為國，這就是真正戰勝自己的人，也才是真正的贏家。

（二〇〇〇年三月十四日
刊於《人間福報》試刊號社論）

【修心之鑰】

- 學佛，就是向自己的煩惱魔軍作戰；念佛，就是對自己的煩惱習氣革命。
- 人生最大的敵人，不是別人，而是自己的心；事功上有成就，自己的道德人格不圓滿，即不能名之為成功。

正人心、去虛假

中華民國第十任總統已於（二〇〇〇年）三月十八日由全民投票選出，這場新世紀的總統大選，使得全台人民的情緒沸騰到極點，創下百分之八十二點七的歷年最高投票率。如今選戰雖已落幕，人民的激情卻未見消退，原因是原本被認為「三強鼎立」的戰局，結果卻出乎意料之外，不但國民黨敗北，而且以百分之二十三的得票率創下國民黨歷屆選舉之最低紀錄，不得不將執政五十五年的政權轉移給勝選的民進黨。

儘管事後國民黨緊急開會檢討，將敗選原因歸於輔選不力、黨內分裂等因素，然而此次代表國民黨出線參選的連戰先生，卻認為自己有「被騙」的感覺，原因是選前他曾三次拜訪李遠哲院長，皆被對方以「不願介入政治，保持中立」的話回應，未料最後卻出面挺陳水扁；甚至選前的民調也與開票結果相去甚遠，因此連戰說這場選舉不僅讓他傷身，而且傷心。

尤有甚者，部分選民因為不滿選舉結果，因此展開示威抗議，無形中為民主政治的選舉蒙上陰影。

綜觀整個事件的癥結，就是一個「假」。

假，就是不誠實，不坦白；假，就是違反自然，就是不正常，更是不合真理。世間上凡一切「假」，必為人所唾棄，例如美國總統柯林頓在緋聞案中，因為證詞做假，險些被迫下台；乃至今日的中國大陸，最可怕的是到處一片假風，整個大陸民心可以說就是一個「假」，造成彼此互相猜疑設防，這樣的社會何其悲哀，這樣的人民何來尊嚴？所以佛教五戒中的戒妄語，就是不說假話，假話會傷人心；不做偽證，偽證出賣人格；不賣假藥，假藥害人身命等。

做假，是一種病態，說假話的人無非為了掩飾自已的錯誤，或是為了圖謀某種利益，但是說了一次假話，必須編造更多的謊言才能自圓其說，不但自己勞神費心，一旦謊話被拆穿，重者身敗名裂，輕則斯文掃地，甚至整個社會因為太多人喜歡說假話，乃至講真話沒有人相信，偏偏愛聽虛偽的假話，以致造成社會的紛爭、訴訟迭起，所以今日社會風氣需要善化、美化、淨化，尤其需要「正人心、去虛假」。

是故，激烈的選戰已落幕，選舉結果也明朗化，對於選前舉發的抹黑案、賄選疑雲，棄保效應等，箇中不管誰是誰非，肯定當中有人講假話。因此，希望各案都應該有社會的公證人士勇敢的站出來講真話，要讓真相大白於天下，不要講假話，不要再讓假象迷惑人心，以免造成社會的紛爭與不安，這也是政治人物應有的風範，果能如是，則可謂功德無量矣！

（二〇〇〇年三月二十二日刊於《人間福報》社論・試刊號）

【修心之鑰】

- 不說假話，假話會傷人心；不做偽證，偽證出賣人格；不賣假藥，假藥害人身命。
- 社會風氣需要善化、美化、淨化，尤其需要「正人心、去虛假」。
- 要讓真相大白於天下，不要講假話，不要再讓假象迷惑人心，以免造成社會的紛爭與不安，這也是政治人物應有的風範。

明辨殺生之因

——對皮草話題的回應

在前日（二月四日），佛光山花木奇石藝展記者聯誼會。為表示禮貌起見，記者臨走前，我接見了這些完成採訪的記者。忽然有一記者來到我跟前，問我應不應該對穿戴皮草的人撻伐譴責。

當他提出此一問題時，我腦中幾乎一片茫然，因為方才的花木奇石藝展與此主題毫不相干，佛光山舉辦的花木奇石藝展所倡導的是生命的提升、心靈的安頓，與皮草並論絲毫沒有任何關聯，如果硬要進行討論的話，也許是其中園區內的素食動物園了。可是佛光山的素食動物園，其旨意是建立在生命的教育意義上，藉由兒童認識動物的柔軟與和善，從而培養內心的慈悲和對生命的關懷。

因此，我對該記者的問話原意並不十分清楚，我只是說，穿戴皮草的人，他們的原意是建立在皮草溫軟美觀的層面，買皮草的人並沒有考慮到殺生的問題，而我們應該要追本溯源，對動物的濫捕、濫殺才是最嚴重，應該受到人們的譴責。

一向少看電視的我，對動物保育團體所拍攝的殘殺動物畫面，心中深為不忍。但是如果要譴責穿戴皮草的人，首先必須要追溯皮草的製造來源。雖說沒人穿就沒人買，沒人買就沒人殺，但是凡事都有前因後果的關係，在此一問題上，我們必須要從因的層面去追究，因為「有殺生才有人買，有人買才有人穿」。

在人們日常生活中，皮革用品種類頗多，鞋子、皮包、衣物、用具等等，這都是人們久遠以來的陋習，光是一味苛責穿戴皮草的人，不去重視「戒殺」這個問題，是無法真正解決問題的根本所在。

上述是我對皮草話題的回應。

（二〇〇五年一月七日
刊於《人間福報》投書：
穿戴皮草固不該 殺生更應受譴責）

【修心之鑰】

• 買皮草的人並沒有考慮到殺生的問題，而我們應該要追本溯源，對動物的濫捕、濫殺才是最嚴重，應該受到人們的譴責。

• 沒人穿就沒人買，沒人買就沒人殺，但是凡事都有前因後果的關係，在此一問題上，我們必須要從因的層面去追究，因為「有殺生才有人買，有人買才有人穿」。

生命的密碼

時間：二〇〇七年四月十日
地點：重慶巴渝劇院

人，生從哪裡來？死往何處去？有沒有前生？有沒有來世？生命究竟何去何從？這是許多人很想了解的問題。

本文分別就佛教和科學的立場，從體、相、用、理四個層面，來探討生命的奧祕。人，如何因身、口、意的造作，而使生命生生世世流轉不息？生物界中，如何從單一細胞演化到三千萬個物種，卻仍符合佛陀所說的因緣法？人能不能單獨活在世間，不需要別人給予的因緣？在苦樂參半的世間，如何透過修行，達到證悟涅槃？驅使生命輪迴的動力，究竟是什麼？生命的密碼又是哪些要素？以下茲分為四點，加以說明：

一、以科學來說是基因，以佛法來說是業力（體）

十九世紀，奧地利遺傳學家孟德爾以豌豆進行研究，他發現生物身上的特徵是由遺傳因子所決定，而這個遺傳因子就是現代所說的「基因」。基因位於細胞核內的染色體中，是決定生物性狀的基本單位。每個基因控制著生物體上的一項特徵，且基因之間也會交互影響。例如：人類體型的高矮胖瘦、智商的優劣高低；植物外觀的不同花色、生長的抗病機制；動物奔跑的速度快慢、環境適應的能力強弱，都與基因有著密切的關係。此外，親代透過基因遺傳，將身上的特徵傳給下一代，這也說明了親子之間，為什麼會長得相像的原因。

近年來，美、英、德、法、日、中等世界各國的科學家，更致力於人類「基因圖譜」的建立，希望找出人體所有的基因，並列為圖譜，以幫助癌症、先天性疾病等患者，針對有缺陷的基因，加以治療，期使患者恢復健康。然而，根據最新研究資料顯示，人體內至少含有三萬個以上的基因，且每個基因含帶有幾千至幾萬個鹼基對，實在非常複雜。因此，科學家想要藉由解讀基因，來探索生命的奧祕，仍有一段很長的研究之路要走。

生命的密碼，站在科學的立場是基因，以佛法而言是「業力」。業，是身、口、意所造作的各種行為。業的類別依性質區分有：善業、惡業、無記業。此外，招感三界五趣的總報者，稱為「引業」，而令此總報體的種種差別得到圓滿決定的，稱為「滿業」。又表現在外，能示予他人，稱為「表業」，持續潛隱於內的業果力量，無法表示於外，令他了知，稱為「無表業」。各人所造的善惡諸業，往後必招感相應的苦樂果報。當招感果報的受果、受時俱定，稱為「定業」；反之，受果、受時俱不定，暫不受報，稱為「不定業」。

身、口、意的行為，無論善惡，都會產生一股力量，驅使我們去造作新的行為，新的行為又會產生新的力量。如此，行為生力量，力量又生行為，輾轉相生，形成了循環式的業力推動圈。而這些善惡業力，平時就如種子般埋藏在我們的第八識——阿賴耶識中，一旦種子遇緣，便起現行，果報分明。經云：「假使百千劫，所作業不亡；因緣會遇時，果報還自受。」善惡業的因緣成熟，一切還得自作自受，這是業力招感果報不變的定律。

生命密碼是什麼？這個問題，若以體、相、用三者來區分回答，生命密碼的「體」，是科學所說的「基因」，佛法所指的「業力」，而基因好似業力。基因理論促進生命科學的發展，對地球生命的起源、生命型態的演化、細胞發育分化的過程、疾病發生的研究，提供了很好的參考資料，且現代科學家也成功的繁殖了基因複製牛、基因複製羊。雖然如此，但科學人工的複製，也僅限於複製動物外在的有機形體，對於內在的精神世界和心靈能量，依舊無法複製。且以佛教觀點來看，複製牛、複製羊的基因，也都是由業力潤生而成，所以生命仍要用生命才能複製，一切都離不開因果。儘管科學日新月異，還是無法發明生命，因為生命是因緣和合，生命是業力維繫。業力猶如念珠的線，把我們的生命從過去到現在、從現在到未來，生生世世串連在一起。

二、以能量來說是轉換，以輪迴來說是因果（相）

二千多年前，佛陀即說萬物是由地、水、火、風四大所組成，後來科學家也證實，空氣（風）、水、火、土是宇宙組成的要素，而且這四種要素均具有輕與重、冷與熱、乾與溼、軟與硬、靜與動等相反的特性，由於這些特性組合比例的不同，便產生不同的變化，形成宇宙的森羅萬象，也為萬物帶來生命。

然而，這些有生命的萬物，並非只是被動的接受者，它們也聯手創造、補充維繫生命的地、水、火、風四大要素，例如：植物進行光合作用，將太陽能轉換成可以儲存的化學能，並讓大氣豐富含有維持生物所需的氧氣（風）。生物的新陳代謝循環，幫忙捕捉製造水所需要的氫元素，使它們不致散逸到太空中（水）。亞馬遜雨林則是世界的心臟，調節著全球的氣候（火）。微生物和植物活著時，幫忙將巨礫化為微塵，死後屍身埋入表土，成為其他生物的養分來源，而所有的生物死亡時，屍身又被微生物分解，重返大地（地）。因此，從宇宙的現象來看，生命的密碼，就在不同形式的能量轉換。

站在佛教的立場，生命的密碼所展現的相是因果輪迴。何謂因果？簡單的說「種什麼因，得什麼果」。因果，是宇宙萬有生滅變化的普遍法則。從自然界到眾生界，從天體到微塵，沒有一個現象能脫離得了因果關係，所以因果也是宇宙人生的實相。

又因果通於過去、現在、未來三世，因此我們不能只看一時。有時現生造業現生受報，或現生造業來生受報，或現生造業多生後受報。儘管果報有遲速，但種下

「因」後，未得「果」前，因是不會消失的；反之，不作一定的業因，也就不會得到相應的結果，故《涅槃經》云：「善惡之報，如影隨形，三世因果，循環不失」。我們想要掌握自己的命運，就必須先了解三世因果，正是所謂「欲知前世因，今生受者是；欲知來世果，今生作者是。」

談到輪迴，世間一切的現象都離不開輪迴循環的道理，例如：宇宙物理的運轉是輪迴，善惡六道的受生是輪迴，人生生死的變異是輪迴，心念生住異滅的起伏是輪迴，春夏秋冬四季的更遞是輪迴，三世時空的流轉是輪迴，東西南北方位的轉換是輪迴。在循環相續的輪迴之中，存有著固定的法則，它是有次序且有因果，猶如時鐘的指針，不會亂跳，永遠沿著鐘面十二點、一點的順序循環行走。

眾生累劫以來，因身、口、意的造作，種下善惡業因，招感六道輪迴的果報。輪迴中，幻化的身軀雖有生死，但生命本體是長存不死；六道眾生的形體雖有差異，但生命的本性卻是相同。生命沒有貴賤的差別，只有因為各人造業的行為，而呈現善惡、好壞。也唯有在因果之前，眾生才擁有真正的平等，生命才有真正的尊嚴。

生命的密碼是什麼？以宇宙現象來看，是能量轉換；以輪迴的立場而言，是因緣果報。我們想要擁有好的結果，就須種下好的因緣，佛教裡有一首〈因果報應十來偈〉，說明了其中的道理：

端正者，忍辱中來；

貧窮者，慳貪中來；

高位者，禮拜中來；
低下者，驕慢中來；
瘖啞者，誹謗中來；
盲聾者，不信中來；
長壽者，慈悲中來；
短命者，殺生中來；
諸根不具者，破戒中來；
六根具足者，持戒中來。

三、以生物來說是演化，以同體來說是緣起（用）

在《觀念生物學》一書中提到，約莫三十八億年前，海底誕生了第一個細胞，由於這個細胞不斷的演化，形成今日多樣性的物種。可以說，追本溯源，現今地球上所有的物種都是來自於這個細胞，因此在顯微鏡下，所看到的魚類、兩棲類、爬蟲類、鳥類、哺乳類的胚胎，早期發育幾乎長得一模一樣。達爾文的《物種源始》提到，所有生命有一個共同起源，經過不斷地變化、分枝、淘汰，和由簡至繁的演化，生命才愈趨複雜，而人類則是一個極致表現。

在漫長的生命演化史上，物種不斷地存在、滅絕，目前存在地球的物種約有三千萬之多，每一個物種又和其他物種相關連，無法單獨存在，例如：植物靠昆蟲來傳播花粉，它們也成為昆蟲和其他動物的食物；當然，如果能如《賢愚經》所說的「如蜂採華，但取其味，不損色香」，就是動物與植物最美妙的相處方式了。魚兒在水中覓食，同時也成為其他動物的腹中物；幸而魚能產卵，數量之多，難以估計。萬物是如此相依相存，形成一個巨大的生物圈。

三十八億多年來，由最初的單一細胞，隨著環境的變遷，演化到今日有三千萬個的多樣物種，雖然生物圈的變化是如此巨大，但總不出二千五百年前佛陀所言「一即一切」、「多從一有」、「法不孤起，仗境方生」的因緣法則。

生命的密碼展現在用上，以佛教而言是緣起。世間上的萬事萬物，既非憑空而有，也不能單獨存在，必須種種因緣條件和合才能成立。一旦因緣散失，事物本身也就歸於烏有，這種說明「諸法因緣生，諸法因緣滅」的因果定律，稱之為「緣起」。

緣起是佛教的根本教理，也是宇宙人生本來的、必然的、普遍的理則。當初佛陀在菩提樹下金剛座上，夜睹明星，證悟成佛，他所證悟的就是緣起法。緣起法表現在有情生命的流轉上，稱為「十二緣起」；表現在世間事事物物的生成上，則稱為「因緣所生法」。

所謂「十二緣起」是指：有情眾生由於累劫的「無明」煩惱，造作各種「行」為，因此產生業「識」。隨著阿賴耶識在母體子宮裡漸漸孕育成生命體，是為「名色」；名是生命體的精神部分，色則指物質部分。數月之後，生命體的眼、耳、鼻、舌、身、意六根成熟，稱為「六入」；胎兒脫離母體後漸漸開始接「觸」外境，並對外界的苦樂感「受」，產生「愛」染欲望，進而有了執「取」的行動。結果由於身、口、意行為的造作，又種下了後「有」的生命體。有了「生」終將難免「老死」，「死」又是另一期生命的開始。所以，生命的流轉是無始無終的生死輪迴，而十二因緣正是有情眾生生死流轉的根源。

如何才能跳脫生死輪迴，得到解脫？唯有泯滅生死根本的「無明煩惱」，「無明滅則行滅，行滅則識滅，識滅則名色滅，名色滅則六入滅，六入滅則觸滅，觸滅則受滅，受滅則愛滅，愛滅則取滅，取滅則有滅，有滅則生滅，生滅則老死憂悲苦惱滅」，如此才能究竟解脫。

宇宙中一切事物都是相依相成，眾生之間也具有同體共生的關係。我們每個人能在世間生存，必須依靠眾多的因緣，例如：父母的生養，家人的照顧，師長的教導，朋友的幫助，長官的提攜，大眾的服務，社會的供給，政府的保護等等。事實上，不只是人與人之間，就是人與物、人與境，也都是同體共生、互為因緣。以全球暖化為例，由於人類大量使用石化燃料，製造過多的二氧化碳，致使地球溫度升高，南北極冰川融化，海平面上升，陸地淹沒，氣候變化，天災增加，生物面臨生存的危機，而人又怎可能倖免於難呢？反之，我們如果能夠減少使用石化燃料，降低二氧化碳排放量，可使地球暖化稍獲抑制，對於全球生態的好處多多，對自身的生存，又何嘗不是有所助益？

生命的密碼是什麼？從生物學的角度，是眾生演化的現象；從同體共生的立場來看是緣起。因此，要體現同體共生的智慧，應先提倡緣起的思想。

四、以入世來說是苦樂，以出世來說是涅槃（理）

人生在世，雖苦樂參半，卻可以透過正確的修行，達到證悟涅槃的解脫境界。這個生命的密碼，以入世來說是苦樂，以出世來說是涅槃。

人間生活有苦有樂，然而泰半以苦居多，即便現在是樂因，未來無常變化，也有可能成為苦果，因此《大寶積經》云：「身為苦器，苦所逼迫。」我們的身體是一個苦器，除了人生不可或免的生老病死苦外，日常生活要為三餐起居勞累奔波，要為眷屬兒女牽腸掛肚，有時欲望不滿、冤家聚首，也都使我們苦不堪言。

苦的種類很多，除身體上的老病死苦，心理上的貪瞋癡苦外，還有二苦、三苦、八苦、十八苦。若依苦的程度來分，欲界有苦苦、壞苦、行苦，色界只有壞苦、行苦，無色界唯有行苦。如果從苦的內容來分，則有生苦、老苦、病苦、死苦、愛別離苦、怨憎會苦、求不得苦和五陰熾盛苦。

在生滅的世間裡，苦是人們所厭棄的，但人生終不免要有許多苦痛；樂是人們所追求的，但人生之樂卻是那樣的稀少短暫。那麼，要如何來看待入世的苦樂呢？當太苦時，我們要提起內心的歡喜快樂；太樂時，也應該明白人生苦的真相，如此，才不致因苦或樂，而造成心緒的起伏不定。

《般若波羅蜜多心經》云：「照見五蘊皆空，度一切苦厄」，常人之所以痛苦，皆起因於執著五蘊為有，因此我們如果能夠觀照五蘊皆空，便能看透苦樂的虛妄性，泯除苦樂的差別見，無論處於任何環境、任何時空，都能悠然自在，放曠逍遙，度一切的苦厄。

《涅槃經》云：「滅諸煩惱，名為涅槃。」涅槃，就是四聖諦中的「滅諦」，是滅除貪欲、瞋恨、愚癡、無明、邪見、是非、煩惱的清淨無染、物我雙亡、圓滿光明、自由自在的世界。所以，當我們透過佛法的修持，擁有般若的慧解，捨棄貪瞋癡煩惱的束縛時，當下就能獲得清淨自在的涅槃境界。

生命的密碼是什麼？以科學而言，是遺傳的基因，是能量的轉換，是生物的演化，是入世的苦樂。站在佛教的立場，是串聯一世世生命的善惡業力；是造因感果、生死相續的因果輪迴；是相依相存、同體共生的性空緣起；是煩惱斷滅、清淨無染的佛性涅槃。以科學的角度和佛教的立場，來詮釋生命的密碼，科學的實驗證明了佛教的理論，佛教則提供科學的發展方向與構思，兩者可說相輔相成、相互輝映。唯至今人類的知識實屬有限，有關精神、心靈等內在層面問題的探討，仍以佛教的研究為主要範疇。

生命的積極性意義，在建立同體共生的觀念，建構和諧的社會，因此我們能夠深刻了解、體悟佛教的業力、輪迴、因果、緣起、涅槃等真理，自然能掌握生命的密碼，解開生命的奧祕，增加人生的力量，共創一個清淨圓滿、安和樂利的世界。

【修心之鑰】

• 生命的密碼，站在科學的立場是基因，以佛法而言是「業力」。業，是身、口、意所造作的各種行為。

• 以宇宙現象來看生命的密碼，是能量轉換；以輪迴的立場而言，是因緣果報。我們想要擁有好的結果，就須種下好的因緣，

• 生命的起源如此奧妙，生物圈的變化如此巨大，但總不出二千五百年前佛陀所言「一即一切」、「多從一有」、「法不孤起，仗境方生」的因緣法則。

以忍為力

時間：二〇〇七年四月十一日
地點：重慶華岩寺重慶佛學院

各位嘉賓、各位朋友：

很歡喜有這個因緣，與大家談談「以忍為力」的智慧與妙用。

中國是一個講究修身養性、崇尚人倫道德的民族，五千多年來，百家諸經無不推崇勤儉、忠義、守時、謙讓、孝順……為美德，多少古聖先賢更是以之為修養、為傳家寶。其中，更將「忍」視為人生最大的修養。在佛教，「忍辱」更是菩薩必須修行的德目之一。

我們反觀今日的社會，種種亂象的根源，多是不能「忍」。忍不下一口氣，而惡言刀槍相向；忍受不了他人春風得意，而嫉妒誣陷；不能忍受生活各項壓力，而放棄人生；不能忍窮忍苦，轉而投機取巧，欺瞞詐騙。可以說整日在「不能忍」當中汲汲營營，費盡心力，把生活搞得烏煙瘴氣，一塌糊塗。所以說，「忍」不但是人生一大修養，是修學菩薩道的德目，也是快樂過生活不可或缺的動力。

該如何「以忍為力」呢？我分別從忍的四個意義來談這個問題。

一、忍是內心的智慧

一個信仰佛教的人，不單只是以拜佛、誦經、參加法會……為修持，日常生活中，學習「忍」更是重要。在面對他人的叱罵、捶打、惱害、瞋呵、侮辱，能夠安然順受，不生瞋恨；對於稱讚、褒獎、供養、優遇、恭敬，更能不起傲慢，不耽溺其中、意氣揚揚，不但是為人稱許的修養，也是一種智慧的展現。所以佛陀說：「忍者無怨，必為人尊。」

佛陀也在《佛遺教經》中，告誡弟子：「能行忍者，乃可名為有力大人。若其不能歡喜忍受毀謗、譏諷、惡罵之毒，如飲甘露者，不名入道智慧人也。」忍是經過一番寒徹骨的養深積厚，而孕育成的涵養。

佛教講「忍」，有三種層次：第一是生忍，就是為了生存，我必須忍受生活中的各種酸甜苦辣、饑渴苦樂，不能忍耐，我就不具備生活的條件。第二是法忍，是對心理上所產生的貪瞋癡成見，我能自制，能自我疏通、自我調適，也就是明白因緣，通達事理。第三是無生法忍，是忍而不忍的最高境界，一切法本來不生不滅，是個平等美好的世界，我能隨處隨緣的覺悟到無生之理。所以忍就是能認清世出、世間的真相，而施以因應之道，是一種無上的智慧。

一般人都以為，忍就是打不還手、罵不還口，對違逆之境硬吞、硬忍耐。其實，忍並非懦弱、退縮的壓抑，而是一種忍辱負重的大智大勇，是能認識實相、敢於接受、直下擔當、懂得化解的生活智慧。怎麼說呢？我就四點為大家說明：

（一）**忍是認識**：對每個當前所面臨的好壞境界，先不急著做出反應，而能靜心、冷靜思考，其中的是非得失、前因後果都清楚「認識」，才足以生起「忍」的智慧與力量。

（二）**忍是接受**：認清世間的是非善惡喜樂，更要放寬肚皮，坦然接受。好壞、冷熱、飽餓、老病、榮寵怨恨、有理無理、快心失意事都接受。接受得了，才有心思尋求解決之道，善因好緣就會隨之而來。

有一個叫化子，中了愛國獎券第一特獎，高興得不得了。由於需要等半個月才能領到獎金，他沒有地方保存愛國獎券，就把它夾到討飯的棍子裡面。等待期間，叫化子仍是歡天喜地，走路輕輕飄飄的，每天討飯之餘，都在夢想領到獎金以後，該如何規畫？買一幢樓房，冷氣、電視、冰箱應該樣樣俱全，還要一部轎車，再討個老婆，幾年後，帶著妻兒到國外遊樂，啊！那種生活說多愜意就有多愜意。想到心花怒放時，叫化子情不自禁把木棍扔到海裡去，還不屑地罵了一聲：「哼！我發財了，還要這乞丐棍子幹什麼？」沒想到，要去領錢時，才猛然想起愛國獎券還夾在木棍裡，可是木棍早已經隨著海水不知去向了。

叫化子得意忘形，無法安忍，不能靜心「接受」，讓大好美事成了泡影。反觀東晉謝安，在淝水之戰中，姪兒謝玄以寡擊眾，大勝苻堅幾十萬大軍，捷報傳來，正與人弈棋的謝安仍然不露聲色，絲毫不為所動，淡淡然接受快心事。愈是有智慧的人，愈能安忍於動亂中，以冷靜沉靜回應一切，理出應付事變的方法。

唐伯虎的〈百忍歌〉說得好：「君不見如來割身痛也忍，孔子絕糧餓也忍，韓信胯下辱也忍，閔子單衣寒也忍，師德唾面羞也忍，劉寬汙衣怒也忍。好也忍，歹也忍，都向心頭自思忖，囫圇吞下栗棘蓬，恁時方識真根本。」好事也接受，壞事也接受，得之不喜，失之不憂，才具備應付萬難的能耐與智慧。

（三）忍是擔當：很多人因為擔不起「輸」，擔不起汙辱，擔不起逆耳的一句話，甚至擔不起別人太好，天天在嫉妒瞋火裡面討生活，怎麼不把功德，不把好因緣統統都燒盡了呢？當有人對我們惡口毀謗、無理謾罵的時候，能夠默然以對，以沉默來折服惡口，才是最了不起的承擔和勇氣。明朝呂坤在《呻吟語．應務》中，有說：「不為外撼，不以物移，而後可以任天下之大事。」能夠接受他人的指正與批評，不為八風所撼，不為物欲所動，才是真正的大器。

《百喻經》裡有一個故事：由於久旱不雨，池塘的水都乾涸了，一隻烏龜渴得瀕臨死亡邊緣，就懇求天上飛的的兩隻雁子帶牠離開池塘。雁子雖然感到為難，卻又十分同情烏龜，於是兩隻大雁就合力叼了一根樹枝，讓烏龜啣著，並且一再叮嚀烏龜，在空中飛行的時候，不管任何情況都要啣緊樹枝，不能開口。

兩隻雁子架起烏龜去找水喝，牠們飛行經過村莊。一群村童望著天空大叫：「大家快來看呀！一隻烏龜被兩隻雁啣去了。」烏龜一聽，很生氣，我才不是被雁子啣去，是雁子帶我去喝水呀！烏龜認為村童冤枉了牠、委屈了牠、輕視了牠，瞋心一起，就開口大罵：「你們懂什麼！」開口的當兒，烏龜立即從空中掉下來，摔得粉身碎骨了。

要能成就大事，就要一切能忍，能擔當。

（四）忍是化解：苦的要化解，才能轉苦為樂；樂的也能化解，才能增上。順逆之境懂得處理、運用、化解，就是一種忍的功夫。你看，水受熱便轉為氣體，水蒸氣遇冷又轉成雲，那是因為水能「化解」外境的壓力，才能隨緣變化。縱觀人類社會，從游牧社會到農業社會，到工商業社會，再到現在的資訊時代，也是因為人類能「化解」大時代的種種變遷與考驗，才能不斷向前，走出新路。

「化解」就是一種「轉」的智慧。佛教的唯識宗提出「轉識成智」的思想，主要就是說明世間一切的境界起於心識的分別作用，而產生美醜、好壞、優劣……種種差別，讓我們在分別的世界裡起心動念，擾攘不安。要怎麼樣才能不被紛亂動盪、光怪陸離的現象所迷惑呢？就是要善於調伏自己的心識，要懂得化解，懂得轉迷為悟、轉憂為喜、轉暗為明、轉敗為勝、轉瞋怒為悲心、轉娑婆為淨土。

在面對生活中的種種人事物境，如果我們心中有佛法，有「忍」的智慧，能由「生忍」、「法忍」，到「無生法忍」，漸次具足，自然能夠放下世間的人情冷暖、是非榮辱，進而淡化對心外世界的執著，這樣內心世界變得寬廣、豁達，就能活得踏實、自在了。

二、忍是道德的勇氣

忍，有時不只是為自己，更是為了利益他人。於人有益的，儘管自己受委屈也能忍下；於人無益的，就算犧牲自己也在所不惜。寒山大師說「欲行菩薩道，忍辱護真心。」菩薩發心，猶能殺身成仁，捨身取義；許多聖賢為國家，為人類的利益，自我犧牲，都是一種敢於承擔的道德勇氣。

什麼是道德勇氣？就是明白何者當為，何者不當為；是具足「富貴不能淫，貧賤不能移，威武不能屈」的高尚人格。

佛教中，唐朝的玄奘大師，十三歲出家，為的就是「遠紹如來家業，近光佛教大法」，小小年紀就發願弘法利生。期間他要忍受求學過程中，眾說紛紜，解釋不一的漢譯佛典。好不容易冒著九死一生的危險偷渡出關，還要忍受胡人石盤陀的殺害、八百里流沙的茫茫前途、高昌國王麴文泰的名利誘惑……，及至十七年後回國，還要承受唐太宗勸他棄道輔政的紛擾與障礙。如果不是憑著忍辱負重的道德勇氣，又豈能歷經十九年，完成數千卷的佛經翻譯。

同樣出生於唐朝的鑒真大師，是中國赴日傳戒首創日本律宗的高僧，他五次計畫前往日本，都告失敗，而且在渡海的途中導致雙目失明，但是他「為大事也，何惜生命！」忘軀為法的精神，使他愈挫愈勇，終於在六十七歲的時候，第六次成功的抵達日本。不僅將戒律傳至日本，也將中國的書法、醫藥、建築、雕刻、繪畫等藝術帶到日本，對日本佛教乃至日本文化有巨大貢獻。如果他沒有道德勇氣，早就被一次次的誣告、天災人禍、徒眾的鄉愿無知，給打消了勇氣。如果不是堅此百忍，又豈能贏得日皇敕封為「大和尚」，博得日本人的敬仰，為中國人爭光。

做人，有著為人著想、為社會著想的道德，也就有了忍的力量與勇氣。眼見時下，有人為感情的糾紛，金錢的負債，生活的壓力，選擇自殺求解脫。如果這些人具備忍受人生困境的能耐，整個大社會具有為人著想的道德修養，是不是能夠燃起更多勇敢迎向人生挑戰的信心火炬呢？

試想，人活者，擁有什麼才是幸福、才能滿足踏實？擁有幸福的家庭，擁有相扶持的伴侶，擁有抱負理想，擁有房屋存款，擁有社會聲望，擁有互助的朋友……。

其實，人生的真諦在於道德、品格的圓滿，而這些都必須在人生的風風浪浪裡磨練，在忍耐苦樂得失中養成，在為人奉獻服務中漸趨成熟！

三、忍是寬容的慈悲

忍，不是消極的讓步，不是無所謂的吃虧受氣，而是寬容的慈悲。能懷忍行慈的人，是因為體察到人我平等一如，明白以諍止諍，終不能得止的「妙味」，所以視一切為理所當然，所以能通達人情事理，豁開心地包容一切有理無理之事。

我們看日僧白隱禪師受到信徒冤枉，將女兒與別人私生的孩子丟給禪師撫養，白隱禪師不辯白、無怨尤，帶著孩子四處托缽，化緣奶水，受盡譏笑打罵，直到真相大白，卻只是簡單的說：「這小孩是你們的，你們就抱回去吧！」白隱禪師含忍慈悲，自己受委屈不要緊，也要尊敬對方的人格和顏面。還有夢窗國師一次搭船渡河，無故被一位將軍辱罵鞭打，不但不生瞋恨怨懟，還能體諒將軍，心平氣和地說：「不要緊，出外的人心情總是不太好。」夢窗禪師體諒人的心，應可以給現代為了不如己意的一句閒話、一個臉色，就大動干戈、刀棍相加的火爆浪子，甚深啟示。

可以說，能忍的人，並不是懦夫，反而是真正的大丈夫。他們在受人誤解、迫害時，仍然能夠謙卑恭敬、和顏愛語應對，表現出勇敢無畏、寬容慈悲的氣度。這種忍辱的器量，真是做到「悉能忍受一切諸惡，於諸眾生其心平等，無有動搖」的大菩薩行。

《大智度論》就談到：「諸佛菩薩以大悲為本，從悲而出；瞋為滅悲之毒，特不相宜，若壞悲本，何名菩薩？菩薩從何而出？以是之故，應修忍辱。」「一切凡人，侵至則瞋，益至則喜，怖處則畏。我為菩薩，不可如彼，雖未斷結，當自抑制，修行忍辱。」在「八風」裡打滾，讓我們的心境時起時落，失去人格道德，失去生活本該有的樂趣。所以要發願行慈悲，給別人歡喜，也給自己快樂，將所有橫逆都視為理所當然的，互換立場先為人設想，自然能忍下他人加諸的打擊，那麼人人都可為人間菩薩。

因為能忍，所以能化世益人，能成就大事，能調伏剛強，能化解仇怨。歷史上，諸葛亮七擒孟獲，才贏得孟獲真心來歸；藺相如為社稷著想，屢屢讓步不爭，感得廉頗向藺相如負荊請罪；鳩摩羅什大師寬容呂光和姚興的戲弄、侮辱，讓大乘經典得以在東土弘傳千年，這些都可做為我們行忍辱、做大事的榜樣。

我們行走在人間是非路上，何妨把一切外來的惱害、橫逆與挫折都忍住耐下，把名位利祿的誘惑都忍住耐下，學習布袋和尚大肚包容，做個時時處處少煩少惱、自由自在的歡喜菩薩！

四、忍是見性的菩提

忍，是一種在生活諸多境遇中淬煉出的生存力量，也是一種認識宇宙人生實相的智慧。怎麼說呢？我們先來看看一個故事。

有一次，佛陀在樹下禪坐時，一位婆羅門氣急敗壞的走向前，大罵佛陀。隨侍在旁的阿難聽到婆羅門刺耳、挑釁的言語，心裡很不舒服，可是佛陀卻如如不動，即使婆羅門罵到聲嘶力竭了，佛陀仍是非常平靜。婆羅門見狀更是怒不可遏，用力吐了口水在佛陀的臉上，才又氣又惱的揚長而去。

婆羅門回家的路上，回想剛剛粗言謾罵佛陀的失禮，相對的，佛陀卻平靜無忿爭，愈想愈是羞愧，於是決定向佛陀懺悔道歉。

站在佛陀面前，婆羅門立刻跪下來，誠懇向佛陀懺悔。佛陀笑答：「昨天的我，已經過去了；未來的我，還沒有到；當下的我，剎那剎那生滅。請問你要跟哪一個『我』道歉？」

佛陀認識到世間萬法本是「緣起緣滅」，無論心理上的貪瞋癡慢，身口表現出的行為、話語、表情，還是人間的是非曲直、愛恨情仇、財富名望、刀槍拳頭、山川河月都離不開緣起法則，所以能以平常心去對待婆羅門無禮的謾罵，這便是見性的菩提之忍。

由於深刻體悟到自性、法性本來空寂，本是不生不滅，便無所謂忍或不忍了。於是在境界當前，能夠以靜制動，以不變應萬變，具備能處理、化解，肯擔當、負責的篤定與能力。

《論語》記載，楚國令尹子文，三度為官，面無喜色；三次被罷免職務，也沒有顯現怨怒。一個人在榮耀富貴的時候能夠處之泰然，在潦倒難堪的時候也能夠安之若素，那才是忍的真功夫，就像佛鑑慧勤禪師所說：「高上之士不以名位為榮；達理之人不為抑挫所困。」這也是因為認識到上上下下、來來去去本是世間常態，所以能不隨波逐流，不隨世間緣起緣滅的現象浮浮沉沉、患得患失了。

真正的忍耐不僅在臉上、口上，甚至在心上，根本不需要忍耐，而是自然就如此，是不用力氣、分毫不勉強的忍耐。因為深觀緣起性空之理，任何的順逆之境，都是無自性的，不可把捉的，從忍耐事相的當體，就能得到解脫，而不被人情世故困擾，不被貪瞋癡妄繫縛，成就最高忍辱波羅蜜的修行。

《景行錄》裡說到：「片刻不能忍，煩惱日月增。」禪宗六祖惠能大師也教導我們「忍則眾惡無喧」，能忍譏耐謗，就能成就大器；能不為世間憂悲苦惱動搖，就能完成大勇、大力、大無畏、大擔當的人格。

佛教將我們居住的世界稱作「娑婆」，也就是「堪忍」、「能忍」的意思。可見，人要活著，就必須以忍處世，不但要忍窮、忍苦、忍難、忍饑、忍冷、忍熱、忍氣，也要忍富、忍樂、忍利、忍譽。以忍為慧力，以忍為氣力，以忍為動力，更發揮忍的生命力。

【修心之鑰】

- 一般人都以為，忍就是打不還手、罵不還口，對違逆之境硬吞、硬忍耐。其實，忍並非懦弱、退縮的壓抑，而是一種忍辱負重的大智大勇，是能認識實相、敢於接受、直下擔當、懂得化解的生活智慧。

- 真正的忍耐不僅在臉上、口上，甚至在心上，根本不需要忍耐，而是自然就如此，是不用力氣、分毫不勉強的忍耐。

- 行走在人間是非路上，何妨把一切外來的惱害、橫逆與挫折都忍住耐下，把名位利祿的誘惑都忍住耐下，學習布袋和尚大肚包容，做個時時處處少煩少惱、自由自在的歡喜菩薩！

十度空間

各位讀者，大家吉祥！

吾人生存在「宇宙」之間，但是一般人對「宇宙」並不十分了解。所謂「宇宙」，四方上下曰「宇」，古往今來為「宙」，所以「宇宙」就是時間、空間的總稱。我們對時間、空間不能了解、認識，哪能認識宇宙呢？就像「阿彌陀佛」四個字，若譯成中文就叫「無量壽」、「無量光」。「無量壽」是超越「時間」的意思，「無量光」是超越「空間」的意思。世間上什麼東西能超越時空呢？那就是「真理」，因此「阿彌陀佛」四個字，就是宇宙的真理。

吾人生存，也要有時間、空間；儘管在無限的時間裡，壽命有長短，在無限的空間裡，也有多少的區隔，但是宇宙供我們生存，必定有其共生共存之道。

說到空間，人類經過百千萬年的琢磨，慢慢發現人類生存的宇宙，原來有十度空間。在數十年前，我們只了解到二度空間、三度空間，慢慢而四度、五度、六度……，直到現在才真正洞徹宇宙有十度空間。茲將「十度空間」說明如下：

一、第一度空間：什麼是第一度空間？就是「點」。所謂點，例如，一個方盒子，每一個角都是一個點，這就是點的一度空間。

二、第二度空間：什麼是第二度空間？就是「線」。例如一個方盒子，兩個角，也就是兩點之間連成一條線，這一條直線就是物體的二度空間。

三、第三度空間：什麼是第三度空間？就是「面」。方盒子的正面、反面、側面，也就是二條線構成的平面，就是第三度空間。

四、第四度空間：什麼是第四度空間？就是「體」。方盒子的四個面構成的立體體積，就是第四度空間。

五、第五度空間：什麼是第五度空間？第五度空間是動態的空間，叫「速度」。因為既有空間，就有由此到彼，由彼到此的「速度」，這就是第五度空間。

六、第六度空間：什麼是第六度空間？就是「溫度」。因為物體移動，相互摩擦，必然會產生「溫度」，這就是第六度空間。

七、第七度空間：什麼是第七度空間？就是「電」。因為溫度產生了熱量，當熱量累積到相當程度時，就會爆發而產生「電」。有時候我們感受到衣服上有「靜電」，就知道必定有空間的存在。

八、第八度空間：什麼是第八度空間？就是因電而產生的「聲光」。現在的DVD，一塊小小的晶片，裡面藏了多少聲光影音，既然能讓聲光存在，就有空間，這就是第八度空間。

九、第九度空間：什麼是第九度空間？就是因聲光而產生的「波動磁場」。聲光往外發射，就會在空間產生波動，就有磁場，所以第九度空間叫「波動磁場」。

十、第十度空間：什麼是第十度空間？第十度空間是屬於「心靈」的空間，也是最高層次的空間。佛法講「心包太虛，量周沙界」，所以整個虛空應該都在我們的心裡。若問：世界上什麼東西最大？就是虛空！能超越虛空的，只有吾人的心了。當初釋迦牟尼佛因為認識自心本性而成佛，因此吾人「若要識得佛境界，當淨其意如虛空」；只要我們的心能到達十度空間，自然就能明白宇宙世界了。

（刊於二〇〇七年六月十六日《人間福報．人間萬事》頭版）

【修心之鑰】

- 「阿彌陀佛」四個字，若譯成中文就叫「無量壽」、「無量光」。「無量壽」是超越「時間」的意思，「無量光」是超越「空間」的意思。世間上什麼東西能超越時空呢？那就是「真理」，因此「阿彌陀佛」四個字，就是宇宙的真理。

- 人類經過百千萬年的琢磨，慢慢發現人類生存的宇宙，原來有十度空間。那就是：「點」、「線」、「面」、「體」、「速度」、「溫度」、「電」、「聲光」、「波動磁場」和「心靈」。

- 若問：世界上什麼東西最大？就是虛空！能超越虛空的，只有吾人的心了。我們的心能到達十度空間，自然就能明白宇宙世界了。

讓下一代正確面對人生

報載四月間台北天母國小有位班導師，在上品德教育課時，播放「地獄變相圖」影片給學生觀賞，由於片中對上刀山、下油鍋、抱火柱等地獄景象描繪逼真，學生看了心生恐懼，有位家長因此向市議員陳情，並向學校抗議，認為老師此舉已讓小朋友心靈受創。

這件事引發各界不同的看法，其實，那位老師的做法適當與否，容或有討論空間，但灌輸學生「善惡有報」的因果觀念，這種正面教育的立意應該肯定。

在中國人的傳統觀念裡，人世間必定有天堂，也有地獄；天堂地獄代表了善惡因果，所以過去民間的《勸世文》，莫不勸人為善，千萬不可為惡，否則將來必墮地獄，受苦無窮。

我童年時，看到一些寺院也會懸掛「十殿閻羅變相圖」，乃至城隍廟也供有「十殿閻羅」像，凡此都是為了讓人自我警惕，「諸惡莫作，眾善奉行」，否則「多行不義必自斃」的因果觀。

關於地獄，佛教有一則趣談：

有一個人想要知道天堂和地獄有何不同，就實地參觀，發現地獄的人吃飯，筷子有三尺長，夾了菜還來不及送到嘴裡，便被鄰座的人搶先一步吃了，因此互相責怪對方；天堂的人吃飯，筷子也是三尺長，不過他們夾菜後，都是互相送給對方吃，因此充滿了和諧、快樂的氣氛。

天堂地獄在哪？一念善心助人，當下就是天堂；一念惡意害人，地獄即刻現前。因此，天堂地獄其實都在我們的心裡，所謂「本無地獄，此心能造此心消」，只要我們時時心存善念，地獄又何足懼哉。

現在是多元化的社會，學校教育知識應該內容廣泛，天堂的美好固然值得宣揚，地獄的實相也要了解，地獄並非不看就不存在，現在不敢看，不能自我警惕，不懂得戒懼謹慎，長大後為非作歹，人生的前途也很危險。

因此，老師讓學生觀賞一些「懲惡勸善」的影片，也是一種教育，心理學家及精神科醫生，甚至議員們，不應一面倒的批評、責難校方，不要「因噎廢食」，這是不對的。

至於父母反對，這也是父母欠缺教育，父母對兒女不能只有「愛的呵護」，有時也要讓他們實際體驗、認識世間嚴酷的一面，這也是教育，就如春風夏雨可以滋潤萬物，秋霜冬雪一樣可以成熟萬物。

只是現在多數兒童是過著養尊處優的生活，不曾吃過苦，認為所擁有的一切是理所當然，不但不懂得感恩，甚至稍有不順己意就抱怨、責怪，好像一切都是別人不好，自己永遠是對的，這是教育的失敗。

所以我覺得，應該鼓勵青少年為殘障、孤苦的人當義工，讓他們體會人間疾苦，一方面提升人生善良的本性，同時增加人生閱歷，如此對生命的本質及人生的意義、價值，更會有正確的認識。

此外，我覺得現在的家庭教育，應該從過去對「哥哥爸爸真偉大」的歌頌，改為「爸爸媽媽真辛苦」的體會，要讓兒女了解父母辛苦，知道一切得來不易，他們才懂得珍惜，才會知道感恩，尤其要灌輸他們因果觀念，如此才能正確面對人生。

遺憾的是，由「地獄變相圖」事件，我發現青少年或兒童沒有社會性格，不能切實活在現實生活裡，大人也不懂得幫助他們及早認識人生、正確面對生活，這令人憂慮，也是我們應該省思、正視的問題。

（二〇〇八年十一月十九日
刊於《聯合報》&《人間福報》）

【修心之鑰】

- 天堂地獄其實都在我們的心裡，所謂「本無地獄，此心能造此心消」，只要我們時時心存善念，地獄又何足懼哉。
- 父母對兒女不能只有「愛的呵護」，有時也要讓他們實際體驗、認識世間嚴酷的一面，這也是教育，就如春風夏雨可以滋潤萬物，秋霜冬雪一樣可以成熟萬物。
- 現在的家庭教育，應該從過去對「哥哥爸爸真偉大」的歌頌，改為「爸爸媽媽真辛苦」的體會，要讓兒女了解父母辛苦，知道一切得來不易，他們才懂得珍惜，才會知道感恩，尤其要灌輸他們因果觀念，如此才能正確面對人生。

孔子回來了！

中國大陸日前在天安門廣場前，豎立了一座孔子雕像，代表中共當局全面恢復中華文化的決心。

孔子在中國五千年的歷史文化裡，是一位劃時代的人物。孔子繼承堯舜禹湯文武周公之道統，以禮、樂等六經為本，有系統的綜合整理，樹立一套以「仁政、恕道」為重點的理論體系，成為兩千年來維護政經人文思想的文化主流。並與道家和佛教並稱「儒釋道」三教，在中國文化的歷史長河中，一直扮演著影響社會人心的重要角色。

儒家思想講究「修身、齊家、治國、平天下」，這是「人道」的完成；道家熱衷煉丹養生，渴望修鍊成仙，是一種「天道」思想的追求。而佛教強調「人成即佛成」，其實也是「以人為本」的宗教，甚至佛教也有「三界二十八天」的「天乘」思想，但在「天」、「人」之外，佛教尤其重視大「地」，因為不管道家的「羽化升天」，還是儒家的「完成人道」，甚至佛教最終的目標「成就佛道」，都要立足於人間大地，所以佛教很重視「依報莊嚴」，所謂「依報」，就是指國土世間，也就是我們所依託的處所「地球」。

地球，我們通常稱之為大地，大地是我們的母親，大地能普載一切，能讓萬物生存、成長。在中國社會，一般人對佛教的地藏王菩薩都感覺很親切。地藏王菩薩就像是大地，地有「能藏」、「能載」、「能生」的功能，生存在地球上的一切生命，都要靠大地的普載、攝持、孕育、生長，因之佛教的菩薩道思想主張「無緣大慈，同體大悲」。

也就是說，舉凡自然界的花草樹木、森林原野、蟲魚鳥獸等，凡是生存在地球上的動、植物，一花一木、一沙一石，乃至一切有情無情的萬事萬物，都有生命或生機。都和我們共同生存在地球上，大家都是地球村的一份子，都應該享有同樣的生存權，所以我們要給予尊重、愛護。從佛教的因緣法來看，大地山河、空氣水土等，這一切都與我們的生活息息相關，彼此有著「同體共生」的依存關係，所以我們必須做好生態保護。

尊重生命，保護生態，這就是實踐環保，就是愛護地球。現在舉世之間，水、火、風、雪、地震等天災不斷，這都是由於人類不懂得愛護地球，不知道要保護自然生態，長期過度奪掠，以致引起大地反撲的結果。我們處在當前社會轉型時期，固然需要建立一種文化豐碑，要傳承以孔子為核心的中國傳統文化；但是在實踐儒家「以人為本」的仁道主義，乃至抱持道家「敬天畏神」的思想之外，還要有佛教「同體共生」的觀念與胸懷，尊重生命，愛護大地。

唯有「天地人」三才和諧，人類才有明天；有了明天，悠久的中華文化也才能在歷史的長河中，繼續綻放智慧的光芒，這是孔子所樂見與期待的未來。

（二○一一年一月十六日刊於《人間福報》社論）

【修心之鑰】

- 中國大陸在天安門廣場前豎立起孔子雕像，代表了全面恢復中華文化的決心。
- 儒家「以人為本」，道家「敬天畏神」，佛教「同體共生」，都是中國五千年歷史文化裡的豐碑。
- 在「天」、「人」之外，佛教尤其重視大「地」，因為不管道家的「羽化升天」，還是儒家的「完成人道」，甚至佛教最終的目標「成就佛道」，都要立足於人間大地。
- 大地是我們的母親，一切生命，都要靠大地的普載、攝持、孕育、生長，即是佛教主張的「無緣大慈，同體大悲」。
- 中華文化繼續綻放智慧的光芒，這就是孔子回來的意義。

總統打瞌睡

今天《聯合報》、《中國時報》等各家媒體，都大篇幅的報導總統馬英九先生打瞌睡，引起了許多人的關心，可敬的總統，你太辛苦了！

打瞌睡，不是壞事。學生聽課聽得沒有興趣，就會打瞌睡；工作太疲倦，用功太過，也會打瞌睡；公教人員辦公，有時候他也會伏案打個瞌睡；行軍走得太遠了，也會讓他在路邊坐下來打個盹；甚至和尚做早課，有時也要打瞌睡，因為他起得太早了。就是一般工廠、公司上班，都有休息喝茶的時間，總統休息的時間在哪裡呢？

打瞌睡，有時候也很難以阻止。總統必定是日理萬機，睡眠不夠，經常要聽一些冗長的報告、甚至無聊的說明，只有偷個空在期中打個盹。只是他是總統，因為不會打瞌睡而引起注意，給人偷拍了照片。像學生打瞌睡，他可以一面聽老師講課，一面用鉛筆支撐著；路人倚在樹幹上，人家以為他在欣賞風景，實際上他可能正在打瞌睡；看到僧侶入定了，其實，也許他也是在打瞌睡。

小孩子在母親的懷裡打瞌睡，兒童給爸爸媽媽攙著走路，走累了，他也會打瞌睡；無論男人、女人，用單手托著腮，看似在思考，其實他可能在打瞌睡，乃至老年人，他睜著眼睛都能夠打瞌睡。打瞌睡，是生理過度疲勞的現象，應該休息，可是馬先生身為總統，沒有那麼多的時間給他休息，所以我說，總統你坐得都打瞌睡了，實在令人可敬。

我自己一生從小非常勤勞，因為勤勞過度經常打瞌覺。師父們講授經文，我聽得沒有趣味，很快就會進入睡眠的境界；不過，我的瞌睡很短，只要五分鐘就夠了。在佛教裡，早晚課誦、各種法會開始時都會唱「香讚」，唱到「香雲蓋菩薩摩訶薩」要拜下去，這一拜，往往有幾十秒鐘，甚至一分鐘，我在那個時候，可能就睡了一覺了。

過去我初辦佛學院的時候，當時有很多可憐的媽媽，常常把不聰明的孩子送來佛光山。因為太幼小，在我的學院裡經常無法配合。有一個姓李的少年，已經是讀初中的年齡，在智力上，連小學三年級的程度都沒有，一般稱這種學生是「呆瓜」。我接受了他以後，也不知道把他安排在哪裡，就讓他和學生一起上課。每天從早上第一堂開始，因為他聽不懂，一天有六堂課，他就可以睡上六個小時。老師說，再讓他在課堂上睡覺，我就不來教書。

我說，老師，你要慈悲，像他這麼小小的年紀，能坐在那裡一睡六個小時，功力也很高呀。因此，我做老師的時候，總想要把功課教好，讓學生聽得懂，不能讓學生聽得打瞌睡了。

我也回想起自己年少的時候，早上三點起床，晚上十一點鐘，各種作務，每天睡眠實在不夠，往往一拜拜下去就起不來，伏在地上就睡著了。殿堂的老師經常一腳把我踢醒，我也不怨怪，我想這是當然的，拜佛怎麼能夠睡覺呢？所以我自我訓練，到現在站著能睡覺、坐著能睡覺，只要有空閒的時間，我要睡，就可以打個瞌睡。

我雖然打瞌睡，但我自信，生命雖然數十年的時間，但我工作的生命，可以活到三百歲以上。因為幾十年來，我沒有年假、沒有週休，經常忙碌爭取時間，每天一個人做五個人的工作，我從二十歲開始為眾服務，到了八十歲，就工作了六十年，不就三百歲了嗎？我今年八十七歲，體會到忙就是營養、忙就是快樂，甚至在椅子上打個盹，也感到幸福無比。

打瞌睡太多，也是一種毛病。佛陀時代，有一次阿那律尊者在佛陀說法的時候竟打起瞌睡，佛陀喝斥說：「咄咄汝好睡，螺螄蚌蛤類；一睡一千年，不聞佛名字。」那是因為沒有佛法，所以才受到佛陀喝斥，但假如是在忙碌之後打瞌睡，也是值得同情而不值得驚訝了！後來，阿那律尊者心生慚愧，因為太用功而導致兩眼瞎了。佛陀勸勉他說，一切生命都要有食物才能生存，眼睛也是。他問佛陀什麼是眼睛的食物？佛陀說；休息就是眼睛的飲食。因此適當的睡眠也是正當的。

馬總統打瞌睡必定是媒體記者最感興趣的鏡頭，大家要有體諒的心，總統必定非常辛苦，應該安慰他，在公忙之餘多休息一下。因為過去我們的馬總統是一位「帥哥」，不能因為太忙碌，而顯得蒼老疲態。建議馬總統可以把一些事務性的工作，交辦給相關的人員去辦理，畢竟還是要保持體力、清晰的頭腦，才能達到最好的領導效率。

現在大陸總書記習近平先生，提倡「中國夢」，寄語總統先生，你打瞌睡的時候，你做的是什麼夢呢？

寄自日本東京

（二〇一三年五月二十二日刊於《聯合報》：忙到椅上打盹也是種幸福）

（二〇一三年五月二十三日刊於《人間福報》：總統辛苦了 公忙之餘多休息）

【修心之鑰】

- 睡眠不夠，誰都會打瞌睡，總統日理萬機，經常要聽一些冗長的報告，只有偷個空在期中打個盹。只是因總統身分，打瞌睡引起注意被拍了照。背後的意味是「太辛苦了！」

- 阿那律尊者太用功而導致兩眼失明。佛陀勸勉他說，一切生命都要有食物才能生存，眼睛也是。他問佛陀什麼是眼睛的食物？佛陀說：休息就是眼睛的飲食。適當的睡眠，偶而打瞌睡是正當的。

- 總統應該要適當的睡眠，保持體力及清晰的頭腦，才能達到最好的領導效率。

看見夢想的力量

中共中央總書記習近平二月十八日在北京會見國民黨榮譽主席連戰，及隨訪的台灣各界人士，就推動兩岸關係和平發展發表「共圓中華民族偉大復興的中國夢」重要談話。做為訪問團一員，能親耳聆聽習近平總書記的談話，感到十分榮幸。

我很欣賞和敬佩習近平總書記提出的中國夢，這不僅是總書記個人的願望，更是包括兩岸同胞在內的全體中華兒女共同願望。北京之行，讓我看見了夢想的力量。

我個人認為，中國夢就是要團結，就是要進步，就是要創新，就是要發展。在實現中國夢的道路上，必須弘揚優秀的中華文化，用中華文化的紐帶把兩岸同胞緊密聯繫在一起。

佛教從漢代傳入中國，早已與中華文化融為一體，成為我們傳統文化、生活習俗的一部分。我一生致力於人間佛教，倡導入世、慈悲、和諧、寬容的價值，因為人間佛教有益於國家、社會、人心的建設。

現在，我們除了中華文化在世界上綻放光芒，在士農工商、科技、經濟的建設上，也頗有建樹。不過，我不希望人民只追求財富增加，也希望他們在心靈上獲得富足安樂。

因此，我鼓勵「三好」與「四給」，希望人人做好事，人人說好話，人人存好心，政府與人民相互「給人信心、給人歡喜、給人希望、給人方便」，不僅自己擁有，並且樂於與人分享，這就是心靈富足的良方。

人心祥和富有，人民幸福快樂，便能建設美麗芬芳的社會。我相信，人間佛教可以豐富中國夢的內涵，我也深信，只要每個人都為社會廣植善因與福田，帶給人幸福的中國夢一定會早日實現。

此外，推動兩岸融和的過程中，佛教中「和」的理念，也會有助益。首先要「自心和悅」。兩岸民眾要從心裡相互尊重、彼此友愛。也就是說台灣人喜歡大陸人，大陸人也喜歡台灣人。彼此心裡和悅，和平發展自然水到渠成。

其次要「家庭和順」。由於時代的改變，幾十年來，固有的家庭倫理已經有所改變，甚至日漸式微。現在，我們要恢復家庭的禮節，重視倫理的建設。家庭和順，社會和諧就有了基礎。

再者就是「人我和敬」。現在兩岸之間交流愈來愈密切，無論是朋友之誼，商貿互惠，都建立了正向的關係。希望雙方重情義、講誠信，和敬互愛，加強來往。

兩岸都是中國人，自然有血濃於水的情感，相信假以時日，自然就會「一家親」。

（二〇一四年三月三日刊於《人間福報》投書）

【修心之鑰】

- 中國夢就是要團結，就是要進步，就是要創新，就是要發展。
- 鼓勵「三好」與「四給」，希望人人做好事，人人說好話，人人存好心，政府與人民相互「給人信心、給人歡喜、給人希望、給人方便」，不僅自己擁有，並且樂於與人分享，這就是心靈富足的良方。

民主的修為

——吾言有罪

古時專制時代，人民說話稍有差錯，就犯了「言罪」；輕者，牢獄之災；重者，殺身之禍，所謂「文字獄」，此之謂也。

國共對峙期間，胡適博士的兒子在大陸罵他的父親胡適之，有人問他，胡適之回應說：「我的兒子在大陸，他沒有不說話的自由。」

現在關於核四問題，我從來沒有表示過意見，是大家要我表示。我對於有些事物的兩極好壞不太了解，就學習無聲無言，但現在網路等媒體派我的罪名，吾言有罪。我自視檢討我罪在何方？

有人說，要把核廢料放在佛光山，感謝你的慈悲，成就我們的犧牲，佛光山真是榮幸，有這麼大的條件，也很願意為有心人做一些貢獻。

目前台灣的民主，讓我們完全看不懂民主的意義、價值可貴在什麼地方。他能說話，我不能說；我不說，他還要加罪於我。名之曰「民主」，個人妨礙別人、欺負別人、傷害別人，也稱為自由民主嗎？

我雖無言，但是台灣的信徒、弟子也給我壓力，要我說話，但我說什麼呢？我說可，要遭人修理，我說不可，也會遭人修理，究竟可或不可呢？我實在無法了解，只有用佛法說：「佛說可也即曰不可，是名可也。」

最近台灣風潮是非很多，在我想，是非止於智者，我不是智者，我也不可能減少民主自由的台灣這種是非善惡的觀念，我只有無言。

萬想不到，無言也是有罪。網路上不斷的詆毀、批評、諷刺，這都是替我消災，歷來為自由民主犧牲的人大有人在，我又何不能吃些虧、委屈一些嗎？只是可嘆國事、人事如此，夫復何言？夫復何言？自由民主在此美名之下，多少人爭議，多少人受到傷害呀！

核四的興建，是可？是不可？是好？是不好？你們說都可，我說不可；我說可，眾曰不可。世間上沒有什麼可不可，只是看利害關係，現在社會要我說可者，請大家聯合，多人聚集，我可以向之報告可也；假如有多人集合要我說不可，我也可以附會曰不可也。為什麼要這樣模稜兩可，因為目前生存之道，只有如此可、不可也，此外，不知奈何、奈何了。

人以危險堅持反對興建核四，那麼，汽車不可上路，因為高速公路車禍太危險；飛機不准起航，因為空難太恐怖；人民不能遊山玩水，因為犧牲者太多；百姓不能都市居家，因為空氣汙染、空調不足，有傷身體。依此，地球城市太小，人擠為患，大家都搬到山上與虎狼野獸同居，又有何不宜？

最近網路流傳一則趣談：

美國：他想打誰？就打誰。

俄國：誰都不敢打他，他也不會去打誰。

英國：美國打誰？他就打誰。

日本：誰打他，他就叫美國打誰。

中國：誰打他，他就打誰。

北韓：誰打他，他就打南韓。

台灣：誰都不打他，他自己打自己。

真是可嘆也，可憐也，可悲也。

（二〇一四年五月六日

刊於《人間福報》人間百年筆陣）

【修心之鑰】

- 目前台灣的民主，讓我們完全看不懂民主的意義、價值可貴在什麼地方。他能說話，我不能說；我不說，他還要加罪於我。

- 名之曰「民主」，個人妨礙別人、欺負別人、傷害別人，也稱為自由民主嗎？

- 說可，要遭人修理；說不可，也會遭人修理。究竟可或不可呢？我實在無法了解，只有用佛法說：「佛說可也即曰不可，是名可也。」

《迴響》

山上有星雲

高希均

一

高雄佛光山
一年來幾回
山上有星雲
星雲有智慧
山上看星　星格外高
山上看雲　雲格外飄

二

高雄佛陀館
一年來幾回
館內有大師
大師有慈悲
大師推三好
三好人人好
大師推四給
四給人人給

二〇一五年三月六日

第二部

悲苦事：須放下，解人生苦悲

在無常中重建希望

去年（一九九年）「九二一震災」之後，大家最為關心的是「重建」的問題，到底有什麼需要重建的呢？

第一、鄉里家園的重建

中國俗語說：「壞的不去，好的不來。」此次九二一地震，山河大地雖然被地震震毀了，但正好可以藉此機會重建新的鄉里、新的家園。雖說世事本來就是「無常」的，無常的世界和人生，都在「苦空幻有」的定律之中；但是「無常」把事情變壞，也可以把世界變好，所以政府與民間在「救災救急」之後，莫不同表關懷此次震災的重建，就是希望把破壞後的鄉里和家園，重新規畫得更美好、更堅固，希望未來展現出更安全、更美麗的新風貌。

南投是台灣多山的地方，青山綠水，層巒疊翠，許多的溪流蜿蜒在山與山之間；

橋梁、流水、森林、翠竹，在在都給人感覺到大自然的美麗。所以，此次的震災，應該就地形，把南投縣建設成一個如同公園般的淨土。房屋不一定要建得太密集，可以疏散開來，在山坡綠樹之間，隱藏著一戶戶的民房，像極了極樂世界，七寶行樹、七重羅網，重重無盡，這是南投人受到這一次震災重創之後，為地方的將來和子孫寄望一個美好的未來。

台中縣的災區，比較嚴重的地方是東勢鎮。東勢地處橫貫公路的入口，有平地、都市的幅員，也有疊嶂秀麗的山巒，如果能趁著此次重建的工程，擴大都市的範圍，規畫山林的住宅、郊外的社區，今後與緊鄰的豐原市，甚至與台中市相互發展，猶如天母和士林之與台北市的關係，前途真是無限的美好。

第二、內在心靈的重建

外在的家園重建容易，內在的心理建設比較困難，所以希望政府在協助災區民眾重建鄉里和家園之後，能發動各宗教、各社團，幫助災民進行心理的重建。

過去災區民眾所過的都是「擁有」的生活，有家園、有親人、有物用；現在家園倒了，親人傷亡了，物用隨著震災毀壞了，一夕之間忽然呈現一片「空無」，難怪他們一時不能習慣，不能接受這種事實，所以需要透過心靈的輔導，藉由對現實世間，甚至對天災人禍的了解，真正明白：唯有「放得下」，才更能「提得起」。

因為鑑於心理諮商的重要，國際佛光會在災變之初，即印行了五十萬本由佛光會檀講師鄭石岩教授所著的《我會再站起來》、《應變的教育》二本心靈重建專書，協助災民進行心理的復健。此外，在大家一陣的救災熱之後，佛光山立刻在各災區成立十三所「佛光園心理輔導站」，給予災民各種心理的諮商、生活的輔導。

現在的災民，不但有不少人對生死感到畏懼，甚至連睡覺都不能安然。對於災民內心的恐怖陰影，唯有透過佛法，協助他們破除顛倒夢想，去除各種幻影畏懼；唯有讓災民自立自強，才能勇敢的走出地震的陰影。

自古以來，先民們不斷與山海搏鬥，與災難挑戰，故能留給後代子孫安樂的生活。但是，人無千日好，花無百日紅，人間的缺陷災害，都是難以避免的，所以一定要靠我們內在心理的重建以後，才能應付未來對世界、對大自然的挑戰。

第三、人格道德的重建

當災區的家園重建了，當災民的心靈不苦了，緊接著而來的，是人格道德的重建。

人，到了貧窮困苦的時候，人格道德就容易有所欠缺。儒家說：「衣食足而後知榮辱」，此次震災，讓我們看到人類互助的美德，但也暴露了不少人性醜陋的一面。例如災前有建築商人偷工減料，災後有不法商人哄抬物價，甚至地方官員囤積救災物品，還有不肖人士藉機貪贓枉法等，所以一次的地震災變，把全國民眾在道德人格上的種種缺陷，也都一一暴露無遺。

貧窮困難是一時的，人格道德則是一生的！現在災區不但需要各種的慈心濟助，更需要道德的重整。在此次災變中，不少受災戶所展現的人格操守，令人感動，例如佛光會的陳隆陞、陳嘉隆、陳新布、沈尤成、李羽芷、賴義明、游明傳等人，本身是災區的受災戶，但每日為了救災奔波，一年來幾乎從未停息。甚至座落在東勢災區的大願寺，一面著手於寺院本身的災後重建，一面為中科國小買地築路。這些受災戶所表現的道德人格，實在是災區重建的模範。

第四、信仰觀念的重建

有了以上家園、心靈、道德的重建之後，有一項更為重要的，就是信仰和正確觀念的重建，實在不容漠視。

地震把房屋震倒了，把人員也震得傷亡了，甚至寺廟、教堂，乃至佛像、十字架也都震垮了，但這許多外在的「有為法」自有它成住壞空的背景，可是回顧當初震災發生後的第二天，佛光山和佛光會在北、中、南三區成立「救災中心」，由吳伯雄居士擔任主任委員，慈惠、慈容擔任副主任委員，每日發動數千名佛光會的會員，甚至動員全世界的佛光人，大家一起捐贈金錢與民生用品，包括棺木、屍袋、帳篷、睡袋、礦泉水、貨櫃屋等。甚至提供災民的收容、兒童的認養，以及佛光山叢林學院五百位師生組織「雲水誦經團」，每天在災區為受難者誦經祈福，若無信仰，何能如此？所以，人不可以沒有信心，不能夠沒有信仰；有信仰才有力量，有信仰才有希望。

總結上面所說，雖然誠如經典所云：「三界無安，國土危脆。」台灣這一場「九二一大地震」，讓許多人目睹了美麗山河的破碎，經歷了溫馨天倫的傷殘。然而，成住壞空的器世間，有破壞，更要有建設。所以，破壞的就讓它破壞吧！希望在政府主導下，應該重建的，就讓我們加快步伐重建吧！

（二〇〇〇年九月十七日
刊於《人間福報》宗教文化版
九二一震災週年專題報導）

【修心之鑰】

● 世事本來就是「無常」的，無常的世界和人生，都在「苦空幻有」的定律之中；但是「無常」把事情變壞，也可以把世界變好。

● 人，到了貧窮困苦的時候，人格道德就容易有所欠缺。當災區的家園重建了，當災民的心靈不苦了，緊接著而來的，是人格道德的重建。

● 我們的信仰、本性，是「無為法」，不應該隨著世間有為法而「有成有毀」。吾人不應為了一點挫折，就忘失自己的真心本性；我們的信仰觀念，不但不可毀壞，而且更要把它重新提振起來。

器官移植的意義

1. 生命延續
2. 資源利用
3. 內財布施
4. 同體共生

佛教裡有一段寓言說：有一個旅行的人，錯過了住宿的旅店，便以荒郊野外的土地廟做為歇腳之所，豈知半夜三更，忽然見一小鬼背著一個死屍進來。旅人大驚：我遇到鬼了！就在此時，忽然又見一大鬼走來，指著小鬼曰：「你把我的屍體背來，為何？」小鬼說：「這是我的，怎麼可以說是你的！」兩人爭論不休，旅人驚恐觳觫，小鬼一見：「喲，神桌下還住有一人！」當即說道：「出來，不要怕，為我們做個見證，這個死屍究竟是誰的？」旅人心想，看來今日難逃一劫，橫豎會死，不如說句真話：「這個屍體是小鬼的！」大鬼一聽，大怒，即刻上前把旅人的左手折斷，兩口、三口吃入肚內。小鬼一看，此人助我，怎可不管，即刻從屍體上扳下左手接上。大鬼仍然生氣，再把右手三口、兩口吃完，小鬼又將死屍的右手接回旅人的身上。總之，大鬼吃了旅人的手，小鬼就從屍體接回手；大鬼吃了旅人的腳，小鬼就從屍體接回腳。一陣惡作劇之後，二鬼呼嘯而去，留下旅人茫然自問：「我是誰？」

這是佛經中的一則寓言故事，主旨雖然是在闡述「四大本空，五蘊非我」，但是故事的情節不就是今日器官移植嗎？

器官移植，是近代醫學科技的一大成就。器官移植讓許多生命垂危的人，得以延續軀體生命；也讓捐贈者的慈悲精神得以傳世。器官移植是內財的布施，佛陀當初割肉餵鷹，捨身飼虎，所謂「難行能行難忍能忍」，二千多年前佛陀已經為我們做了一個最好的示範，到了今天，對於即將朽去的身體，難道我們還不可以廢物利用，還不捨得遺愛人間嗎？

當你捐出一個眼角膜，就能把光明帶給別人；當你捐他一個心臟，就能給他生命的動力；當你捐贈骨髓，就是把生命之流，流入他人的生命之中。器官移植帶給別人生機，也是自我生命的延續。

器官移植，打破了人我的界限，破除了全屍的迷信，實踐了慈悲胸懷，體現了同體共生的生命。只要有願心，人人皆可捐贈器官；透過器官移植，讓我們把慈悲、愛心，無限的延續流傳吧！

（刊於二〇〇一年六月十五日
「成大醫院十三週年院慶・成杏醫學倫理講座」
器官移植之倫理省思）

【修心之鑰】

- 器官移植是內財的布施，佛陀當初割肉餵鷹，捨身飼虎，所謂「難行能行難忍能忍」，對於即將朽去的身體，難道我們還不可以廢物利用，還不捨得遺愛人間嗎？
- 器官移植帶給別人生機，也是自我生命的延續。

轉危為安的方法

——為SARS疫情祈願

之一

因為SARS疫情的流行，讓各位受苦、受委屈了。我現在是在日本錄音，錄完音之後，我也將在今天晚上回到台灣，照常弘法工作。

眼看著各位正在忍受痛苦、飽受委屈，但是我要告訴大家，面對疫情，必須要鎮靜，要處變不驚，千萬不可驚慌失措。SARS疫情也不是絕對的危險，不是不能救療。現在重要的是，要靠大家臨危不亂，用理智來處理。

世界上無論再怎麼困難、不好的事情，只要有智慧、慈悲、清淨、發願的心來面對，必能轉危為安。所以大家在此社會混亂的時刻，應該靜心稱念觀世音菩薩的聖號，因為觀世音菩薩救苦救難，稱念他的名號，觀世音菩薩必能施以無畏，讓我們不畏懼。加上自己有慈悲心，就有力量轉化外在的不好境界。

人生在世，有幸與不幸，這都是自己的業力造作所成，也就是佛教所說的「業」。業，有共業與不共業，大家在此 SARS 病疫的共業之下，唯有用慈悲心、大願力，才能轉化共業，不受業力的侵犯。

目前大家暫時受到隔離，雖然難免較不自由，但是就如出家人閉關一樣。出家人有時閉關三個月，甚至一年、三年，藉機自我潛修。當前大家或有不方便之處，何妨退一步想，就當成是在閉關，藉機反省，靜修念佛，必能轉危為安，必能獲得大家所希望的平安與健康。我在日本祈願諸佛菩薩加被，願大家都能得到平安、健康。

（二〇〇三年四月二十七日於日本，對和平醫院遭隔離人士精神講話）

【修心之鑰】

• 世界上無論再怎麼困難、不好的事情，只要有智慧、慈悲、清淨、發願的心來面對，必能轉危為安。

之二

天災人禍，在歷史的洪流裡，經常發生；瘟疫流行，翻開歷史的扉頁，時有記載。對有情的世界來說，這就是苦空無常的寫照。

我國自古以來，一再鼓勵全民要敬天信神，尤其身居高位的人，要修德、修身，自我省悟；要養廉、養眾，利益群生。但是一旦遇到全民失去良知美德，則瘟疫的流行、洪水的氾濫、蝗蟲的肆虐、山石的流變等，世間種種奇異的現象就會接踵而至，不斷發生。

歷史上，大明崇禎皇帝等，他們的江山不就是斷送在瘟疫的流行之中嗎？現在SARS的傳染，比起洪水猛獸更為可怕，這就是佛教所說的共業與不共業的問題。

現在的社會，由於大家殺業的造作，瘟疫就會悄悄跟進。當然，這當中也有個別的善男善女，行持修善，也會挽救災變於少數。如《觀音經》所說：一切貪瞋愚癡，自有定數；一切慈悲喜捨，自會功不唐捐。

現在SARS的流行，如果僅止於某一人、某一行政機構的應變、努力，都緩不濟急；只有喚起全體人民的覺省，大家共體時艱，人人修德淨心，改善社會風氣，淨化全民人心，才能轉化共業。唯有人人講究信義，心懷悲愍，造福修善，利樂有情；大家少殺業、少奢侈、少失德、少暴斂，全民本著信仰的良知，保持懺悔的心情，則日月光輝之下，希望蒼天神祇、諸佛菩薩加被，能夠再次給我們一個光風霽月的人間。

願諸台灣以及其他瘟疫流行的國家地區，瘟疫消滅，祈求健康善美重回人間，這是我們對諸佛菩薩、蒼天神祇的祈願。

（星雲大師為台灣人民祈福）

【修心之鑰】

- SARS的流行，如果僅止於某一人、某一行政機構的應變、努力，都緩不濟急；只有喚起全體人民的覺省，大家共體時艱，人人修德淨心，改善社會風氣，淨化全民人心，才能轉化共業。
- 大家殺業的造作，瘟疫就會悄悄跟進，在此病疫的共業之下，唯有用慈悲心、大願力才能轉化。
- 隔離難免較不自由，但就如出家人閉關一樣，藉機反省，靜修念佛，祈求大家都能得到平安、健康。

七月須知

七月裡節日很多，如：七巧節、中元節，以及佛教的盂蘭盆節、地藏菩薩聖誕等。另外，美國國慶日是國曆的七月四日，一般學校則在七月放暑假，乃至聯考放榜也在七月。甚至七月不但學生快樂放暑假，在日本，每逢農曆七月盂蘭盆節，公司行號都會放假一週，以便員工回家祭祖。

「七」是個奇特、變化無窮、蘊含無盡的數字，「七」天為一週，七月更是下半年度的起始；在佛教則有禪七、淨七，乃至七七四十九表示無限的意思。然而長久以來，農曆七月一直被認為是「鬼月」，是個不吉祥且「諸事不宜」的月份，例如七月不可出門、不可開刀、不可結婚、不可購屋、不可搬家等等；如此種種忌諱，應該與道教的七月中元普渡、鬼門關大開之思想有關，可見中國民間習俗受道教信仰的影響很深。

然而儘管民間的七月彷彿「鬼影幢幢」，事實上佛教認為七月是僧信孝親報恩、祈福修善的「吉祥月」、「功德月」、「福田月」、「僧伽月」、「報恩月」、「孝道月」。

佛教稱農曆七月為「孝道月」，旨在鼓勵行孝報恩，普度齋僧，其功德不但能使生亡兩利，同時也在破除一般民間殺豬宰羊，廣設宴席以普施鬼魂，於是造成無數生靈成為人們刀下、嘴邊的犧牲品之不良風俗。因此每逢七月，一般寺廟大都會啟建「盂蘭盆報恩孝親法會」，而信徒則為供僧、祭祖而大行布施功德。

所謂「盂蘭盆」，就是「救倒懸」的意思。根據《佛說盂蘭盆經》記載：佛弟子目犍連尊者始得六神通，欲報父母乳哺之恩，即以天眼觀見其母生餓鬼中，不得飲食，皮骨相連，日夜痛苦，於是目犍連以鉢盛飯往餉其母，然其母以惡業受報之故，飯食皆變為火炎。目犍連尊者為拯救其母脫離此苦，於是向佛陀請示解救的方法。佛陀乃指示於七月十五日眾僧夏安居結束日，以百味飲食置於盆中，供養三寶，仗此功德，得使七世父母脫離餓鬼之苦，生人天中，享受福樂。

由此可見，七月十五日舉行盂蘭盆法會，齋僧供佛，此乃佛陀時代就沿習至今。然而提倡供僧的意義，我認為應該是藉著僧眾大集合的日子，給予僧眾一個講習的機會，亦即在供僧法會中，聆聽高僧、大德的開示和演講，一者擴大視野，接收新知識，同時藉此機會，讓所有的出家眾的服裝、禮儀和制度等，都得以統一，也讓各道場法師們互相聯誼交流，觀念得以溝通，達到共識，這才是舉辦供僧的真正意義。

此外，長久以來我也一直呼籲，希望佛教界能建立「三寶節」的共識，即：四月八日佛陀降誕日為「佛寶節」，要浴佛滌穢；十二月八日佛成道日為「法寶節」，以臘八粥供佛饗眾；七月十五日佛歡喜日、僧自恣日為「僧寶節」，藉「盂蘭盆法會」提倡供僧種福田。

僧是人天的福田，供僧其實是供養三寶，應以佛法僧為主，令佛法久住。現在供僧法會一年比一年盛大，受到社會各界人士的重視，因此近年來佛光山積極提倡「道糧齋僧功德回向法會」，期將齋僧功德意義擴大到「不是供養熱鬧，而是供養辦道；不是供養個人，而是供養大眾；不是供養一餐，而是供養全年；不是供養一時，而是供養永生。」

甚至不僅舉行孝親報恩供僧法會，佛光山派下各別分院更在七月份每天誦經回向熱心護持的檀那及其宗親父母，並以佛教平等普濟六道群生的性格，定期舉行瑜伽燄口、三時繫念、普佛拜懺等佛事法會。主要目的是希望藉此一個月的佛事法會，把民間視為「鬼月」的七月轉化為慎終追遠，感念親恩的「孝道月」。同時破除一般民間對七月的種種迷信，不要因為民間牽強附會，大家七嘴八舌，搞得一般社會大眾到了七月總是「七上八下」，認為諸事不宜。其實，佛教講「日日是好日，月月是好月」，所以應該在七月成辦的事，什麼都可以去做，實在不必為了無稽之談而自亂生活步調，甚至因為疑神疑鬼而徒讓心靈蒙上陰影，這是大家對七月應有的正確認知。

由於佛光山各分別院經常在七月的法會要我去開示，要說的略述如上。

（二〇〇五年八月十五日

刊於《人間福報》焦點新聞）

【修心之鑰】

- 佛教稱農曆七月為「孝道月」，旨在鼓勵行孝報恩。
- 佛教講「日日是好日，月月是好月」，所以應該在七月成辦的事，什麼都可以去做，實在不必為了無稽之談而自亂生活步調，甚至因為疑神疑鬼而徒讓心靈蒙上陰影，這是大家對七月應有的正確認知。

救災無國界

五月十二日，四川發生規模七點九的強烈地震，造成民宅、醫院、學校等房舍倒塌之多，生命死傷之重，都是近年罕見。日來從媒體報導得知，官方對於慘重的災情並不願意張揚，也不太樂於接受世界各國的人道救助，對此只表達微意如下：

一、天災不是人禍，有時候天旱不雨，有時候久雨成災，甚至颱風地震，都不是人力所能防範；每次天災造成的死傷人數多少，也非人為之過，因此大可不必隱瞞災情，應該儘速報導實際情況，如此並無損於國家的形象，只會激發舉世各國同情之心，而使救災工作獲得更多的助緣。

二、世界上的人類，大家都如兄弟朋友一般，彼此應該相互幫助。張家有難，李家助之；李家受災，張家協助，這就是人情的可貴。此次四川震災發生的第一時間，世界各國紛紛表示願意提供人力、物資、金錢等各種救災援助，這不但展現「救災無國界」的人道關懷，也表示這個國家極有人緣，舉世對他都有好感，才會願意提供救援，所以面對來自世界各地的關懷，應該坦然接受，讓有緣人施予濟助，而不要把善緣加以排拒才好。

三、每次災難發生，都有所謂「黃金救援時間」，能夠把握這段期間，每分每秒都可能多一個生命因為及時救援而存活下來，所以災難現場要維持良好秩序，閒雜人等不要好奇圍觀，以免影響專業人員搶救工作的進行。

四、距離地震發生至今，已過了七十二小時的黃金救援時間，但接著而來，對於災民的精神安慰、心理輔導，其重要性並不亞於飲水、糧食的供應，所以未來應該安排諮商人員或宗教師長期進駐，給予災民心靈輔導，建立再生信念。同時籌建組合屋，為災民重建家園，讓他們身心獲得安頓。乃至讓亡者安息，讓傷者獲得醫療，讓生者重拾未來的信心、希望，這都是當務之急。

總說此次四川強震，死傷人數之多，從媒體報導可以預估，當在十萬人左右。人數多少是一回事，重要的是後續的問題不是三五日就能解決。所幸現在當局已開放俄、日、韓、新加坡，甚至台灣的紅十字會，以及法鼓山、慈濟功德會、佛光山等宗教團體提供各項救助，這實在是明智之舉。在此不禁也要為大陸能有此世界觀，以及一切公諸於大眾的為政之道，感到實乃一大進步。未來也希望舉世的有緣人，大家本著「人饑己饑，人溺己溺」的慈悲之心，共同發揮愛心，幫助災民早日度過難關。

（二〇〇八年五月十七日
刊於《聯合報》民意論壇：
救災無國界 不拒善緣 一大進步）

【修心之鑰】

- 天災慘重非人為之過，應不必隱瞞接受世界各國的人道救助，不拒善緣。
- 國與國間相互幫助，如同張家有難，李家助之；李家受災，張家協助，這亦是人情義理的可貴，為政能有此世界觀，也是一大進步。

如何轉禍得福

今天是八八水災發生屆滿一個月，雖然政府災後重建的工作百廢待興，災民重回家園的路還很長，但回顧災難發生後，朝野上下，軍民同心，大家不分種族、黨派、宗教，紛紛投入救災工作，充分展現了人性善美的一面。尤其有警消及義工人員，為了救災奮不顧身犧牲生命，這種崇高偉大的人性光輝，更是深深感動了全民的心。

相較之下，一些媒體在報導災情之餘，火力四射的批評政府官員救災不力，甚至部分政論性節目直接點名，某某首長應該下台，某某長官應該向全民道歉！

這種近乎失去理性的謾罵、批評，正如水災期間到台灣旅遊的一位大陸民眾，他在香港媒體投書說：水災期間，在投宿的旅館看電視，不管轉到哪一台、不論哪個時段，所聽到、看到的，都是對當政者、救難隊、軍方的批評聲浪，完全聽不到第二種聲音。他很傳神形容：「新聞看五分鐘和看兩小時沒差別，看一台和看五台沒有差別。」因此他忍不住要問：這樣的民主有何意義？

他認為媒體可以監督政府，可以督促官員為災民提供協助，幫忙解決問題，但是不能任意點名官員下台；因為災難當前，若把一位有經驗的官員撤職換掉，繼任者要面對的將是什麼樣的工作處境？這讓負責第一線工作的人怎麼辦呢？他質疑：如果媒體只會議論、評論，甚至只會罵人，只有不停地爆出負面的事，難道這就是媒體的真正功能嗎？

誠然，所謂「民主」，不是用來罵人的！媒體更不能唯恐天下不亂！一個真正進步的民主國家，應該展現「尊重包容」的民主風度，一個具有民主素養的專業媒體人，對政府不當的措施，應該理性、客觀的提出正面且具建設性的建議，而不是肆意的批評、謾罵。

我們看這一個月以來，不只是民間團體救災不遺餘力，其實政府的各部門，從行政院、內政部、國防部、交通部到地方政府，所有官員無不戰戰兢兢的全力以赴，投入救災。縱使他們做得不好、做得不夠，但也不能一味的謾罵；罵不但不能成事，而且破壞和諧。

遺憾的是，這一段時間以來，媒體罵聲不斷，總統與行政院長到災區慰問時，也一再遭人嗆聲。我們不禁要問：一個民選總統，就像人民的公僕，已經這麼用心在為民服務了，還有什麼好罵的呢？難道台灣一定要用「罵」來表達民意，一定要讓台灣淹沒在一片罵聲中而不斷向下沉淪才好嗎？

俗語說「家和萬事興」，一個家庭裡如果每天吵吵鬧鬧，哪裡能成事？哪裡有快樂可言？一個罵聲不斷的社會，又如何能富強安樂呢？所以多年來我一直提倡「三好」運動，也就是「做好事、說好話、存好心」，我覺得凡事要朝好處想，要多給人鼓勵、讚美；一味的指責、批評，只會適得其反。如果大家能從災難中，發揮互助的精神，提升人性善美的本質，共同建設和諧的社會，那麼災難雖然是禍，又何嘗不是「因禍得福」呢！

所謂「他山之石可以攻錯」，由於看到香港媒體刊出大陸讀者「在台灣看媒體批評救災」一文，心有所感，因此在災難發生滿月之際，提出以上的看法，希望能給媒體，乃至全民一個反思。

（二〇〇九年九月八日刊於《聯合報》：八八水災滿月感言：別讓台灣在謾罵中沉淪）

【修心之鑰】

- 所謂「民主」，不是用來罵人的！媒體更不能唯恐天下不亂！一個真正進步的民主國家，應該展現「尊重包容」的民主風度。
- 一個家庭裡如果每天吵吵鬧鬧，哪裡能成事？哪裡有快樂可言？一個罵聲不斷的社會，又如何能富強安樂呢？「做好事、說好話、存好心」，凡事要朝好處想，要多給人鼓勵、讚美；一味的指責、批評，只會適得其反。
- 如果大家能從災難中，發揮互助的精神，提升人性善美的本質，共同建設和諧的社會，那麼災難雖然是禍，又何嘗不是「因禍得福」呢！

暴力

各位讀者，大家吉祥！

現代社會，家庭暴力問題嚴重。所謂「暴力」，就是強制對人施加壓力，對人予以打擊，叫做暴力。

過去政治上有權力的人，都使用政治暴力；社會上朋群結黨，就用團體的暴力；打家劫舍的土匪，都是用暴力戕害善良，謀取暴利。現在社會上有地方的勢力、有輿論的暴力、有黑道的加害力。暴力何其之多！試就暴力略說如下：

一、**拳腳相向是身體的暴力**：現在社會上有一些人，一言不合就給你一拳，稍不如意就踹你一腳。損毀公物，打壞物品，動不動就用暴力加諸於人身。我們經常可見，這一群人在吵架，那一群人在動武，若非暴力性格，何必動拳動腳？拳頭要握緊，不要隨意打出去才有力量；腳步要站穩，不要輕意邁出才有力量。凡是好拳打腳踢者，只會自暴其短，自損形象。

二、**措詞挑釁是語言的暴力**：有人講話，言詞之間總喜歡帶些諷刺，甚至帶些刀劍，這就是語言的暴力。社會上多的是一言不合而大打出手，一句閒話而爭論不休的場面。說話措詞不當，語帶挑釁，成為暴力，因此結怨結仇。團體的械鬥、國家的戰爭，多數也是因為語言不合而引起的爭端暴力。

三、**惡毒算計是心念的暴力**：「明槍易躲，暗箭難防」，有的人經常在暗處設計陷害別人，或用流言中傷別人，或者羅織罪名，讓人失算中計，陷入圈套。害人的人因為躲在暗處，計謀容易得逞，所以這種心念的暴力，最為可怕。所謂「知人知面不知心」，對於別人心中的毒計、暴力，不能不謹慎提防。

四、**汙染公害是環境的暴力**：現代人環保意識抬頭，但仍有一些人缺乏公德心，把垃圾倒入溝渠中，汙染水源；也有人不顧他人死活，在溪邊用火燒的方式處理廢棄電纜，製造戴奧辛，汙染空氣。甚至有的人盜伐林木、截斷水流、排放廢氣、濫墾山坡地等。這些破壞生態、汙染環境的做法，可以說都是環保的暴力，不但有害人體健康，甚至破壞後代子孫賴以生存的地球。對於這些製造公害，對環境施暴的人，社會大眾人人得而誅之。

五、**濫捕濫殺是生態的暴力**：除了上述的環境暴力以外，現在也有不少破壞生態的暴力，例如濫捕濫殺已經成為公開的行為，很多保育類動物經常遭人獵捕，包括國寶級的鳥類、魚類、山中動物等。部分不肖份子，為了獲取微利，不惜違法捕殺，成為破壞生態的暴力份子。儘管環保專家、生態學者一再呼籲，濫捕濫殺者一樣我行我素。甚至有人假借慈善之名，美其名曰「放生」，實際上是「放死」，也是讓人為之扼腕。

六、開採無度是資源的暴力：美國雖然地下資源豐富，但是由於政府限令不可開採，所以他們需要的石油都是大量從國外採購，這是為了保護資源，不想造成過度開發。另外有一些沒遠見的國家，只圖近利，不顧一切的開採。其實世界上的各種礦產，都有一定的限量，等到有限的資源開採告罄，未來的子孫如何生存呢？所以有識之士應該出面，阻止一些開採無度的暴力行為，否則未來如何面對後代子孫呢？

（刊於二〇〇九年一月五日《人間福報・人間萬事》頭版）

【修心之鑰】

- 拳頭要握緊，不要隨意打出去才有力量；腳步要站穩，不要輕意邁出才有力量。暴力只會讓人自暴其短，自損形象。
- 說話措詞不當，語帶挑釁，也會成為暴力，因此結怨結仇。
- 破壞生態、汙染環境、過度開採，可以說是對環保、資源的暴力，不但有害人體健康，甚至破壞後代子孫賴以生存的地球。

開放

各位讀者，大家吉祥！

中國大陸自從改革開放以來，政治進步，經濟成長，社會安定，國際力量一直增長，這就是拜「開放」之功也。現在有一些國家地區，鴕鳥心態，採取鎖國政策，把自己縮在蝸牛殼裡不開放，所以不能成其大。

當初日本不接受移民，但現在少子化的日本，人口動力減少，也不得不開放移民。當初馬來西亞因為是個信奉回教為主的國家，希望和沙烏地阿拉伯一樣，不接受外商投資；但由於國內經濟蕭條，後來連總理都願意到外國招商，希望透過開放，求得國家的生存。新加坡一直吸納全世界優秀人才，只要是建築師、工程師等優秀人才，都會給予種種優待，開放國門，歡迎人才進入，所以小小的新加坡，卻有大大的國力。

開放是有遠景的，開放是可以擴大的。美國是一個移民國家，美國的紐約、三藩市、洛杉磯，等於是人種的展覽場，今日美國所以能成為世界的領導者，開放是最大的原因。光是美國學校就有來自舉世的留學生百萬人以上，所以現代人也以接受美國教育為榮，美國則以開放成其大。

盱衡未來的世界，必然不是一個國家、一個宗教、一個種族所能獨有的，必定要開放。如何開放呢？

一、**對外通路要開放**：每一個國家，公路鄰近哪些國家，要開放通路；海路有多少港口與世界哪些國家相通，都要開放往來。航空也是彼此要開放，人才要交流，觀光要放行，只要通路開放，經濟上貨暢其流，人才上俊才雲集，文化上相互交流，開放的國家和社會才會進步。

二、**陳舊思想要開放**：有些國家人民，還保有一些陳舊的思想，本位主義，沒有宏觀，沒有遠見，總怕別人沾光，瓜分了自己的利益。其實現在的社會，利益要分享大眾，現在舉世慢慢有了「音樂無國界」、「宗教無國界」、「愛心無國界」的觀念。「無國界」的意思，就是擴大、包容，所謂「有容乃大」，包容才能成其大。今後我們看誰的國家偉大，就看他開放的程度多少。

三、**閉塞心靈要開放**：無論閉塞的思想、閉塞的心靈，先要開放，才能引動國家社會的開放。中國古代的「諸子百家」，可以說都是大思想家，都非常開放。像莊子的寓言故事，都是鼓勵人們要開放、博大，才能與天地並存。但現在人們的思想與心靈，都非常狹隘、自私，以自我為中心，就如韓愈所說，坐井而觀天，曰天小者，其實不是天小也，實乃自己所見者小也。

四、內在佛性要開放：佛說「人人皆有佛性」！但是人的佛性，因被無明覆蓋，所以不能證得。佛性就是法身，是吾人的生命本體。法身如虛空，包羅萬象，所謂「若人欲識佛境界，當淨其意如虛空。」因此，吾人要想認識宇宙的本體，先要開放佛性；平等的佛性開放了，還有什麼不能包容的呢？

（刊於二〇〇九年一月三十一日《人間福報・人間萬事》頭版）

【修心之鑰】

- 經濟上貨暢其流，人才上俊才雲集，文化上相互交流，開放的國家和社會才會進步。
- 現在舉世慢慢有了「音樂無國界」、「宗教無國界」、「愛心無國界」的觀念。「無國界」的意思，就是擴大、包容，所謂「有容乃大」，包容才能成其大。今後我們看誰的國家偉大，就看他開放的程度多少。

妥協

各位讀者，大家吉祥！

這個世界上，有不同的國家、不同的種族、不同的宗教、不同的文化、不同的生活、不同的理念等，講起來有百千種的不同；讓一些不同的人類生活在世間上，有那麼多的不同，怎樣會平安呢？所幸聰明的人類，為很多的不同，想出了相互包容、共同存在的辦法，那就是「妥協」，例如：

一、**黨派政爭要妥協**：世間上爭執最多，情況最嚴重的，要算黨派政爭了。當發生鬥爭的時候，雙方最需要的，就是妥協。世間上沒有絕對的贏家，不要認為憑著鬥爭，就能降伏對方，取得勝利。就算一方勝利，一方失敗，但是消耗了多少實力，花費了多少代價，如此獲得的勝利，得不償失。世間最大的勝利，就是妥協，奉勸黨派的人士們，學會妥協，這是化解黨派政爭的至寶。

二、**勞資糾紛要妥協**：過去國與國戰爭，是為了搶佔國土，增加勢力，因而發生戰爭，今後的國際間，必定是「經濟戰」勝過戰場上的動武了。不只國際間有經濟戰，就是一國之內也有經濟之戰。勞資糾紛，就是嚴重的經濟戰爭；罷市罷工，也是經濟之戰。香港國泰航空公司，曾經因為勞資糾紛，員工罷工，機師罷飛；台北市的工商界，前幾年為了年終獎金，也有不少勞工、店員，發起罷市遊行。一旦到了這種場面發生時，整個社會癱瘓，民眾生活不便，所以解決之道，最好就是勞資雙方坐下來，找出妥協之道。能夠兩邊各領勝場，皆大歡喜，最為可貴。

三、**文化差異要妥協**：每個國家都有不同的文化，甚至同一個國家，原住民和平地同胞，也有文化的不同。中國的邊疆民族，各有奉行的文化，有的民族為了堅持自己的文化，不惜發生戰鬥，死傷無辜人命。

假如大家能互相妥協，在異中求同，在同中存異，讓不同的文化相互尊重，相互包容；只要肯得妥協，又怎麼會互不相容呢？一般人說，政治最高的藝術，就是妥協。其實世間的文化，最高的境界，也是妥協。

四、**立場互異要妥協**：人類爭執的原因，大多因為立場互異。我有國家的立場，我有民族的立場，我有社團的立場；讀書人有讀書人的立場，官員有官員的立場。因為有立場，你有你的立場，我有我的立場，不同的立場，就會對抗、鬥爭，就會互不包容。其實，立場不同，這只是大家的角度不一，才有不同的立場；如果能夠轉換一下觀念，假如我是對方，假如對方是我，能夠立場互換，看法就又不同，就不會分裂了。一個國家都有許多不同的份子組成，軍公教人員、士農工商，如果大家都能捐棄立場成見，相互妥協共存，那就是圓滿的人生了。

五、思想不同要妥協：許多的差異之中，以思想不同最為嚴重。自古以來，人類不容許異議份子存在，因政治立場不同、文化思想不同而被害、被殺的人，何止千百萬人。思想不同，真有那麼嚴重，真有那麼厲害嗎？儘管現在有人高唱「思想自由」，實在講，距離這種理想境界，還遙遠得很呢！我們只希望不同思想的人，都能相互妥協，共生共存，如此就已經算是很好、很夠了。

（刊於二〇〇九年二月九日《人間福報・人間萬事》頭版）

【修心之鑰】

- 有人說政治最高的藝術，就是妥協。其實世間的文化，最高的境界，也是妥協。
- 一個國家都有許多不同的份子組成，如果大家都能捐棄立場成見，相互妥協共存，那就是圓滿的人生了。

戰火

各位讀者，大家吉祥！

一九三七年蘆溝橋事變，日本侵略中國，點燃了中日之間的戰火；一九四一年，日本轟炸夏威夷，點燃了世界大戰的戰火。

戰火也不一定是在戰場上，立法院開議，立委們大打出手，那是立法院的戰火；建築工地工人鬥毆，那是工地的戰火。有戰火的地方就需要滅火，否則戰火瀰漫，社會損失不貲。

我們要熄滅一些什麼戰火呢？又該如何熄滅呢？

一、**家庭的戰火要忍讓：**家庭裡，夫妻吵架，就是嚴重的戰火；妯娌不和、婆媳相爭、兄弟鬩牆、姐妹鬧罵，都是家庭的戰火。家庭的戰火，雖然不用槍炮刀劍，但是碗筷杯盤隨意摔摜，門窗桌椅到處亂踢，嘶喊吼叫，搞得全家不得安寧。

假如此中有一方能忍讓一下，不就可以熄滅一場戰火了嗎？有時候就算沒有熱戰，但全家人陷入無聲的冷戰之中，生活也不好過。家中的份子，每個人都有建設和諧家庭、歡喜人間的責任。建立和諧家庭要忍讓，建設歡喜人間要讚美。

二、**工作的戰火要溝通**：有時候戰火不在家庭裡，戰火在工作場合裡。機關公司，同事一起工作，有某一方感到不公、不平，感到冤枉、委屈；到了不能忍的時候，戰火開啟，也是烏煙瘴氣，難以說清誰是誰非。

一般的公家場所、私人之間，開啟戰火的人比較理虧，因為有很多管道可以解決爭議，何必一定要相罵、相詬呢？你用戰火止諍，永遠不能止。就算你本來有理，但你開頭點燃戰火，總是不為人所接受，所以不如用溝通為上。

三、**人事的戰火要無我**：人世間，有財的地方就有爭端，有利的地方就有爭端，有名的地方就有爭端；人間只要牽涉到人，一個人倒也罷了，二個人、許多人，爭端就難以制止了。

萬般爭執皆由「我」，假如能有「無我」的觀念，把別人放在第一，把自己放在第二，金錢、利益、名位，你們先得，不該是我的，我一分不取，該是我的，你們計較，你們要求多得，我也能委屈讓步。能不「自我第一」，不就沒有爭執、戰火了嗎？

四、**球場的戰火要服從**：球場上也是容易引起戰火的地方，因此一場重要的球賽，總會派來警察維持秩序，主要就是怕球場的賽事變成武打戲碼。假如球隊都是經過嚴格訓練，不管勝敗，都肯服從裁判，不管輸贏，都能服從規矩；球場競賽不管如何激烈，只要肯服從裁判，那就天下太平了。

五、國際的戰火要和解：戰火最嚴重的，要算國際戰爭了。例如第一次、第二次世界大戰，現在甚至有人憂心再啟第三次世界大戰。我們看到美國遠征阿富汗，再戰伊拉克，甚至中東的以阿戰爭，乃至海峽兩岸，有人掛念未來會成為火藥庫。

戰爭是最殘忍、最沒有意義的行為，我們呼籲全世界有良知的人們，社會已經進步到這種時代，為何不謀取和平而要互動干戈，為何要再啟戰端呢？人類唯有止息戰火，謀求國際和解，世界才有和平的一天，人類才有安寧的日子可過。

（刊於二〇〇九年二月十五日《人間福報．人間萬事》頭版）

【修心之鑰】

- 有戰火的地方就需要滅火，否則戰火瀰漫，社會損失不貲。
- 用戰火止諍，永遠不能止。就算你本來有理，但你開頭點燃戰火，總是不為人所接受，所以不如用溝通為上。
- 戰爭是最殘忍、最沒有意義的行為，唯有止息戰火，謀求國際和解，人類才有安寧的日子可過。

慈悲與仁愛的啟示

——請寬待陳水扁、赦免林毅夫

日前，因為國定佛誕節和母親節同時在總統府前凱達格蘭大道舉行慶祝大會，現任總統馬英九、副總統當選人吳敦義、國民黨榮譽主席吳伯雄先生等許多官員貴賓都蒞會參加。大家不約而同都提到了佛陀的慈悲、母親的仁愛，這讓我想起了兩個人：一位是前總統陳水扁，另外一位則是現在人在大陸、台灣宜蘭籍的世界銀行經濟學者林毅夫先生。

他們兩個人這個時候，一個身繫囹圄，無法和家人團聚；一位身在異地，不得回鄉探親。他們一個貪汙，一個叛逃，這都是不易獲得原諒的行為。他們兩個人的事情，引發了正反兩面的意見，在媒體上已經沸沸揚揚，喧嚷多時。

我忽然想到，當前中華民國正處於最需要國內團結合作，並且致力兩岸和平往來的時候，這兩個事件，若是能有一種人道的處理方式，不僅對他們二人來說，是恩義如天，對於國家社會的安定和諧，也會產生重大的意義，因此何不用佛陀的慈悲和母愛的仁慈，來設想這兩個人的處境呢？

陳水扁先生曾經擔任兩屆立法委員、一任台北市長，以及兩任中華民國總統，但因為抵不過人性的貪婪而貪汙；古代有「王子犯法與庶民同罪」之說，何況是身為民主時代的總統，更應該做全民的示範，不管任何理由，貪汙，必然是法制所不容。

對於陳水扁的身繫囹圄，有人表示同情，特別是現在的他，已邁入老年多病的階段，縱使過去擁有權力名位，一旦成為階下囚，連保外就醫都難獲得允准，這也真是情何以堪。因此，就有一些人士基於人道的精神，呼籲馬總統給予陳水扁特赦。

馬總統曾經表示他沒有想過特赦陳水扁，我們可以理解，這是因為他站在尊重司法的立場；而就算讓陳水扁保外就醫，也只是權宜之計。我倒覺得，在特赦與保外就醫之間，能有一個中庸的辦法：那就是效法蔣介石總統對張學良的寬容政策，給予他一間房子，讓他有妻兒陪侍，和家人團聚安度晚年，但限制他不得再從事政治活動，這讓張學良一直活到九十多歲，始終對老蔣總統感恩懷念。

在慶祝佛誕和母親節大會的典禮上，馬總統說：「母親，是家庭裡的菩薩」；總統更應該是大智慧的菩薩，如同蔣介石先生原諒張學良；如同蔣經國先生原諒美麗島事件人士，他們都表現出了仁君的風度。現在，馬總統何不基於人道，雖不特赦陳水扁，但在不超越法律的範圍下，像孫立人將軍一樣，由政府給予他一間房屋，軟禁於一地，與妻子兒女團聚，但不從事政治活動？人生幾何，榮華富貴如浮雲，妻兒常相聚才是珍貴，如果能這樣對待陳水扁，他也應該於願足矣。

果能如此，有助於台灣兩黨的和解，又何嘗不是表現出總統的胸懷與慈悲呢？

至於林毅夫先生，應該說是一個時代的個案。當初他叛逃時，依照軍令可謂罪大惡極。假如現在兩岸還是在仇恨對峙中，確實是不可原諒；但時代演變，兩岸關係的發展今非昔比。過去，一邊要反攻大陸、殺朱拔毛；一邊要解放台灣、血洗台灣，如今也成為歷史陳跡。尤其在揚棄敵對、擱置爭議，共同追求和平友好的現在，兩岸都應「一笑泯恩仇」，重新建立互信互助的寬容雅量。在這樣的大環境下，為什麼獨排林毅夫於恩義之外，讓他有家難歸、有親難投呢？

撰寫此文，我非受人之託，也不認識林毅夫其人，只是基於台灣土地雖小，仁義寬容的精神卻可以成為世界的表率，感於佛陀的慈悲與母親的仁愛而提出此一建議。希望馬總統參酌考量，慎重研擬讓陳水扁回歸家庭，派人監守，讓其終老一生，或讓林毅夫如願回鄉探親。對國家應該不會有大礙，但對社會的人道、祥和風氣，卻有至大的影響。不知道馬總統和社會各界尊意如何？

（二〇一二年五月十四日刊於《人間福報》投書）
（二〇一二年五月十四日刊於《旺報》兩岸新聞）

【修心之鑰】

•貪汙與叛逃，都是不易獲得原諒的行為，若是能用人道的思維，用佛陀的慈悲和母愛的仁慈，來設想曾經對國家有貢獻的犯錯者的處境，於國家社會的安定和諧，是否能產生另一層重大意義？

•台灣雖小，仁義寬容的精神卻可為世界表率，感於佛陀的慈悲與母親的仁愛，希望當局慎重研擬讓陳水扁回歸家庭，讓林毅夫如願回鄉探親。

《迴響》

生命七七、雲端九九

——寫在星雲大師生日八八

高希均

一、生命七七

今年（二〇一四）是抗日戰爭（一九三七年）七七事變的七十七週年。天下文化出版了《我們生命裡的七七》（張作錦、王力行主編）。八年抗日戰爭，割裂了一代中國人的命運；顛沛流離，國破家亡，留下了難以磨滅的傷痛。

星雲大師在書中寫了一篇長文追憶。當時只有十歲的他，聽到南京大屠殺，看到日軍的暴行，尤其追憶棲霞山出家修行的因緣。

「七七」變成了我們出生那個年代不可磨滅的一段生命。

二、生日八八

八月十七日在佛光山上慶祝一位偉大的宗教家八十八年前的誕生。佛光山在華人世界是一個慈悲、信仰、開放、創意的象徵。大師的智慧高，但不是高不可攀；大師的道理深，但不是深不可測。如果「一念之間」可以改變一切，那麼，佛光山就是最能產生「好念頭」的地方，星雲大師就是會使你產生「好念頭」的人物。海內外民眾都熟悉的「三好」（存好心、說好話、做好事）的發源地就在這裡。只要有機會與大師接觸，就會被他感動。

在人類漫長的歷史中，不是每一個世紀都出現偉人；更不是每一個時代都有受人尊敬的領袖。在台灣我們何其幸運地見證到六十五年前，一位二十三歲的揚州和尚，經過半世紀來一步一腳印的全心投入，以及全年無休的無私奉獻，他已變成了華人世界受人敬仰的佛教領袖；特別是他對台灣、中國大陸以及全球華僑社會，產生了深遠的影響。

星雲大師所憑持的就是半世紀以來他一直在拓展的、傳播的、實踐的人間佛教。

這位民國以來的「百年人物」，這位「民族之光」的佛教領袖，以其智慧與才能，把深奧的佛理，變成親近的道理；以其毅力與創意，再把這些佛理變成生活中的示範；更以其感召力與執行力，半世紀以來興建了佛光山、佛教學院、美術館、五所國內外大學，以及創辦香海出版社、人間衛視、《人間福報》，以及壯麗的佛陀紀念館。

這是來自海內外無數信徒的自發力量，這是來自人間佛教感召的有形力量，這更是來自大師慈悲與智慧所產生的整合力量。

三、雲端九九

數位革命已把人類浩瀚的資訊與知識放置在雲端。十一年後大師九十九歲，「九九」象徵「永久」，我們不要擔心大師是否還健在，因為大師終身的智慧——在海內外的開示、文章、演講、著述、言行——已經放在雲端，永遠不會消失。只要上雲端，大師就活生生地出現。

綜合大師對人類及信徒的影響可以歸納為：

1. 既受信眾歡迎，又受各界尊敬。

2. 既貼近人生，又深化信仰。

3. 既可親近，又可實行。

4. 既有一時之效（像特效藥），更有持久擴散效果（像補藥）。

5. 既是言教，又是身教。

6. 既是文教，又是佛教。

7. 既增進台灣自信，又促進大陸誠信。

8. 既深入華人社會，又遍及西方世界。

這真是星雲精神、星雲價值、星雲之心所產生的難以置信的綜合效果；可以稱為台灣的「星雲奇蹟」。

二〇一四年八月二十日
（作者為遠見・天下文化教育基金會董事長）

第三部

大眾事：修忍讓，解生活之道

團結力量大

中國人一向被譏為一盤散沙，甚至有人說，三個日本人可以創辦一個大公司，三個德國人可以主持一個市政府，三個中國人卻會把一個家庭搞得一塌糊塗；因為中國人一向長於「發展自我」，所以有人又喊出「團隊精神」、「集體創作」，佛教更以「因緣所生法」，強調眾緣和合的重要。

其實，團結的重要，人人知道；團結的口號，人人會喊，但是，真正付之行動，卻非易事。因為，人性的弱點有「順我者生、逆我者亡」的毛病，也就是不能容納異己；不能容納異己，所以不能團結，不團結，就會彼此抵銷力量。

亞洲四小龍之一的新加坡，國家雖小，因為倡導團隊精神，故能躋身先進國家之列；反觀中國雖大，因為大家爭相標榜個人，講究一己之能，因此發揮的力量就有所限制。

台塑的王永慶、長榮的張榮發等企業家，造就了台灣的經濟繁榮，但是如果沒有許多下游的工業，何能有台塑、長榮的成功？台灣的電子工業發達，大家歸功於施振榮、張忠謀等人，但是如果沒有許多科學家的努力，何能有台灣的電子工業？舉凡任何事業的成就，無不是集合多數人的努力與智慧始得有以致之，此即所謂的「分工合作」，當中所體現的，也正是團結的精神。

團結，就是眾緣和合。一棟房子的建造，光有鋼筋水泥是不夠的，必須有木材、磚瓦等原料，以及人力、空間等各種條件具足，才能平地起高樓。

一棵大樹的長成，光有種子的「因」未必能萌芽，當中還必須有陽光、空氣、水分、土壤等眾「緣」成就，才能綠樹成蔭。

看到年輕的兒女有所作為，就應該想到父母所付出的多少辛苦；看到一個偉大人物的成功，必不能抹煞多少部屬的擁護。

所謂團結，尤其要有犧牲奉獻、成就他人的精神。長久以來，中國人在海外經常互相排擠、互相出賣、互相批評，因此讓外籍人士恥笑我們「狗咬狗」，甚至以「公雞」來形容中國人不服領導的性格，最後只有同歸於盡；反觀日本人，他們有「鴨子」的團隊精神，因此走遍世界各國，到處開發社區，成立會社。

甚至翻開中國的歷史，歷朝歷代之所以亡國，都是因為君臣不和，眾叛親離，最後導致國破家亡。乃至一個公司之所以倒閉，主要也是因為幹部不合作，主管領導無方，最後只有關門歇業。正如一個人，眼耳鼻舌身不聽心的指揮，自然形神不全。

現在的社會，在政治上，黨與黨之間互相不能包容，彼此無不極盡所能的攻訐對方。在宗教方面，基督教幾百個教派，彼此你爭我奪；回教也有教派之爭，甚至發動戰爭；佛教雖然不以教派為主，但是「人」派強烈，彼此互相打擊，正可謂「國之不國，教之不教」，真是令人扼腕！

現在雖然是民主時代，講究主權在民、結黨自由，但是先進的民主國家，還是應該注重溝通、協商、交流，而不是一味的排擠，如果世間上的士農工商都被打倒了，我的穿衣吃飯從哪裡來呢？

因此，一個家庭之中，父母與子女應該互相慈愛尊敬；一個鄰里和鄰里之間，彼此要守望相助；一個機關團體裡面，上下要同心一意；乃至各宗教、各黨派之間，都應該以團結為重，團結才能實現和平。

團結，就有力量！只要團結，所謂「楚雖三戶，必能亡秦」，甚至「兄弟同心，利能斷金」。本報的出刊，所體現的，也正是團結的力量。例如，在短短的籌備期間，僧信二眾，大家有志一同，有人發心供稿，有人參與編輯；有人協助印刷，有人專責發行；有人廣為介紹，有人歡喜訂閱，於是在眾緣和合之下，《人間福報》終於發刊了，誠所謂「眾志成城；團結就有力量！」證諸世事，實不虛也！

（二〇〇〇年三月二十五日刊於
《人間福報》試刊號社論：團結就有力量）

【修心之鑰】

• 團結，就是眾緣和合，各安本位，各獻所長，個體、團體都能得到發展。

• 中國人不服領導的性格像「公雞」，各行其是，力量抵銷；日本人有「鴨子」的團隊精神，因此走遍世界各國，到處開發社區，成立會社，在海外就能形成一種力量。

• 一根筷子易折，一束筷子堅強，眾志成城，團結就有力量！

請全民支持反賄選

賄選，俗說就是公職候選人與選民之間買票和賣票的行為。選舉公職人員本意為選賢與能，服務公職。可是利用物質賄賂、金錢買票，卻已傷害了自己的賢德與能力，不夠資格當選為公職人員。而選民擁有的神聖一票，因為以少數的金錢或打火機、鑰匙圈、農民曆等出賣一張選票，其人格價值是何其低廉！台灣推行民主選舉公職，已有數十年之久，至今買賣選票成為當然的事情，基本上這是對於民主的極大諷刺。

賄選，擾亂了社會的秩序，導致民主政治的汙點，使賢德人士無法出頭，令人一看到當選的公職人員就誤會他們是以農民曆、打火機、手錶、味精和照相機換來的，即使有許多真正憑實力的當選人，我們所想到的也只是那些醜陋的物品。曾經有某候選人在選舉前往我手掌中塞了一個十萬元的紅包，被我嚴厲地拒絕，可是他卻說，這已是選舉的最後關頭，你不要，我也不知道要送給誰。我回答他，你不知道送給誰，但是我一生的人格不能讓你如此踐踏。一些財團，金牛認為只要花上幾百元或幾千元台幣就可以購買我們的靈魂，孰不知如此做法，我們的政治從此不再清明，政府不再廉能，社會不再平等，道德公義何在？國家尊嚴何在？法制良心何在？

有人以為賄選買票賣票只有你知我知，沒有其他人知道，事實豈單是你知我知，還有天知地知，更有因果知道，選民的眼睛是雪亮的，怎可說無人知道？因此，我僅呼籲選舉公職者以及所有選民，你們饒了國家吧，你們還給民眾一點尊嚴吧，請你們不要再表演賄選的醜劇吧，謝謝你們！

（二〇〇一年九月十六日刊於《百位名人談賄選》台灣高雄地方法院檢察署等出版）

【修心之鑰】

• 賄選對於民主是極大諷刺！賄選買票賣票不只你知我知，還有天知地知，更有因果知道。

沒有台灣人

——在台灣居住的，都是台灣人

十月初，我到巴西主持「國際佛光會第三屆第三次理事會議」，承蒙聖保羅州聯邦警察總監 Dr. Francisco，派了一隊警察人員為我開道，並且二十四小時在我的住處巡邏、護衛，前後達十天之久。因為有這一段因緣，彼此建立了深厚的友誼，所以當活動結束後，他又特地陪同夫人到如來寺來見我。

巴西沒有所謂巴西人

一見面，他們神情感動的告訴我：「佛法這麼好，為什麼佛教這麼遲才傳到巴西來？」我一聽很自然的讚美說：「巴西人很淳樸、很善良，也很有佛性。」他聽我如此一說，隨即回答了一句很有所見的話。他說：「我們巴西沒有人，我們沒有所謂的『巴西人』！」

乍聽此言，我一下楞住了。他看我一臉訝異，馬上補充說明：「全巴西有一億六千萬人口，大部分都是外國移民，所以實際上並沒有真正的巴西人。全世界的人，誰到巴西來，誰就是巴西人；正因為沒有巴西人，所以大家都是巴西人。」

聽了他這一番充滿哲理與智慧的高論後，我忽然有所感，我想到自己在台灣已經住了五十四年，但是到現在並沒有人認定我是台灣人。現在台灣有很多人是光復後才生出的，比我遲到台灣，但是他們都說自己是「台灣人」，卻把我歸為「大陸人」。

台灣人都是「中國人」

「誰是台灣人？」果真要深入探究起來的話，其實台灣最早也沒有人。台灣最早只有蟲蛇野獸，後來才有原住民。到了三百年前，鄭成功駐守台灣後，陸續有了福建人、廣東人、客家人移民到台灣。尤其民國三十四年日本投降後，台灣一下子從中國大陸三十六行省湧進了大批的移民潮，使得台灣忽然增加數百萬人口。因此，基本上台灣本來並沒有人，台灣人最初也都是由福建、廣東，乃至從中國大陸各省移民到台灣，所以都稱做「台灣人」。嚴格的說，台灣人都是「中國人」。

中國人乃至世界上的人，因為用時代來說，而有古代人與現代人之分。在中國的歷史上，有堯舜禹湯時代的人，有春秋戰國時代的人，有漢朝人、南北朝人、隋唐人、宋元明清人。若以地域來分，則有新疆人、東北人、廣東人、福建人、台灣人等。這些人如果不能認同他們都是「中國人」，真是情何以堪！

有群人見證時代悲劇

從地理方位來分，若再擴大開來，世界五大洲有美洲人、非洲人、亞洲人、歐洲人、澳洲人等，甚至現在還有外星人、宇宙人，乃至邊緣人、流浪人、自我放逐的人。

尤其，人類很殘忍，為了戰爭，使百姓流離失所，本來是這個地方的人，為了逃難，不得不成為那個地方的人；本來是那個地方的人，離鄉背井，千里遷徙，落地生根，成為這個地方的人。甚至為了戰爭，造成很多有家難歸、有國難投的「國際人」，例如在泰北的美斯樂，到現在還住著一群沒有國籍的「國際孤兒」，他們見證著時代的悲劇。

我定位自己是地球人

我在台灣已經生活半個世紀以上，很多在台灣出生的人都是在我之後到台灣，但他們都說我不是台灣人，認為台灣不是我的出生地。但是我到出生地揚州，他們也不認為我是揚州人，所以後來我就把自己定位為「地球人」，只要地球不嫌棄我，我就能在地球上居住。

我旅居在世界各地，看到第一代的移民，第二代的移民，雖然在當地都已入籍，但他們還是認為自己是「中國人」。尤其因為皮膚、種族、語言的不同，當地一些狹隘的國家主義者，始終無法給予認同，所以讓人忍不住要說：可憐的中華人喔！

這次到了巴西，巴西人認為他們沒有巴西人，大家都是外來人，也都是巴西人，所以在巴西沒有種族的問題，多麼可愛的社會。

多麼可愛的巴西人

另外，在聖保羅有位華裔市議員 William Woo，也到如來寺找我談話，他已擔任過一屆的市議員，問我下一屆繼續競選議員好不好？我問他：「你是中國人，為什麼在巴西能當選議員呢？」

他說：「來到這裡就沒有中國人，既然是住在巴西，就都是巴西人，因此不管什麼國家來的人民在此競選公職，並不會受到不同的待遇。」落土生根，多麼可愛的巴西人！

美國慶中國人搖旗

兩、三年前我在美國，看到國慶遊行時，遊行隊伍中的中國人都在搖旗吶喊，他們說「我是美國人」。圍在路邊的美國本地人聽了都非常高興，大家認為這是對本地的認同。但是美國人對自己國家的國旗，並不像中國人那樣的禮敬，卻也無損於他們對國家的愛戴。

我旅行在歐洲，有英國人、法國人、德國人，但現在他們建立歐洲共同市場，都說「我們是歐洲人」。美國加拿大的人，都說自己是美洲人，智利、巴西、秘魯、巴拉圭，都說他們是南美洲人，如果再擴大一點，不就是地球人了嗎？

方位標誌別分裂感情

哪裡人只是個代稱，只是一個方位的標誌，其實大家都是「人」，都是「地球人」。

過去台灣有北部人、南部人、東部人，現在又分出本省人、外省人，這都是狹隘的民族主義者，才會硬把人與人之間用地理來分割，造成感情上的分裂，自損國家民族凝聚的力量，實在划不來。

人類世界是個大融爐

一個國家中，士農工商，也是分士人、工人、商人、農人……；甚至男人、女人、老人、年輕人，各種人等。人類世界其實就是一個大融爐，就如五線譜，Do Re Mi Fa So La Si Do，成為交響樂，多麼美好，何必硬要把交響樂截斷呢？所以，不管美國人、巴西人、台灣人，都是假名，實際上，哪裡人都是地理、時空所造成，人都有同等的人格尊嚴，不可以把人格撕毀。

我不是台灣人，我就是台灣人！我的意思是，「沒有台灣人」，就是「在台灣居住的，都是台灣人」。我覺得世界上的人都不應該自我設限，不要劃地為牢，大家應該想到我們都是「地球人」，地球人為什麼不能同體共生呢？

（二〇〇三年十月二十六日刊於《聯合報》讀者論壇）

【修心之鑰】

- 全巴西有一億六千萬人口，大部分都是外國移民，所以實際上並沒有真正的巴西人——但住在了巴西，就變成巴西人。台灣人為什麼不能用同樣的邏輯？
- 哪裡人只是個代稱，只是一個方位的標誌，其實大家都是「人」，都是「地球人」。哪裡人都是地理、時空所造成，人都有同等的人格尊嚴，同是「地球人」，地球人為什麼不能同體共生呢？

對國民黨選戰策略之建議

選舉的時刻要到了，總有人會問我對時局政策的看法，因此，我提出一些建議看法，以供參考。

一、**促進經濟復甦：**

1. 讓企業「根留台灣」。
2. 讓台商「回流」。
3. 吸收外商投資。

二、**解決失業問題：**

1. 成立「就業輔導會」。
2. 設立「創業基金」，定出貸款、償還辦法。

3. 提供「失業補助金」。

4. 民眾「客廳」當「工廠」，政府代銷產品。

5. 政府設立專門機構，協助移民投資。

三、提供低利貸款，幫助「無殼蝸牛」建立「安樂窩」

四、因應WTO對國內農業帶來的衝擊，可請專家研發農產品加工技術，幫助農民開拓出路。

五、積極與外國訂定「關貿協定」，爭取「零關稅」。

六、拓展外交空間（保住現有邦交國）。

七、消弭族群對立。

八、促成兩岸「三通」。

九、恢復兩岸對談。

十、尊重司法獨立，不可選擇性辦案（國安基金案不辦，專辦興票案）。

十一、政黨要年輕化，爭取年輕族群的認同。

十二、選舉候選人要及早訓練，從地方村、里長開始，到中央民意代表，甚至領導人，以培養人才。
十三、黨內初選候選人在一年前就要決定，不要讓想要參選的人因路已走得太遠而不願放棄，彼此戰鬥，或是出走，引起兩敗俱傷。
十四、教育改革，重新檢討「教授治校」之弊端；普及教育，讓所有學子皆有受教育讀書的機會。
十五、整頓治安、消除黑金；公務人員不官僚，提出便民措施。
十六、改善交通，解決停車「一位難求」之窘境。
十七、制定「老人福利辦法」，確實照顧「獨居老人」與「銀髮族」。
十八、開放「公辦民營」事業。
十九、定出百分之六十內閣名單，百分之四十保留。
二十、將「興票案」的真相公開講清楚（成立寫作團，發表文章評論、說明）。

（二〇〇三年十一月十一日）

【修心之鑰】

• 佛法不離世間，選舉眾生事。有人問對時局政策的看法，就提出一些建議供參考。

大和解·救台灣

我出生於江蘇揚州，十二歲在南京出家；又在十二年後二十三歲時來到台灣，於今五十六年。台灣這一塊土地，孕育我生命的成長、滋養我將佛法弘揚到世界，我對於這塊土地的感情，能說我不是台灣人嗎？

在台灣這塊土地上的人，大都受政治的感染，不是這邊，就是那邊；其實，立場雖不同，每個人都希望台灣這塊土地和人民會更好。選舉是表現台灣的成長進步、自由民主；但現在我們台灣的版塊分裂，造成強烈的衝擊，好像已成南北兩個台灣，實在不忍心看可愛的台灣這塊土地沉淪、人民辛苦。

佛法教我們去除我執，由於政治的黨派我執難除，思想上的法執更加難以化解；如果長此分裂，台灣的前途和希望究竟在哪裡呢？人間的一切行為，善惡，都是業力因緣所造成，但是解鈴還須繫鈴人；如果大家放開心胸，彼此尊重包容，視人為己，有人我對調的看法，共同為可愛的台灣這塊土地，各自犧牲小我，來成就台灣。

所以，我至誠的懇切希望，台灣諸位賢達、政黨領袖、企業人士、軍警學商、農工民眾以及宗教各界一起促進台灣的「大和解」，以建立共識、共有、共享、共同為台灣前途努力臻致祥和。

「過去的是非不必再去談論，放眼往前看未來台灣的希望。和解之道要不念舊惡、不計前非、坦開心胸、各自讓步，讓每一個台灣的人民，共同享受這一塊土地上的雨露芬芳。」

政治的決裂，我們希望回到談判桌上來議論講說。希望台灣政黨諸公、各界領袖，用超越政治的胸懷、用公正共有的態度，促進政治的和解，來挽救台灣的未來。這是自三二〇以來，台灣同胞不斷的函電要我向大家表達意見。我不忍台灣長此紛爭，以此為願，希望各界垂鑒。

二〇〇四年三月二十八日　於洛杉磯

（二〇〇四年三月二十九日刊於《人間福報》社論）

【修心之鑰】

- 政治的黨派我執難除，思想上的法執更加難以化解，和解，必須大家放開心胸，彼此尊重包容，各自犧牲小我，來成就台灣這塊土地。

我們的「牛肉」在這裡！

每次到了選舉，選民、媒體記者都會質問各個候選人：「牛肉在哪裡？」對此，我們也提出「牛肉」在這裡：

一、捍衛中華民國，維持兩岸現況。維護全國和諧，團結安定，繁榮國民經濟。

二、一個中國，兩岸政治實體，和平共處；相互尊重，互助互榮。前途問題，相信兩岸人民智慧，會找到兩岸人民都滿意的和平解決之道。既要滿足大陸人民意願，也要滿足台灣人民意願，雙方都不要強加於人。

三、選後立即恢復兩岸協商，直接「三通」，做為第一個議題，取得共識後，立即執行。隨即協商兩岸和平共處五十年協議，此是期穩定兩岸關係，再協商擴大中華民國國際空間問題。

四、選後立即分別召開各方面代表協商會議，民主協商振興經濟，和政、教、商、工、農等改革議題。最後取得共識後，提請立法院立法，請政院施行。

五、實施「誠實」政治，政府言必行，行必果。有錯即改。政府和從政者對人民的承諾不誠實，人民依法共棄之。

（二〇〇三年十一月十一日）

【修心之鑰】

•兩岸前途問題，相信兩岸人民智慧，會找到兩岸人民都滿意的和平解決之道。

「去中國化」之我見

自有人類以來，「族群問題」一直存在於各個國家與民族之間，不但經常造成國與國之間的戰爭，有時一個國家內部因為族群對立，也會導致分裂，甚至發生內戰。

在台灣，「本省人」、「外省人」，「客家人」、「閩南人」之省籍與族群問題，經常在選舉時被有心人士用來操作選情，從中獲取選票。去年（二〇〇四）三月間的總統大選，「族群意識」再度被挑起，不但嚴重分化台灣人民，破壞社會和諧，尤其選前選後更有人喊出「本土化」與「去中國化」的口號，不禁讓人懷疑，在此「多元文化」的時代，各個國家莫不想盡辦法要吸納他國文化，以擷取別人之長來補自己之不足，所謂「納之唯恐不及」，豈有「去之」之理，所以對於現在台灣有人喊出要「去中國化」，真是令人百思不解；如此思想，更是匪夷所思。

談到「去中國化」，中國人一向以擁有五千年的悠久文化而自豪，其實如果回溯到當初先民們茹毛飲血、巢穴而居、樹葉為衣的時代，哪裡有什麼文化可言？這一切都是經過中國人智慧與經驗的累積，慢慢改善生活，在創造本國文化的同時，也吸納他國文化，諸如西方文化、印度文化、中原文化等各種外來文化相互交融匯聚，因此有了現在的「中華文化」。現在我們日常生活中的許多用語，諸如「慈悲」、「平等」、「因果」、「無常」等，就是隨著佛教從印度傳入中國的，再如西裝、洋房、咖啡等，不都是西方文化的代表嗎？當然，中國的文化諸如造紙、羅盤、指南針等，也為西方各個國家所引用，所以文化本身本來就應該互相交流，每一個國家的文化，有輸出、也有輸入，這是自然的現象，但是從來沒有聽說過哪個國家想要去掉哪些文化。

過去我雲遊在世界各地弘法，記得有一次在美國康乃爾大學講演，該校一位約翰．麥克雷教授在敘談時說道：「你來美國弘法可以，但是不能開口閉口都是中華文化，好像是故意為征服美國文化而來的。」當時我聽了心中就有一個覺悟：我應該要尊重別人的文化，我們來到這裡只是為了奉獻、供養，如同佛教徒以香花供養諸佛菩薩一樣。所以由此事例可以看出，美國人吸收他國文化，但是他們害怕被人征服。

二次世界大戰時，日本偷襲珍珠港，雖然槍火大炮摧毀了美國的軍事實力，但征服不了美國人，反而是現在日本的 TOYOTA 汽車進口到美國，幾乎一半以上的美國人都是開 TOYOTA 汽車。日本的 TOYOTA 征服了美國的交通、經濟，但是美國人並不認為這樣不好，因為物品總是要經得起競爭，因此現在全世界的國家彼此都在互相觀摩，互相吸收各方的文化，尤其台灣過去積弱貧窮已久，現在也在經濟上不斷邀請各國專家到台灣來指導發展經濟之道。例如，天下文化公司曾經邀請美國麻省理工學院史隆管理學院彼得．聖吉（Peter M. Senge）來台做專題講演；去年大選期間，連戰也邀請諾貝爾經濟學獎得主克萊恩（Lawrence R. Klein）擔任國民黨的經濟顧問，這些都是希望藉助別人的長才來發展台灣的經濟。

過去中國雖然曾與日本、德國交戰，在戰場上吃了許多敗仗，但是過去老蔣還是用了不少德國人與日本人當顧問，目的也是為了吸收他國文化來壯大自己。另外，在體育發展上也是一再聘請各國的教練指導，光是為了培訓紀政就特地從美國請了瑞爾教練來台指導，甚至球隊也找傭兵來培養實力。

文化沒有國界，文化是人類文明發展的結果，但也促進了人類文明的發展。中華文化有很悠久的歷史，一直是中國人引以為傲的事，但現在卻有人一下子就想把他全然去掉，可謂「數典忘祖」，殊不知文化乃經過古聖先賢多少的心血所成，如今竟想毀於一旦，實在是有愧祖先。

過去我每回聽到有人想要「去中國化」，心中只覺得無奈；但是最近有一天早晨醒來，想到大家又要「去中國化」，心中不禁感到一股莫名的害怕。害怕什麼呢？想想：我的祖先是中國人，「去中國化」後沒有祖先了；我的故鄉在中國，「去中國化」後故鄉沒有了；我平時只會講中國話，既不會英文、也不懂日文等其他語言，「去中國化」後講什麼話呢？我每天吃的是中國米，穿的是中國服，忽然「去中國化」了，吃什麼飯？穿什麼衣服呢？我的朋友大都是中國人，「去中國化」後，朋友也沒有了⋯⋯。這時我忽然發現，造成恐怖的原因原來是：「去中國化」後，沒有「我」了；沒有「我」，整個人就好像懸在半空中一樣，沒有任何的依靠，如此怎麼會不令人感到害怕呢？

世界上任何一個民族，總有一個國家，我在台灣居住、弘法五十多年，當然我也愛台灣，但是我出生在中國，與中國是血肉相連，有著割不斷的血源關係。我一生走過西北沙漠，到過敦煌寫經，看到四川石刻，遊過杭州西湖，曾在揚州的瘦西湖上蕩舟，也曾在太湖濱上漫步。我在南京生活過一段很長的日子，也參觀過西安的兵馬俑、法門寺的地宮、北京的萬里長城及頤和園等，大陸各地的寺廟幾乎都曾留下我的足跡，我在大陸的同學至今也大都健在，我的祖庭大覺寺目前正在復興中，一旦「去中國化」後，祖庭沒有了，同學沒有了，師長也沒有了，什麼都沒有了。

其實，「去中國化」是不顧現實，是開時代倒車的「封閉」思想，現在台灣醫學發達，各種醫療技術都是向西方學習的文化；台灣的科技發展，也是大量吸收西方文化的結果。我們現在不接受外來文化，難道要把飛機、電力公司等，退回給別的國家嗎？我們多少進口的醫藥，是否也應該退回原產地呢？我們不接受這些外來文化，我們自己本身還能有多少文化呢？

過去日本統治台灣，也曾處心積慮的想「去中國化」，名字不可以用中文，要叫日本名字，稱呼父母也不可以叫「爸爸」、「媽媽」，要叫「多桑」、「內桑」，他們想盡辦法要以日本的皇權文化來入侵中國，但是雖然日本統治台灣五十年，如今又在哪裡呢？

文化是自然的，是民心發展的結果，不是用武力強迫加諸就可以要什麼文化就有什麼文化。中國人過去一向自豪的對全世界人說：紙張是中國人創造的，後來才有印刷術的發展；指南針是中國人創造的，於是航空、輪船才有方向、目標；火藥是中國人創造的，後來才有瑞典的諾貝爾和平獎之設立。連諾貝爾先生都受到中華文化的利益，甚至舉世人類其實都是中華文化的受惠者，中華文化的博大精深，於焉可見。

俗語說「有容乃大」，世界上任何一個國家要想雍容華貴，就要有「泰山不辭土壤，大海不揀細流」的胸襟，愈多種文化的融和，國家愈是偉大。人類可以和人類自己相互為敵，但不能跟文化敵對。我遊走世界，我也一直在倡導「本土化」，但是我的本土化是奉獻的、是友好的、是增加的，不是排斥的，不是否決的。例如，過去華人在美國參加國慶日遊行，雖然他們都已取得在美移民身分，但是心中並未認定美國是自己的國家，所謂「人在曹營心在漢」，因此我鼓勵佛光會員在參加美國國慶遊行時，高喊「我是美國人」，我認為我們來到別人的國家，既然身在美國、生活在美國，就應該融入當地，而不能在別人的國中成立「國中之國」。

當然，文化是可以交流的，但是將心比心，我們也不希望在中國裡還有「美利堅合眾國」，也不可以有「大日本帝國」，但是我們也不能排斥美國文化和日本文化。相同的，我們是台灣人，也是中國人，難道台灣的「本土化」一定要通通否決中國才是本土化嗎？我們上百萬的台商為何要回到大陸去？有識之士何以一直主張要「三通」？這些自然的發展趨勢，我們還能「去中國化」嗎？

回顧中國幾千年來的歷史，中國人一直飽受戰爭的蹂躪與分裂，諸如春秋五霸、戰國七雄、三國鼎立、五胡十六國、五代梁唐晉漢周、南北宋等；就拿中華民國來說，也有軍閥割據，難道這樣的分裂才算是「本土化」，才算是「去中國化」嗎？海峽兩岸、兩岸四地，才算是「去中國化」嗎？孫中山先生「世界大同」的理想，為後代子孫所歌頌，中華文化之大，如果中國不吸收外來文化，我們今天就沒有胡椒、胡蘿蔔、胡瓜、胡桃等蔬菜水果可吃，因為這些都是從印度傳來的外國文化，甚至連電視、電冰箱、冷氣、自來水都沒有得用，也沒有阿斯匹靈、抗生素可以養生療病。

當初台灣才剛開放國民可以出國觀光時，台灣人到日本莫不爭相搶購日本貨，這不是在崇拜日本文化嗎？台灣人幾乎人人都羨慕韓國的高麗蔘，這不是崇拜韓國文化嗎？青年學子源源不斷的到西方國家留學，不也都是為了吸收他們的文化嗎？一個泱泱大國，吸收他人文化都來不及了，怎麼還要「去中國化」呢？這不是在開時代的倒車嗎？

二次世界大戰後，日本所以能從戰敗國迅速復興強盛，靠的是「明治維新」；所謂明治維新，就是吸收他國文化，成為日本的近代化，如此才能強盛得起來。現在台灣要「去中國化」，難道要我們回歸過去簡陋、貧窮的生活嗎？我們可以創造自己的文化，但不能強調「去中國化」，文化是自然形成，也要任其自然去除，就像中國的裹小腳文化裹了幾千年，養太監也是養了數千年，但現在不是隨著時間自然淘汰了嗎？不好的文化會隨自然的定律消失，不必要我們費心去打倒他。

多年來我在世界各地弘法，希望佛教發展「國際化」，同時我也在推動「本土化」，但我所推動的不是「去」，而是「給」。我在五大洲建寺，就是希望透過佛教，給當地人帶來更充實的精神生活，例如，建設西來寺的時候，就是覺得美國科技發達，宗教也多，假如能夠再增多一種佛教給人民選擇，不是更美好？而事實證明，美國到底是一個移民的大冶洪爐，他們接受外來文化，取人之長，補己之短，因此能成為世界的大國。

現在世界的發展都是朝向「聯合國」的思想，台灣實在不能斷然搞獨立，因為這是違反時代的思想潮流；現在是「中華民國在台灣」，保持現狀不是很好嗎？把「中華民國」換成「台灣」，過程不知要遭遇多少的困難與危險？這樣的心態也太過狹隘了，這是「我執」和「法執」在作祟，台灣人應該開闊胸襟與視野，要能包容異己，才能豐富文化內涵，才能成其大。

雖然我是出生在大陸的揚州人，但我說我是「台灣人」，我也是「中國人」，甚至凡是住在台灣的，都是台灣人，這是天經地義的道理。我們從台灣移民到美國，可以稱為「美國人」，移民到澳洲，稱為「澳洲人」……；為什麼從別的地方移民到台灣，不能稱為「台灣人」呢？

我移民到台灣近六十年後，我樂於做「台灣人」，更樂於做「中國人」。我們看，一個女孩子嫁給了張家，都說生是張家人，死是張家鬼；我們身為中國人，當然也是生為中國人，死為中國魂。所以，請台灣政壇上有政治雅量的各位政治家，要努力促進族群的和諧，不要再分南部人、北部人，甚至台北人、台中人、高雄人、台南人、宜蘭人等，其實大家都是人。甚至現在也不只是倡導人權，而是「生權」時代的來臨，一切人都有人權，一切眾生也都有生權，破壞生權，不重視環保，不愛護生態，是在開文明的倒車，開倒車的人還是要回到原始的時代去。

自古以來中國的江西人最可愛，他們很喜歡認「老表」，只要有一點關係的都是表親，所謂「一表三千里」，假如生在台灣，一表才三百里，太可惜了，所以「四海之內皆兄弟」，大家要有「同體共生」的認知，千萬不要搞分裂。族群分裂，這是國家的危機，也是人民的不幸；族群不和，國家內耗，最終只有同歸於盡，唯有彼此互相包容、互相尊重，國家才能強盛發展。

中國過去講「五族共和」，漢滿蒙回藏，縱有戰爭，但如元朝的蒙裔佔領中國，也不敢蒙化中國；清朝滿人統治台灣，也不敢滿化中國，因為中國之大，中華文化之豐，不是一時就能被取代的。如今才多大土地的台灣，就想要「去中國化」，姑且不談台灣是否真有獨立的條件，但是可以肯定的是，台灣即使獨立了，在文化上還是不能脫離中國；即使政治軍事力量強大，台灣果真獨立成功，文化也不能獨立。所以現在我們的台灣人、客家人、閩南人、山地人、外省人，在台灣都是台灣人，應該要種族大融和，相互尊重，不管芋頭、蕃薯，現在都已經分不開了，何不從自然融和上來發展，就如芒果與蘋果接枝，就會產生新品種，不同品種的花不也可以相互繁殖成為美好的生命？為何人類反不如植物之懂得順時勢而發展未來呢？

我創建佛光山，一千多個出家弟子，他們都是台灣人，但是我從來沒有想到他們是台灣人，在我心裡，他們是中國人；他們也沒有分別心，認為我是中國人，都當我是台灣人。其實樹起族群對立，讓兄弟同胞互不相容，難道家族就會興盛，國家就會富強嗎？所以我請我們的當政者，不但不可以「去中國化」，尤其造成種族分裂，這無異為台灣的前途敲起一記警鐘，千萬不可玩火自焚；唯有大家摒除私心，跨越歷史藩籬，互相尊重包容，一起共創人類的幸福與和平，才能為自己留下歷史定位，這也是全民所樂見與期盼的未來，是所至禱。

（二〇〇五年七月一日刊於《聯合報》民意論壇：去中國化之我見——推動本土化不是去而是給）

【修心之鑰】

• 我們可以創造自己的文化，但不能強調「去中國化」，文化是自然形成，不好的文化會隨自然的定律消失，不必費心去打倒他。

• 「去中國化」，是心態狹隘的「我執」和「法執」在作祟，中華文化之豐，數千年都不曾被打倒或取代。

• 不同品種的花也可以相互繁殖成為美好的新生命？為何人類不懂自然融和以順勢發展更幸福的未來呢？

國民黨主席改選後

國民黨改選黨主席，這幾天在台灣簡直吵翻了天，不但國民黨內部意見紛歧，競選雙方你來我往，媒體更是一再報導，一時之間好像台灣什麼事都不重要，只有選舉才是大事，甚至就連國計民生都可以擺在一邊。這種情況每逢選舉就會上演一次，不禁令人對台灣的民主發展感到憂心。

過去民進黨黨主席選舉，從黃信介、林義雄、許信良、施明德、謝長廷、陳水扁等，直到現在的蘇貞昌，誰上誰下，感覺是很平常的事；國民黨主席改選，吵吵鬧鬧，花了好幾個月的時間，現在選出了馬英九，大勢已經底定，站在民主的立場，大家應該尊重民意，要讓一切回歸平靜，彼此各就本位。

其實馬英九和王金平都各有所長，王金平是政壇長者，和諧穩健，馬英九形象清新，勤政清廉，他們兩位任何一人做黨主席，都孚眾望。只是投票結果百分之七十以上的黨員選出馬英九，可能是希望國民黨「改革」優先，因此寄以殷殷之望；得票十二萬餘的王金平平時廣結善緣，也有他的擁護者。現在選舉落幕，大家都在拭目以待，靜觀他們二位展現民主風度。我在選舉當天看著開票過程，到了晚間七點就已約略看出結果，我知道選舉之後媒體必定要訪問勝負雙方，當時就想為王金平代擬一個落選的感言，大意如下：

「感謝支持我的國民黨黨員同志，雖然我失敗了，但仍感謝各位的厚愛；現在馬英九先生當選了，全黨的多數同志既然選擇了馬英九，我們全體就應該站在多數的一面，擁護馬英九先生為本黨創造新的未來。金平從政近四十年來，所有為民服務的政治誠信，雖蒙部分同志厚愛，但不及大家對本黨改革的期望，這是時代的思潮所使。馬英九先生既然舉起改革的大纛，大家自當全心全力共同為本黨奮鬥，所有過去「擁王」、「擁馬」的同志，選舉後都應該要「擁黨」，大家捐棄成見，共同再創國民黨的春天。」

上面的理念，是因為我在美國觀察他們多次的總統選舉，落選的一方均有如此風度表現，絕不以成敗及個人的情緒而做不好的示範。王金平和馬英九先生都是星雲所景仰的朋友，我對他們二位的擁戴沒有偏頗。但選後國民黨有些幹部發出一些雜音，實在也有失民主風度，例如有人公開說，她心目中的國民黨主席只有連戰，另有立委則在選後發表要退黨之言。其實黨員以服從為天職，這也是民主的遊戲規則，如果國民黨不能產生新的領袖，一直懷念過去，難道不怕被時代淘汰嗎？像這樣的言論，國民黨要想創新，要想統一，未來要有希望，此實難矣！

現在選舉過後，我們為王金平先生落選感到遺憾，我們也為馬英九先生得到這麼多同志擁戴而祝賀，我們更希望國民黨榮譽黨主席連戰先生應該趁此時刻，呼籲國民黨員團結一致，創造改革的契機，讓國民黨浴火重生，這也是連戰先生對國民黨最大的貢獻。

人生，尤其是從事政治的人物，時而上台，時而下台，應該視為常事，當初既然決定從政，就應該知道政治不如家族事業，政黨是國家的機器，在此一機器運轉之下，是停是前，都由不得自己，民主時代要由全民決定。因此，現在最要緊的，我認為王金平先生及他十多萬的擁護者，應該配合支持馬英九先生的百分之七十幾選票的黨員，及那些沒有投票的人士，大家共同齊心協力，沒有個人的愛憎，只有黨的需要，大家同心同德，團結統一就是力量，則國民黨的未來必能再造國父孫中山先生「天下為公」的榮耀。

我們也衷心希望，原來國民黨的黨工不必鬧著辭職，也不要戀棧不去，新的領袖必定有新的作風，「長江後浪推前浪，世上新人換舊人」，得失不要太計較，所以我呼籲全體國民黨員應該擁護新主席，共同渡過國民黨的財政危機與分裂危機，甚至新主席若有感到經費不足時，也可以發起國民黨員「獻金運動」，藉此可以考驗黨員對黨的愛護與信心。我們更希望馬英九先生表現尊重王金平前輩，繼續獲得王金平的合作。總之，未來如何團結全體黨員，大家站在各階層黨工的立場，發揚黨為民服務的精神，重振國民黨百年老店的光榮過去，這是值得大家深思的課題。

（二〇〇五年七月二十一日《聯合報》民意論壇）
（二〇〇五年七月二十一日《人間福報》第十五版）

【修心之鑰】

- 政黨是國家的機器，民主是尊重民意，選前熱烈競爭，選後要讓一切回歸平靜，同心團結，各就本位。
- 選舉是一時的，選賢與能為國計民生貢獻才智，使前途更美好，才是選舉目的。

選舉的良心・全民的覺醒

最近幾個月來，每天看報的心情是沉重而不愉快的，因為翻開報紙，喧囂擾攘的選舉新聞充斥版面，看到那麼多今後將做為我們領導的候選人，不談自己的理想、抱負，只是批評、攻擊對手的缺失，憑著謾罵、惡口就企圖當選，你說我們今後的日子還會好過嗎？

台灣的選舉選了四、五十年，到現在還是買票、賄選，還是抹黑、罵人，還是不懂得「選賢與能」，甚至互揭瘡疤，把人性醜陋的一面暴露無遺，尤其造假、欺騙、詛咒別人，為了選舉不擇手段竟至於此，這種社會怎麼會可愛，怎麼會有希望呢？

回想四、五十年前，台灣實施憲政時期，當時還常宣導「選賢與能」，現在已聽不到這句話了；就是十年前，也還聽得到政見發表，所謂「要把牛肉端出來」，現在的候選人也不再以政見取勝，有的是中傷別人，擴大渲染對方的缺失，總要讓他無法當選。

所謂「公職」，不就是為民服務的「公僕」嗎？竟能爭搶到如此地步，此中真有那麼多的利益嗎？難道這些人除了做官，就沒有其他的事可以做了嗎？尤其現在當官的人不好好施政，整天忙著到處拜票，做生意的也不好好經商工作，每天忙著抬轎、輔選，好像他們的生命就是為了選舉而活。現在全台灣幾乎所有縣市都需要總統、院長、主席站台，大家傾巢而出，難道一個地方的選舉，需要全國重要的黨政負責人全面動員嗎？

台灣的選舉每況愈下，愈選舉人民愈分裂，真叫人為台灣的未來感到憂心。其實台灣號稱自由民主國家，應該從端正選風開始，我曾經想過提出「禮讓選舉、政見選舉、乾淨選舉、公費選舉、節約選舉、文宣選舉、走訪選舉、無聲選舉、無傷選舉、理性選舉」等「選舉十法」，以及「不買票、不賄選、不罵人、不造謠、不中傷、不抹黑、不塗黃、不染紅、不浪費、不作賤」等「選舉十不」，希望候選人能客觀禮讓、相互讚美，不但具體的向選民說明自己的理想、抱負、政見，也可以介紹對方、讚美對手，由選民自己選擇、判斷，理性的選出他們心目中的賢能之士。而候選人的政見也可以透過電視、電話、書信或是親自走訪，以此取代過去的到處插旗子、散發宣傳單，尤其廣播車高分貝的沿街宣傳，乃至募款餐會一場又一場，不但勞民傷財，而且製造髒亂。

我們希望有一個和諧、謙讓的社會，希望全民能以理性和禮讓的選舉，共同端正選風。但是從最近的選舉文化看來，這只是一個夢想，台灣已經走上全民瘋狂選舉的不歸路了。台灣近年來亂象紛陳，尤其每逢選舉時，口水、黑函滿天飛，買票、賄選更是時有所聞。劣質的選舉文化是台灣的亂源之一，原因就是大部分的候選人根本不提政見，只用心於找出對手的缺失，故意說謊，挑起爭端，引發相互攻擊，彼此謾罵；而選民乃至部分媒體也往往無理性的選邊站，造成群眾的對立，破壞社會的和諧。如此候選人不談理想、抱負，提不出政策、目標，即使當選後也做不出政績；而選民不問是非，只問立場，自然無法真正為國家選賢與能，於是貪官充斥，廉能之士無從一展抱負。面對如此的選舉文化，不禁要問，選舉一定要這樣嗎？

其實選舉是一時的，做人是一生的。「選舉」是民主社會的一大象徵，選舉應該是一種君子之爭，不可以情緒化，不應該造成社會的混亂。選舉必須要選賢與能，要讓有為之士有機會出頭，以為國家社會服務，選民不可以因地域和親戚關係，或是收受賄賂而投票。選舉是選自己的人格與良心，選民不可被欺騙或誘惑；而候選人也應該知道，選舉有勝有敗，這是必然的結果，所以參加選舉的人不能只看一次勝負，這一次幸運當選，如果不能善盡職責，下一次人民可能就不再給你機會了；這一次不幸敗北，只要你有能力，你有誠心想要為民服務，也許下一次就能東山再起。所以，選舉不能只看一次的成敗，應該用心注視下一次，要用政績來說服選民。

「今天」就是投票日了，希望選舉之後，每個人更要有民主素養，要用一顆平常心來面對，彼此互尊互重、互容互諒，唯有全民覺醒，共同提升選舉，並且理性投下神聖的一票，才能共創進步和諧的社會，台灣才能得救。

（二〇〇五年十二月三日刊於《民生報》新聞前線）

（二〇〇五年十二月三日刊於《人間福報》社論）

【修心之鑰】

• 選舉是一時的，做人是一生的。選舉原該是君子之爭，而非醜陋大現形。積累已久的惡質選舉文化，需靠選民的良心與覺醒來改變。

「終止國統論」之我見

美國時間二月二十七日早晨，我在美國西來寺，從《世界日報》的頭版頭條，看到「扁宣布國統會終止運作」的消息，證實陳水扁總統對外不顧全美輿論反對，對內在沒有民意基礎，甚至民進黨內也有多人不表贊同的情況下，一意孤行的宣布其「終止國統」主張。此與之前的「廢統論」，不管是「廢除」或「終止」，都只是文字遊戲，看在大陸的眼裡，認為這是破壞兩岸的和諧，因此恐將再把兩岸的緊張關係推向最高點，不免令人感到憂心。尤其對於陳水扁總統如此不重視民意，斷然以其個人意志來決定兩千三百萬人民的未來，期期以為不可。

現在台灣人民，對於兩岸的未來，雖然有人主張統一，也有少數人主張獨立，但多數人莫不希望兩岸能維持現狀。儘管陳水扁在他的「七點宣示」裡特別強調，「國統會」之終止運作及《國統綱領》之終止適用，不涉及現狀之改變，但事實上在對岸的解讀，則認定這是「台獨升級」的言論。換句話說，台灣一有「台獨」的動作或言論，都將給大陸有動武的口實，如此一來又如何能維持現狀呢？這也是美國政府所以一再對此事表達關切的主因。

誠如民進黨立委林濁水先生說，「廢統」的傷害不在即刻性的危險，而是台、美的朋友關係被搞壞，有長遠的傷害。林立委認為，陳水扁現在只是在努力捍衛他自己的地位，訴求基本教義派的支持，已經不再改善兩岸關係，更不在意與美國的關係，因此他憂心這種情況繼續下去，會讓民進黨愈來愈小，台灣的處境會愈來愈困難。

林立委的憂心，其實也代表了多數台灣人民的心聲，因此不管「廢除」國統綱領也好，「終止」國統綱領也罷，台灣現在不需要消極的大玩政治語言遊戲，而是應該積極的在國家建設上有所作為；兩岸之間也不要被過去的歷史所影響，應該忘記過去，建設未來。兩岸之間果真要維持現狀，應該從友誼的交流上著手，而不是一直在「統獨」的議題上大作文章。再說，姑且不論台灣有無獨立的條件，現在大陸既沒有要「急統」，台灣又何必「急獨」呢？一切維持現狀不是很好嗎？

回顧中國五千多年的歷史，從春秋戰國的諸侯分治，到了三國時代的鼎立三足，乃至五胡十六國、唐後的梁唐晉漢周五代，甚至到了民國的軍閥割據，最後都是歸於統一。統一是必然的趨勢，「一個中國」必是未來散居在全世界的中國人共同的選擇與期盼，這是時代的潮流，身為台灣的領導人，應該要有歷史觀，要能看得遠，要為全民的安全福祉著想，千萬不要逆勢而為。

目前台灣當務之急，如國民黨主席馬英九先生說：「統獨論戰放兩邊，民生經濟擺中間」，甚至馬英九先生針對「廢統論」，喊出「廢統」，不如「廢總統」，這固然是馬主席的感慨之論，但台灣現在應該在既有的基礎下，好好發展經濟，鞏固內政，安定社會民心；對於兩岸之間，應該多往好處想，多做一些友好的交流。中國過去一向有「敦親睦鄰」的優良傳統，兩岸之間雖有一水之隔，但彼此同是炎黃子孫，何必弄得水火不容呢？如果陳水扁罔顧全世界，尤其美國的輿論，一再挑釁，果真給大陸有動武的理由，這絕非全民之福，因此希望政治上的領導人，一言一行要多加三思，多為全民的福祉設想，這才是一個領導人所當為。

二〇〇六年二月二十七日寄自美國洛杉磯西來寺

（二〇〇六年三月一日刊於《聯合報》：《終止國統》請多為全民福祉設想）

【修心之鑰】

- 兩岸的歷史，究竟會朝哪個方向走？會有什麼樣的結局？尚無定論。
- 雙方領導人，都應該要有歷史觀，要能看得遠，要為全民的安全福祉著想，以和平、包容、共生、雙贏為目標。

上台下台

——論施明德「倒扁」

最近陳水扁先生在總統大位不肯下台，施明德先生號召百萬人，準備透過靜坐示威，強要他下台。這件事讓我想起了「上台下台」的艱難。一個人一生期許自己能登上高位，想要上台固然非常困難；到了下台的時候，也是甚為難堪。有的人上台容易，下台也容易，有的人上台難，下台容易；下台容易的人也容易上台。我想陳水扁先生與施明德先生，甚至其他許多政治人物，都有多次上台、下台的經驗，對於上台、下台，其實都不應該那麼執著，該上台的時候上台，該下台的時候下台，上台的時候即使高官厚位，也不代表登天，下台的時候當然也不是喪失生命，何必要把上台下台看得那麼嚴重呢？

對於此次「倒扁」一事，平心而論，陳總統在位六年來的風風雨雨，其實沒有功勞也有苦勞，不過現在民意既然要他下台，我覺得他此刻若能自動辭職，不要再拖泥帶水，不但對民進黨有加分的作用，對他個人而言，也能保持尊嚴，也算清高。

現在施明德先生順著民意站出來倒扁，全民普遍對其崇高人格感到敬佩，但是有少數人刻意加以抹黑，其實這對民進黨和陳水扁先生個人都不是好事，反而與民意漸行漸遠。我個人對施明德先生曾經身受政治冤獄二十餘年，出獄後毫無憤恨怨尤，其人格之清高，令人欽佩。現在有人用往事、家事來醜化其政治理念，可以說極為不當。甚至有人對於陳總統下台後，繼任總統人選感到疑慮，對此我有下列意見，提供做為選項：

一、依憲法規定，陳總統下台後由副總統呂秀蓮繼承大位。

二、呂秀蓮上台後，可透過修定法律相關程序，改選新總統，並以國會多數黨組閣，合理運作，不再空轉內耗，以人民福祉為念，以歷史定位自許。

三、陳總統下台前，由他自己宣布解散國會，由民意重新再做一次決定，讓該上台的人上台，該下台的人下台，這才符合民主，千萬不要為了少數人的上台下台，造成全民鬥爭、乾耗，損傷社會的元氣與祥和，此非全民之福。

以上所言，只是個人淺見。當乎？請全民公決。

（二〇〇六年八月二十四日《聯合報》民意論壇：上台下台——論施明德「倒扁」一事）
（二〇〇六年八月二十四日《人間福報》：【專論】上台下台——論施明德「倒扁」）

【修心之鑰】

- 一個人若一生期許自己能登上高位，想要上台固然非常困難；到了下台的時候，也是甚為難堪。
- 上台即使高官厚位也不代表登天，下台艱難也不是喪失生命，何必把上台下台看得那麼嚴重呢？
- 總統應以人民福祉為念，以歷史定位自許，一切符合法制、民主，上台下台的身影都要漂亮。

「蕭仔，你要回來救台灣啦！」

從洛杉磯《世界日報》的報導得知，「馬蕭配」已經正式成局，不禁令人為「馬英九終於找對了人」而感歡欣鼓舞。因為：

第一、現在台灣最缺乏的領袖人物，第一就是有和平性格的人。蕭萬長在國民黨裡人緣奇佳，在民進黨或台聯黨裡，也都受到尊重；如此一個四面八方都能受人歡迎的人，確實應該站出來，為台灣的和諧再造新局面。

第二、現在台灣急需恢復過去的經濟繁榮，唯有經濟發展，才能受國際的尊重，才能受對岸的重視，才能受民眾的擁戴。「經濟老蕭」正是符合了台灣當前社會民眾的需要，難怪連計程車司機都要說：「蕭仔，你要回來救台灣啦！」。

第三、蕭萬長曾被民進黨聘為首席經濟顧問，可惜他只是徒具此名，並無實權真正為台灣的經濟掌舵。如今馬英九邀請他擔任副手，讓他重新出線，馬英九也說未來會借重他的長才，重振台灣經濟，成為台灣經濟新的領航人。此舉不但恰當，也滿足了台灣多數人民未來的希望。

第四、「微笑老蕭」這個名字從過去喊到現在，他的微笑不但可以走遍全世界的經濟領域，甚至走到對岸的大陸，所以今後蕭萬長若能擔任副總統，不但會重視國際舞台，而且在對岸的大陸，他也能為台灣的經濟一展長才，增加兩岸的和平相處。

第五、感謝馬英九「三顧茅廬，六度晤談」，請出蕭萬長，滿足了多數台灣人民的希望。也感謝陳水扁總統，當他得知蕭萬長將成為馬英九的副手人選時，即刻就說「恭喜」。現在，我們也是這樣的意思：「恭喜！」

星雲　六月二十三日　於洛杉磯

（二〇〇七年六月二十四日《聯合報》民意論壇：經濟老蕭回來了　恭喜台灣）

【修心之鑰】

• 有和平性格、有經濟長才、在各黨派都受到尊重的人，正是多數台灣人民所需要所寄望的。

當司法沉淪的時候

一個現代化的國家，其公平、公正的形象，要靠司法來樹立，當司法不被信任的時候，最後只有靠民意了。因此，一個真正自由民主的國家，民意是超越一切的；反之，如果民意也被少數政客的情緒、執著所控制的時候，這個國家已經沒有所謂真正的自由民主了。

目前台灣有許多政黨，彼此都在各自表達他們的立場，但是不管怎麼說法，「多數」是最重要的。所謂「公投」，就是為了取決於「眾意」，假如一人、一黨左右了民意，凌駕在民意之上，甚至用多數的不了解，強行讓問題過關，失去了高等知識份子獨有的看法，這也是國家前途的一大挫傷。

希臘哲學家亞里斯多德說：「吾愛吾師，吾更愛真理。」佛教也有「依法不依人」的理論；中國文化素來更有「大義滅親」的道理。這一切在在說明，一個優秀的民族，對是非真理應該要還於公道。

近來台灣黨爭嚴重，導致政治、司法、財政等問題的是非功過，長年累月陷入在「口水戰」之中，搞得人民對是非、好壞的價值觀，產生了迷惘的感覺。

其實，一個國家不管司法也好，民意也好，一定要有普世性，要有平等性，要有歷史性，否則就會落入偏執、狹隘、自私，就不能具有現代的國際公論了。例如，引發大眾爭議的馬英九「特別費」案，這不是馬英九單一的個人問題，而是全國幾千個首長共有的問題，甚至關乎國家長期以來施行的制度問題，所以蘇貞昌先生把他歸結為「歷史的共業」。

對於這一歷史共業，現在卻出現「選擇性辦案」現象，有的首長被偵查起訴，如呂秀蓮、馬英九、游錫堃等，有的人平安無事。甚至同樣被起訴的案子，偵辦過程，南北認知不同，難怪呂秀蓮副總統第一次出庭時，特別對著媒體強調，她是代替全台現職六千五百多位行政首長來出庭的；馬英九先生日前在二審言詞辯論中，更是罕見的痛斥檢察官「為了起訴我」、「沒有邏輯，只有羅織」的辦案之不公。

其實台灣只有一個政府，只有一部憲法，面對如此重大問題，怎麼能任由各種標準不一的情況發生？如此沒有歷史性的公認，沒有平等性的公正，沒有歷史性的公審，沒有大眾性的公議之司法辦案，如何讓人民信服？一向以「自由民主」而感到自豪的台灣，如果「刑法」滲入「人意」，如果大眾的良心不能挽救司法的沉淪，如果多數人民都對司法失去信心，這才是台灣最大的危機。

所以，當國家處於歷史性的關鍵時刻，司法的判決尤其更要慎重，千萬不要因為一、二人的偏見，而影響了全民的公意與心聲。

最後我們還是要再次強調：當司法不被信任的時候，要靠民意！只是，我們的民意在哪裡呢？

（二〇〇七年十二月四日《聯合報》民意論壇）

【修心之鑰】

• 一個國家無論司法、民意，一定要有普世性、平等性、歷史性，否則就會落入偏執、狹隘、自私，就不能具有現代的國際公論了。

權力之前，該怎麼辦？

政治是講究權力的，權力使人傲慢，權力也可以讓人施展智慧和仁慈。權力應該建築在「眾人」之上，如果沒有「民意」，即使貴為帝王、總統，沒有民意為基礎，權力從哪裡來呢？所以尊重民意是領導者獲得權力的重要法門。

此次立委選舉之後，國民黨主席吳伯雄先生說：我們感謝全台灣民眾的睿智，國民黨勝選了，但未來我們會更謙卑！馬英九先生也說：國民黨會尊重民意，不會濫權。國民黨的領導者能有這樣的看法，真是國家之幸，人民之幸！

只是，現在國民黨獲得全面勝利，一些黨內人士面對權力，不免蠢蠢欲動。所謂「爭權奪利」，必定成為再次致敗的原因，因此未來的權力之爭，幾乎也成為國民黨可怕的隱憂。

我個人非常主張，在團體、政黨、權力之前，應該學習「跳探戈」，彼此互相尊重，當進則進，當退則退，有因緣就上台，沒有因緣就下台。當初釋迦牟尼佛也是「有緣佛出世，無緣佛入滅，來為眾生來，去為眾生去」，所以我覺得一位偉大人物，不要把「上台下台」看得那麼嚴重。你能幹，全民擁護，人間到處都是你的舞台；不合民意，即使上台，民眾也會用噓聲叫你下台。

前行政院長唐飛先生說：「什麼是君子、小人？君子，你請他上台很難，要他下台很容易；小人，你要他上台很容易，請他下台很難。」真是一語道破「上台下台」的眾生相。所以真正「愛國」，不一定要做高官，不一定要掌握權力，個人的一張選票，不是一樣能決定國家的權力誰屬嗎？

佛光山目前正在籌建佛陀紀念館，因為工程浩大，誰能主持這樣的工程？我建議凡是帶著「無我」觀念的人就能主持；因為有「無我」的觀念，才能傾聽、接納「大眾」的意見。現在國民黨的吳伯雄、馬英九、王金平、吳敦義先生等重量級人士，我很誠懇的希望他們都能有「無我」的精神，如此未來才能公平公正的運作國家公器，才能無我無私的為民謀福。

至於國民黨其他政要，也不必在權力中爭得你死我活，儘管你的學歷、能力、貢獻為全民所周知，但是你要知道，凡事都要有「緣分」，如果萬事俱備，只欠緣分，也是功虧一簣。因此，今日國民黨的諸位仁者，千萬不可以分爭權力，大家應該以「無我」之心，廣結善緣，為民服務，需要則上台領導，不需要則台下擁護。

我對於國民黨在這次立委選舉中，台北市「八仙過海」、桃園縣「五子登科」，乃至全省有那麼多優質的立法委員出線，看得出國民黨未來的希望。不過，對於民進黨的人士，如羅文嘉、段宜康、林岱樺、余政憲等人雖然落選，但也不必難過，因為還有相當的政黨票，把你們的同黨人士以「不分區立委」名義送進國會，這不也是你們的精神進入立法院嗎？「民主政治」不是一人能成，應該重視團隊，要有「集體創作」的精神，「成功不必在我」的雅量。

立委選舉已經落幕，我希望國、民兩黨人士，都應該感謝全台灣的人民，所謂「民主」，他們做了裁決，你們應該歡喜接受。

（二〇〇八年一月十五日刊於《聯合報》民意論壇）

【修心之鑰】

• 掌權者有「無我」的精神，才能無私的為民謀福；失權者有台下擁護的雅量，更是民主的提升。

拒領公投票的重要性

最近台灣由於「公投綁大選」的議題，造成社會動盪，人心不安。雖然明知台灣入聯公投是走鋼索的行為，但是有一些人不顧安危，一意執著，使得國民黨不得不祭出「拒領公投票」來抵制。

其實，民進黨人士應該也知道，「台灣」這個名稱不是國名，只是一個地區，並沒有「入聯」的條件，但是卻被「入聯」的美麗幻象所迷惑，以致看不清時勢，也完全聽不到外界的聲音。例如，國際間從美國、日本再到歐盟各國，都紛紛站出來明確表示反對。尤其美國在台協會台北辦事處長楊甦棣先生更公開指稱，台灣入聯是「不必而不利」的事，不但有傷台美的互信，也會激起兩岸的對立。

至於國內方面，不但在大陸的台商擔心此舉會升高兩岸的緊張關係，恐將對台商造成負面的衝擊，所以紛紛簽署反對「公投綁大選」。就是在台灣的學者、教授、醫師、專家等有識之士，除了少數人以外，多數也都贊成拒領公投票。此中尤以一位國中教師文須琢先生，更以「公投浪費公帑」為由，積極在網路上發起「停辦公投」的呼籲。他表示，總統大選如果合併辦理公投，勢必多花費四億五千萬元，如果現在能及時踩煞車，至少可以省下三億元。

舉辦公投不但浪費公帑，事實上也不容易通過，因為現在公投法的過關門檻非常高，以一千多萬的選民來算，至少要有八百多萬人投下公投票才會過關。就算公投過了關，但以過去民進黨政府二度向聯合國申請入會「被拒」的情況下，是否公投通過就能入聯？即連我國的外交部都無法保證。

本來民進黨提出「以台灣名義加入聯合國」，是希望藉此突破台灣的外交困境，但是觀諸近來國際間反對的聲浪，顯示此舉不但無助於打開外交空間，反而會讓台灣的外交更加陷入窘境。

既然台灣沒有加入聯合國的條件，就不要用公投來欺騙老百姓，現在台灣需要的是經濟發展，是安定與和平，所以千萬不要再無端製造麻煩，大家應該體念台灣得來不易的現有成就，不要將之毀於一旦。尤其最近北京當局對兩岸關係也釋出善意，表示可以在對等的條件下恢復兩岸協商。

面對如此有利的局勢，台灣實在不可以再情緒化了。現在我們要讓台灣和諧，就不要公投；要讓台灣成長，就不要公投；要讓台灣人民安全的生活，就不要公投；要讓台商在中國能平安的發展，就不要公投。甚至要讓台灣和美國、日本等國家保持友誼，就不要公投；如果不顧美國的警告，後果會如何？如果不尊重大陸的想法，後果又會如何？大家不能不審慎的思考。

我個人的心理很簡單，只是不希望挑起兩岸戰爭，不希望看到台灣人民生靈塗炭。因為我自己出生在北伐戰爭時期，經歷過八年的對日抗戰，以及之後的內戰不停，深刻了解到戰爭的殘酷。好不容易現在看到台灣數十年來經濟成長，各項建設突飛猛進，自由民主也已然開花結果，到處洋溢著新氣象。再加上中國現在也改革開放，揚威國際，這是中國人團結的大好機會，中國能和平統一，不但是海峽兩岸人民的幸福，也是旅居海外一億多華僑的希望。

我在台灣居住了六十年，我覺得台灣人民是可愛的，可愛的台灣人民勤勞節儉淳樸善良，希望政客們不要再操弄他們，以他們做為自己政治鬥爭的工具。我也希望台灣民眾能了解我愛台灣的苦心，台灣是居住在台灣的所有台灣人的台灣，住在台灣的台灣人，不管是閩南人、客家人、外省人，都是中國人，中國人應該和諧相處，共尊共榮，中國人應該向和平統一走去，這才是未來的前途。反之，台灣獨立沒有生存的條件，只有走入死胡同。

由於最近網路上一再希望宗教界人士出來呼籲拒領公投票，雖然我已是八十多歲的老人，但為了體念蒼生，為了感謝台灣六十年來培養我的因緣，因此不能不推心置腹，不能不剖心掏肺的站出來公開呼籲，如果三月二十二日能夠停止公投最好，不然的話只有希望全民一起出來拒領公投票了。

屆時如果拒領公投票成功，也希望民進黨能夠有所省思，以後不要再操弄族群意識，不可以再挑起省籍情結與族群對立，現在已經是自由民主的時代，千萬不要用少數人的執著，影響了多數人的安全與權利，這才是明智之舉。

（二〇〇八年三月十三日刊於《人間福報》社論）

（二〇〇八年三月十三日刊於《聯合報》民意論壇：體念蒼生 感謝台灣 我拒公投）

【修心之鑰】

• 政治上走鋼索的行為，去做「不必而不利」的事，政客用幻象來欺騙老百姓，人民應該發揮智慧、看清真相，莫因方向錯誤走入死胡同。

參加總統就職典禮後有感

——捨一黨之執，讓三民主義「吾民」所宗

五月二十日，中華民國第十二任總統馬英九先生就職典禮在小巨蛋體育館舉行，現場一萬五千人參加，場面至感溫馨。

馬英九先生在發表就職演說中，對於兩岸議題盡量表示友好，所謂「和平相處，製造雙贏」，這正是目前台灣人民所樂見。唯一遺憾的是，司儀在播報節目當中，不斷製造、強調「台灣」這個名詞，諸如台灣本土、台灣文化、台灣歌詞……，讓人聽了感覺中華民國淪為地方政府了。所謂「九二共識，一中各表」，堂堂的「中華民國」除了「台灣」，還有「金門」、「馬祖」、「澎湖」，甚至散居在全世界的僑胞們，他們心心念念的是「中華民國」，「台灣」怎能概括他們的心聲、他們的需要呢？

整個就職典禮中，還有一個讓人感覺不能與當今社會及時代思潮吻合的，就是唱「國歌」時，一開始就是「三民主義，吾黨所宗」，我不知道在場與會的新黨、親民黨，以及其他各黨各派的人士，他們心中是何感受？總覺得國民黨以一黨之執，

強要全民接受，真叫人情以何堪？

過去數十年來，國民黨「以黨治國」，強調黨的偉大，黨的力量，一切都以國民黨為準。但是現在中華民國自由民主的思想，已經普遍的開花結果，不能再一直以一黨為大。就如中華航空公司，他們的經營理念也都是主張「以客為尊」，馬英九先生在就職演說中也提到「未來我們也將與大陸就台灣國際空間與兩岸和平協議進行協商。台灣要安全、要繁榮、更要尊嚴！唯有台灣在國際上不被孤立，兩岸關係才能夠向前發展。」要的就是全民的尊嚴，包容的民族。

過去數十年來，我經常參與一些活動，在必須唱國歌的場合，我總覺得對不起其他的黨派，雖然「三民主義」是全民所信奉，但是「吾黨」一詞，總不會在場人人都是國民黨的黨員，所以何必一定要用「黨歌」為「國歌」，強迫他人一定在我黨之內呢？此舉對一個包容的民族而言，實無必要！因為以狹義的黨派觀念，挾持全民的思想，實在不符合時代的潮流。假如能將「三民主義，吾黨所宗」，改為「三民主義，吾民所宗」，讓每一個人都能樂於懷念孫中山先生，體念其創立民國之艱難，繼而以「三民主義」的自由、民主、均富，做為未來兩岸和平統一的目標，何其善美啊！

美國立國時，在「獨立宣言」中倡導「民治、民有、民享」三民政策，中華民國建立時，也倡議以「民族、民權、民生」為建國的綱要。及至今日，中國大陸雖然中共中央政權建立了五十餘年，對於三民主義也沒有排斥，現在的中山陵巍巍峨峨聳立在紫金山上，甚至北京還將國父孫中山先生的遺像懸掛在天安門，可見孫中山先生為全民所敬仰，三民主義為全國全民所尊重。假如吾人能尊重接受，讓「三民主義」為「全民所宗」，放棄「一黨」的狹隘，一切以國為重、以民為要，這是多麼美好！

因為有感於馬英九先生在「總統就職演說」中，一直以民為念，我也不禁不揣淺陋的提此建議，希望國民黨中央能開闊心量，配合馬英九先生的理念，捨去一黨之執，此乃全民所盼，至為重要！

（二〇〇八年五月二十一日刊於《聯合報》民意論壇：參加馬總統就職典禮後有感——捨一黨之執 開闊心量）

（二〇〇八年五月二十一日刊於《人間福報》投書：參加總統就職典禮有感——捨一黨之執 讓三民主義「吾民」所宗）

【修心之鑰】

• 假如讓「三民主義」為「全民所宗」，以「三民主義」的自由、民主、均富，做為未來兩岸和平統一的目標，何其善美啊！

讀蔡主席元旦文告有感

時值元旦，閱讀民進黨蔡英文主席文告〈寫給二〇一一年的民進黨〉，文情並茂，非常動人，深有所感。

台灣，是中華民國的，不是國民黨的，也不是民進黨的；當初《開羅宣言》台灣歸還給中華民國，並沒有去議論歸給哪一個黨派。事實上，台灣的土地與人民，是不分黨派的，凡是居住在台灣的人民都與中華民國密不可分，都愛台灣，連中國大陸和海外的華人，也都愛台灣。

一九四九年，中央政府遷來台灣，對台灣的各項建設，有目共睹。如：三七五減租、耕者有其田，讓台灣的農民翻身；有計畫推動經濟建設，讓台灣的經濟起飛，使台灣成為亞洲經濟四小龍之一，人民生活大幅改善，這不一定算是國民黨的功勞，卻是國民黨領導的中華民國政府所有的成就；當年蔣經國先生任行政院長時進行的「十大建設」，讓美麗的寶島經濟發展的根基更行穩固，台灣的現代化於焉開始；其時，民進黨還未成立。

過去，國民黨在台灣執政時也有錯失。例如處理「二二八事件」不當，「白色恐怖」讓多少菁英死於冤屈，這不只是台灣人民的傷痛，同時也是當年來台的大陸政府官員與民眾的傷痛。我們認為國民黨領導的台灣，在施政上或有缺失，但在經濟建設上，功不可沒。蔣經國總統對於本省人才的提攜培植不遺餘力，如：李登輝、謝東閔、邱創煥、林洋港、許信良、張俊宏、姚嘉文等，有的送他們出國留學，有的擔任特任官，掌握重要的職權，可見國民黨並未將台灣視為一黨之私。

民主精義在於政黨競爭，民進黨能夠脫穎而出，乃國民黨順應時代潮流逐步推動民主政治的結果。國民黨透過選舉執政數十年後，繼而與民進黨交替執政，其間雖有衝突但無大規模的流血事件，也可見國民黨的寬容與民主，能說國民黨對台灣民主沒有貢獻嗎？民進黨執政出了一個陳水扁，貪汙、腐化，醜聞揚之於國際，令國人蒙羞，但仍不能因此否認民進黨對台灣民主的貢獻。

蔡英文主席在文告中指出，國民黨說沒有中華民國，就沒有台灣；民進黨說，沒有台灣，就沒有中華民國。我們認為，應該說沒有中華民國，就沒有國民黨和民進黨，也就沒有現在自由民主安和樂利的台灣。中華民國是吾土吾民的母親，母親的地位不容否定。

今天，居住在台灣的外省人、客家人、閩南人、原住民，和來自世界各地認同台灣的人士，都是中華民國的國民，都是台灣的子弟。今天我們強大的壓力就在對岸，難道我們真的要「鷸蚌相爭」，讓漁翁得利嗎？大陸人都稱台灣人民是「骨肉同胞」，難道共同生活在台灣寶島上的人，反而要互分彼此嗎？

我們希望兩黨都以台灣人民的福祉為重，不要挾持偏激民意，扭曲事實，傷害台灣廣大人民間的情誼；建立公平正義富裕美滿的社會。

（二〇一一年一月二日刊於《人間福報》社論：讀蔡主席元旦之言有感）

【修心之鑰】

● 蔡英文主席在元旦文告中指出，國民黨說沒有中華民國，就沒有台灣；民進黨說，沒有台灣，就沒有中華民國。我們認為，應該說沒有中華民國，就沒有國民黨和民進黨，也就沒有現在自由民主安和樂利的台灣。

讓「選賢與能」復活

六十年前我隨國民黨到台灣，當時國民黨也想在台灣建設美麗的寶島，就實施民主憲政選舉；從縣市長的地方官員到省議員，到院轄市的市長，再到立法委員，甚至上至國家總統的選舉，可以說大選小選，幾乎每年都有。

為了選舉，政府花費在選務上的時間、金錢，不知凡幾；人民關心選情，議論人事是非，甚至跟著選舉的浪潮起伏，也不知費了多少的精神力氣。此中的變化，最讓我有所感的是，六十年前最初的選舉，有一句重要的口號「選賢與能」，但選到後來，尤其今日的各種選舉，再也沒有聽到有人強調這一句話了。

現在的選舉，都是選地域，選關係，選私交，選利益，已經忘記了要「選賢與能」，殊為可惜。不過，在幾年前的選舉，倒還有一句口號，就是希望候選人要「端出牛肉來」；只是現在大家也不關心牛肉了，即使候選人端出牛肉，也沒有人聞問，大家所重視的都是個人的好惡，都是一己的小利，甚至都是意氣用事，都是製造對立，已經忘記了美好的「選賢與能」，對國家、對民主政治是多麼重要了。

其實，一個候選人與我個人有多少關係，並不重要，但他未來的施政，則對全民關係重大，因此對候選人的品德、能力，必定要列為第一考量，這是十分重要的事。

台灣多年來因為實施民主選舉，讓小老百姓終於感受到，自己是國家的主人，因為有神聖的一票；問題是，這神聖的一票關係國家的未來，可謂無限寶貴，但這神聖一票的價碼，往往只值三、五百元，實在可惜。

不過總的來看，台灣近年來的選舉，讓每一個選舉投票人，學習到自主、自立、自尊、自強，不但學會了應付各種候選人的拜票，表面上可以跟你握手、微笑，但不一定把票投給你；甚至每個人在選舉裡，都表現出獨立自主的性格，可謂成熟很多。但美中不足的，就是對「選賢與能」還不能提高認識，有的家庭為了選舉，不但兄弟不和，夫妻反目，甚至有些候選人為了選票，不惜攻訐、抹黑對方，使得民主選舉本是台灣最光彩，最足以在國際間炫耀的成就，但因為選舉所發生的醜陋事件，也讓台灣貽笑國際，深深令人遺憾。

此外，還有一件事值得一提，那就是歷年來每次選舉，候選人為了選票，不得不求佛問神，對宗教的發展也總是信誓旦旦，表示虔誠。在此同時，佛教有些出家人也想搭上現代民主政治的列車，也熱心參與投票；可是在台灣社會，少數人對出家人關心政治，參與選舉，經常面露不屑，甚至用不以為然的口氣批評說：「出家人也要投票啊！」

其實此言差矣！出家人雖然「出家」，但並沒有「出國」，出家人不但要納稅，要服兵役，要對國家做種種的公益服務，他們也都善盡國民的義務，為什麼不能投票呢？一個國家的公民，除非犯罪被褫奪公權，才會失去投票的權利，難道所有佛教徒都被褫奪公權了嗎？由於社會大眾不能公平對待佛教，這也是台灣民主素養有待加強的地方。

今年是中華民國建國百年，明年又將面臨二〇一二年總統大選，回顧這麼多年來台灣的民主選舉，從最早期劃分為黨內、黨外，到後來選此黨、彼黨，後來又有選黨不選人，乃至選人不選黨，甚至選「錢」不選「人」。但經過這麼多年來的民主訓練與教育，人民應該要更進步，還是應該要「選賢與能」，這是民主憲政的精神與價值所在，因此希望未來的選舉，全民都能有所共識，能夠讓「選賢與能」復活，這是民主憲政的幸事，也是全民之福！

（二〇一一年八月十一日
刊於《人間福報》人間百年筆陣）

【修心之鑰】

- 選舉，最重要的是「選賢與能」，現在卻改變成選黨派，選地域，選關係，選私交，選利益，甚至只選幾百元的「價碼」。
- 民主選舉本是台灣最光彩，最足以在國際間炫耀的成就，卻因選舉所發生的醜陋事件，讓台灣貽笑國際。經過這麼多年來的民主訓練與教育，更應該要進步、覺醒，讓「選賢與能」復活！

愛國要講究法治，是非應止於智者

——回應李家同教授

上個月十八日，台灣的學生發起反對服務貿易協議的學潮，佔領立法院，並且強行衝進行政院，破壞公物，我個人覺得這已不像學生運動，似乎要變成造反運動了。因為，學運是很神聖的，這一班的年輕學生，他們天真、熱情、愛護社會，但是，愛國也要講究法治、講究理智。

當初，民國八年有「五四運動」，那許多學生基於愛國的情操，反對外國以不平等的「二十一條」條款欺凌我們，幾乎要滅我中華，學生們挺身而出，因而在歷史上留下清名。但這一次「反服貿協議」應還不致構上學運，因為協議的內容還可以再研究。

再說，就是要發起運動，也應該以當事人為首，有關服貿協議利害關係的人士，他們應該先出場，學生為了主持正義可以出面支援。但現在，主腦者都不知道在哪裡？我們的學生空有一番熱情，尤其他們在國家會堂受餓、受凍，甚至已有人生病，花那麼大的精神力氣，實在是划不來。

我們台灣幾十年來在各界的努力下，成為一座美麗的寶島，擁有敦厚善良的人情、社會民主自由，評選「居住環境最好的地方」就是台灣。但因為兩岸的問題至今還沒有解決，因此，就有有事者各說各話，製造是非。所謂「是非應止於智者」，在運動發生的第五天，在台中，佛教就有意見出來；我個人表示，學運應該點到為止，學生可以回校讀書；王金平院長應該出來領導立委開會，使國會正常運作；馬英九總統應該應學生要求出來安排一個對話，當然，對話的程序、機制必須經過研究。對於「服貿協議」的內容，至今有人說公平，有人感到不如人意，究竟服貿協議公平與否，我們可愛的學生們清楚其中利害關係、懂得國家要登高看遠嗎？

我們宗教界也不是不關心社會運動，但假如一開始就跟著趕熱鬧發言，就會有人譏評宗教人士不安於教堂寺廟修行，卻來干涉政治。特別在台灣，社會上瀰漫一種錯誤的觀念，覺得政治只有一般人民參與，宗教不能與政治沾上邊，以致宗教人士對自己的立場多有保守。

現在，李家同教授表示，對宗教界一句話都不講感到失望，其實，這段期間都有各家媒體報導，宗教不應忙著插上一腳。而事實上，《人間福報》、人間衛視，開始就特別製作有關專題，邀請各方人士發表意見看法，難道李教授都沒有看到嗎？李教授本人也是一名教友，在天主教裡也甚有地位，假如以你的地位來連絡天主教、基督教、佛教等共同來參與，或許是有力量的，至少是有誠意的。

不過，機會還在，希望我們宗教界本之誠懇，愛護台灣這塊寶地，呼籲三方面各自節制，不要說謊，不要栽贓，不要亂槍打鳥，不要製造矛盾，把話說清楚。我的簡單意見是：總統可以和學生對話，立委們應該回到立法院開會，學生回到校園讀書，充實自我，讓社會回復平靜。我們也希望台灣各媒體本諸良知，媒體救台灣，要公義公平，這才是國家之福。

（二〇一四年四月七日刊於《聯合報》民意論壇：
宗教界發聲：三方自制 別製造矛盾）

（二〇一四年四月八日刊於《人間福報》投書：
愛台灣 不說謊 不栽贓 不製造矛盾）

【修心之鑰】

• 學生年輕、天真、熱情、愛護社會，但強行衝進院會，破壞公物就不對了。愛國也要講究法治、講究理智。

• 歷史上也有學運留下清名，在外國以不平等條款欺凌本國時，但這一次「反服貿協議」還不致構上學運，因協議的內容還可再研究。

• 宗教界第一時間不講話並非不關心，關鍵在可愛的學生們清楚其中利害關係、懂得國家要登高看遠嗎？

• 請各教界共同來呼籲，三方各自節制，不要說謊，不要栽贓，不要亂槍打鳥，不要製造矛盾，才是國家之福。

我的意見：選賢與能

最近不斷的有人來問我一些有關台灣選舉的問題，人老年邁，也不勝其擾，所以綜合各方問題，敬答如下，你們自由取捨吧。

第一：台灣的政治核心「自由民主」，提升了台灣的地位。但現在台灣的自由民主，不是互相尊重包容，都是互相惡言內鬥，增加了台灣的醜陋。

第二：我最近書寫〈禮運大同篇〉一筆字，想到六十多年前初到台灣時，台灣的選舉，都要喊出這篇文章裡的「選賢與能、講信修睦」做為口號。但現在，我不但都聽不到這許多話，甚至是以謾罵對方做為選舉的手段，這不是自由民主的退步嗎？可惜，在美麗的寶島台灣上，聽到這些醜陋的聲音，真是不相應。

第三：佛光山僧信四眾弟子人很多，我也沒有辦法規定大家統一選給誰。民主，即指人人都有一票，都是自由選舉。所以，候選人要用政見來贏得別人的一張選票，光是靠拜託，這是很困難的。在這裡，我要先向各位候選人告罪，我沒有辦法、也沒有能力去影響別人。

第四：我希望台灣的選舉人，要提倡乾淨的競選，不要買票、不要謾罵、不要拜託、不要空話，應該發表你的政見理念，順乎自然。台灣經過這麼多年的選舉，人民對於「選賢與能」應該已有辨別、認識。

我也奉勸候選人們，選舉是一時的，人情道義是一生的，不要為了當選、落選而特別的介意。民主，是以服務為先，大丈夫達則兼利天下，不達則獨善其身，不必對於上台下台，當選落選那麼樣的計較。

第五：我在我的遺囑〈真誠的告白——我最後的囑咐〉一文裡說，我這一生沒有最喜愛的人，也沒有最不歡喜的人。不論國民黨、民進黨、共產黨，甚至世界所有的人民，我盡量的平等看待，對大家沒有愛憎之心。

過去台灣每次遇到選舉，都把我歸類是國民黨，我是國民黨員也是事實，幾十年來，我也不少次選給民進黨。因為我覺得，做一個出家人要有平等心，要選賢與能，要選人不選黨，選國家正確的方針。說我是「政治和尚」，在這裡向大家報告，實在說，我的人生觀一點都「不政治」，我只是佛教裡一個關心社會的和尚。

第六：佛光山佛陀紀念館自二〇一一年啟用以來，每一年都舉辦一次世界神明朝山聯誼會，有上千的神明來山聚會、聯誼，這在全世界看來，是最美好的事情。我覺得台灣和世界的各宗教間不要互相排斥、對立。王金平先生當選中華傳統宗教總會的會長，這也是他和宮廟多所聯繫，與我沒有關係。所以關於王先生他的政治立場、做人風格，社會自有公評公論，不是我能左右的。

至於未來選什麼人，我還是要說，奉勸台灣所有的選民，把感情、執著、成見擺到一邊，為了台灣的前途，展現民主素養「選賢與能」。

現在，我們要選出賢能的人來為大家服務：希望他幫助人民解決問題，不要漠視延宕；希望他自我約束，不可以貪瀆收取紅包；希望他照顧弱勢團體，不可以假借名目增加賦稅；希望他積極建設，不可以假借公害阻礙能源開發、經濟發展。

我們也希望無論什麼人競選，對於未來的領導人，我們期望他給予台灣信心，要能建設公平正義的台灣；我們期望他給予大家歡喜，要建設平安幸福的未來；我們期望他給予社會希望，要建設一個清流的政府；我們期望他給予全民方便，不要對問題推拖、對人民刁難。

我們希望宗教界對公益要能熱心支持；我們希望企業界要能賺錢回饋政府；我們希望全民要能理性的愛護台灣，不要自我執著，失去台灣的前途。我們希望國家和樂進步，我們希望社會和諧安定，我們希望兩岸和平友好，我們希望人民和善交流。

最後，我也要請問各位候選人，你們要選舉的是什麼職務呢？選中華民國的總統嗎？你要為中華民國服務；選日本的首相呢？你要到日本去服務；選泰國的總理呢？你要到泰國去服務。

我希望你選中華民國的總統，你要為中華民國來服務、打拚，使中華民國的全民都能幸福、安樂、平安。這樣，你們才能出來競選總統。

（刊於二〇一五年六月十四日
《人間福報》要聞：選賢與能 展現民主素養）

【修心之鑰】

- 說我是「政治和尚」，實在講，我的人生觀一點都「不政治」，我只是佛教裡一個關心社會的和尚。
- 台灣所有的選民，應把感情、執著、成見擺到一邊，為了台灣的前途，展現民主素養「選賢與能」。
- 候選人要認清洗選舉的是什麼職務？選中華民國的總統嗎？你要為中華民國服務；選日本的首相呢？你要到日本去服務；選泰國的總理呢？你要到泰國去服務。選中華民國的總統，你要為中華民國來服務、打拚，使中華民國的全民都能幸福、安樂、平安。

《迴響》

「星雲價值」能改善國會亂象嗎？

高希均

（一）

今天（十八日）聯合報頭版只有兩條大新聞：三分之二的篇幅報導「立院開議，果然又空轉」，三分之一的篇幅描述楊力洲「拔一條河」紀錄片，創票房，撼人心。這就是十餘年來台灣社會的弔詭與宿命：國會殿堂不斷地浪費納稅人錢，無效率的在鬥爭；另一方面民間以微薄的財力，卻以無比的熱情與國人分享八八風災後甲仙國小拔河隊的奮起。

近年來國會的表現接近絕望，民間不放棄的努力又充滿希望。

看看另一個振奮人心的場景。上週日在佛光山上佛陀紀念館參加了第二屆「星雲人文世界論壇」，莫言先生講「文學家的夢想」，星雲大師講「宗教學家的夢想」，兩千位聽眾聚精會神沉醉於夢想，又驚醒於現實之中，這真是空前的盛會。

在中國二十世紀那動亂的年代，出生揚州的星雲與在山東高密的莫言，相差二十八年的歲月，但兩個孩子都同樣在饑餓與貧窮中長大，同樣地都沒有讀完小學。

莫言全靠家鄉土地的養分，農村貧窮的磨練，自己發奮地寫作，攀登了世界文學的巔峰，於去年獲得了諾貝爾文學獎。

星雲十二歲出家，於一九四九年，二十三歲時來台，全心投入人間佛教，六十四年來開拓了無遠弗屆的「星雲世界」。

兩個貧窮的孩子，豐富了全社會；那些貪婪的政客，卻只肥了自己。

(二)

星雲大師在國內外創辦了多所大學、社區大學、中華學院；又創辦了《人間福報》、人間衛視、多所圖書館、美術館、全球近三百所道場，以及剛落成莊嚴而又溫馨的佛陀紀念館。

我在想：如果立法院第一天開議的鬥爭大會，搬到象徵慈悲與智慧的佛陀紀念館，會是什麼樣的場景？如果立委們更能抽空讀一頁，甚至朗讀一次，我歸納的「星雲價值」，能否會增加國會運作的順暢？兩黨之間的祥和？

從多年來星雲大師的著述、言行與信念，讓我歸納出十大「星雲價值」：

1. 所有這些都不是我的，我一張書桌都沒有。（以空為樂）

2. 以無為有，不據為己有。（無欲則剛）

3. 你中有我，我中有你。（命運共同體）

4. 大眾第一，自己第二。（老二哲學）

5. 你對我錯、你大我小、你有我無、你樂我苦。（包容、謙卑）

6. 做難做之事，處難處之人。（克服困難）

7. 有情有義，皆大歡喜。（情義兼顧）

8. 我不懂管理，只懂人心。（以心帶人）

9. 跟別人結緣，只有真誠的心。（以心交友）

10. 我有一點慈悲心及一顆中國心。（以心為本）

所有這些價值都以「捨得」為核心；特別對日夜追求權勢與財富的人，能做到「捨得」，就比任何藥物更有效；它可以救你的健康、家庭、操守、聲譽、以及晚上的失眠。

它真能改變今天國會的亂象嗎？篤信佛教的王院長，想必會比常人更有領悟。

二〇一三年九月十八日

（作者為遠見．天下文化教育基金會創辦人）

第四部

談心事：勤行善，解蒙昧雜心

慈悲愛心列車要永遠開下去

我自一九四九年來到台灣，就一直從事淨化人心、安定社會的工作，近五十年來不曾間斷。出家人以慈悲為懷，關懷社會眾生，這是份內的工作，其實不需要提出來宣揚。去年底以來，台灣陸續發生幾起重大刑案，讓本來就不安的社會，又掀起巨大的波瀾，不但國內的居民處在人人自危的氛圍中，海外的華僑紛紛停下回國的腳步，每個人都問：「台灣到底怎麼了？」

有感於此，來自全球各地的國際佛光會在月前召開理事會中，提議舉辦「慈悲愛心列車」活動，由佛光會會員帶頭做社會的榜樣。也就是說，佛光會員用自己的善心與腳，到街頭巷尾、到市場、到學校、到每個人群聚集的地方去宣傳，透過街頭演講、演唱、散發手冊等方式，去喚醒大眾的善心與良知。我提出「現代善知識五十三參」修身語錄，這些法則在日常生活中是很容易實踐的，就是希望人人實行日行一善、推展七誡運動、修習十善念、去除十惡習，每日反省內求、知足感恩，乃至懺悔發願，只有從每個人的自身改變起，我們的社會才能淨化，國家才有希望。

「慈悲愛心列車」第一波於五月二十五日啟程，持續了一個月的熱身活動，接著第二波，稱為「慈悲愛心人」。每一個人就是一部慈悲愛心列車，我們召募兩千個人做「慈悲愛心人」，每個人在一個禮拜中捐出兩個小時，到學校、街頭巷尾、車站等處做慈悲愛心宣導。假如兩個小時當中，一個「愛心人」講了十個地方，那麼兩千人，一天就可以有上萬場的宣傳，行人走在街上，這邊看到我們愛心人，那邊聽到我們的歌聲，這樣的情形如果持續一段時間，大家一定會被吸引。只要民眾肯看、肯聽我們所提倡的「五十三參」修身語錄，必定能達到良好的成效。

等到「慈悲愛心人」受到很好的磨練以後，第三波，他們可以到學校去組織腳踏車隊，用踏青郊遊、跳土風舞、辦園遊會的方式去影響他們身邊的同學，這樣的組織會吸引年輕人。這些青年學生都是國家未來的主人翁，不能不把他們教好。稱他們為「慈悲愛心青年人」或「慈悲愛心自行車人」都可以，讓他們每個人每星期捐出兩小時，在校園、在郊外、在山巔水澗處向同學宣導慈悲愛心的觀念。這些同學在影響別人之前，他自己已經先受了影響，從教育上紮根，我們的社會風氣才有可能改善。

我們從這個意義推展開來，這個「點」可以擴廣至「面」，以後可以發展「慈悲愛心演藝人」，演藝人員有帶動風氣的作用，他們出來宣導，力量很大，還可以發展「慈悲愛心工商人」、「慈悲愛心記者」，讓記者也出來宣導，「慈悲愛心家庭」、「慈悲愛心社會」……「慈悲愛心的列車」可以永遠開下去。

慈悲，人人需要；愛心，人人喜歡。我們寧可什麼都失去，不能沒有一點慈悲心，有慈悲就擁有財富與人緣，有愛心就有歡喜與祥和，慈悲愛心的最後目標就是讓每個人都成為「慈悲愛心人」。人人都是慈悲愛心人，台灣不就是慈悲愛心的寶島嗎？

（一九九七年八月一日
刊於《普門》雜誌第二一五期：
慈悲愛心的列車要永遠開下去）

【修心之鑰】

- 人動起來，就有活力；以慈悲愛心為目標，生命意義立刻不同。
- 每一個人都是一部慈悲愛心列車。捐出一點時間、能力和慈悲心，列車跑的「點」就可以擴成「面」，讓台灣變成充滿歡喜與祥和的慈悲地。

什麼是福報？

什麼是福報？簡單的說就是善、美的好報。譬如：從小出生在幸福的家庭、長相端正、聰明靈巧、身體健康、心地善良、喜樂開朗；長大後求學順利、事業如意、婚姻美滿、善友眾多；中老年後子女孝順、名節清廉、知足常樂、長壽無病、能得善終等等，這些都是所謂的福報。福報大家都想要，因此我們在春節過年的時候可以看到許多人的家門口都會貼上「五福臨門」的春聯，也就是一般人在新的一年開始，就會祈願福、祿、壽、財、喜這五福能齊降門庭，讓一家大小都吉祥。

但是大家求福報，卻每個人的福報都不同，即便是同一個家庭中的兄弟姐妹也都不會相同，更不用說是世界上芸芸眾生了。為何大家的福報會有不同，以佛教的立場來說，當然就是脫離不了「種善因得善果、種惡因得惡果」的因果關係。所謂「欲知前世因，今生受者是；欲知來世果，今生做者是」。這就清楚說明了前世、今世、來世三世的福報厚薄是緊密關係的。

過去世的善惡行為我們已無法挽回，因此重要的是要為今生與來世的福報努力。

不僅一個沒有福報的人當要如是，就是一個有福的人也要隨時惜福、培福，因為只知享福而不珍惜福報、不培植福報，福報遲早會用盡，就如銀行存款只出不進，存款數字必定一天少於一天；也像一位學生即使再聰明，如果不用功，最終也會落到「小時了了，大未必佳」的下場。

因此要怎麼獲得福報才是我們最需要知道的。獲得福報方法很多，也很容易。例如：

一、**說話寬厚會獲得福報**：因為處世待人寬厚，就會得到很多方便，方便做事，無事不順，就是福報。我們交友寬厚，處世寬厚，常說讚美的愛語，所謂宅心仁厚，自然就有福報。「寬以待人，嚴以律己」不但是中國儒家做人處事的方法，也是佛教致福的方法。

二、**與人結緣會獲得福報**：平時看到人會點頭微笑、親切問候，舉手之勞的服務、見人有難熱心幫助、懂得成就他人善事，隨時多做好事，這些都是和人結緣的方法，如此自然會增加福報。因為法界一切眾生都是相互依存成就，共存共榮的生命體，所以想要獲得福報，結緣非常重要。

三、**歡喜布施會獲得福報**：布施如播種，只要勤播種，必定會有豐收。佛教裡講的做功德就如種福田，福田又分敬田、恩田與悲田。對父母師長、國家社會教養育栽培之恩力圖報答，稱為恩田；對佛菩薩賢聖僧的恭敬供養，是為敬田；以慈悲心救濟貧苦的人，稱為悲田。在敬田、恩田、悲田裡面播種都會有收成，讓福報增長。

總之，能說好話、行好事、存好心，讓自己及社會淨化、祥和，不僅自己能培植福報，同時也能讓社會大眾享受到福報。佛光山從四月一日起正式創刊發行了一份名為《人間福報》的報紙，內容以真善美的溫馨、關懷、光明的新聞為主要走向，主要就是以淨化人心、推動社會祥和為目標，就是希望「人間有福報，福報滿人間」。

（二〇〇〇年七月三日刊於《國語日報》）

【修心之鑰】

• 人人求福報，卻每個人的福報都不同，其實福報多少亦不脫因果，「欲知前世因，今生受者是；欲知來世果，今生做者是」。

• 要得福報需先種福田，敬田、恩田與悲田都是福田，尊敬、感恩、慈悲都是種福田。

二〇〇三年新春告白

恭賀新年，妙心吉祥！

一年容易又春風，送走了二〇〇一年的除夕，在二〇〇二年的春節開始，我一早起來，就忙著打電話，給台灣的諸山長老，一是拜年，二是邀約他們農曆正月九日，到大陸西安，迎接佛指舍利蒞台供養。因為大陸國務院宗教局給我函件「星雲簽頭，聯合迎請；共同供奉，絕對安全」。我遵照著這樣的原則，在兩天之內邀約了近百位長老，還有近兩百位的年輕比丘、比丘尼和護法信徒。

佛指舍利從西安蒞台時，在台北和高雄兩地，夾道迎請的信眾就有五十萬人以上，為方便全台信眾瞻禮，在台北體育館、三峽金光明寺、台中體育館、南投中台山，一路設壇安奉；抵達高雄佛光山時，更吸引百萬人潮上山禮拜。尤其在高雄體育館恭送法會，十萬人通宵念佛，綿密不絕的佛聲，氣氛攝受感人，真可謂天人合一，我佛眾生成為一體了。

此次佛指來台，不僅促成台灣佛教界大團結、大融和，也使兩岸人民建立了和睦友善的交流典範。如今回想，十年前的希望，以及一年多的籌備過程，雖然曲折艱辛，然而仰仗佛力加被，終也圓滿這件稀有盛事。

佛指舍利送回大陸後，四月初，我進入馬來西亞和新加坡，在各地會堂講演、皈依，感謝林玉麗會長、宋耀瑞團長等大力協助。後來我又前往日本，參加在東京舉行的國際佛光會第九次會員代表大會，我以「發心與發展」發表了主題演說。會後，有機會住進座落在富士山下、本栖湖邊的弘法道場，遂以「本栖寺」為名。時值仲春，百花爭妍，美不勝收，我曾信筆寫下本栖偈「春有梅櫻秋楓葉，富士五湖映冬雪，若人能到本栖寺，自在解脫增福慧」。在這數月中，我於此舉行過男眾比丘講習會、女眾職事講習會，以及在全球讀書的五十位佛光博碩士學生講習會、勝鬘書院，還有世界金剛會、世界婦女會、亞洲文學作家會議等，我希望更多的有緣人來此雲集，禪修、小住，淨化身心。

暑假期間，依法法師領導的四十三位來自哈佛、耶魯等世界名校的博碩士，到本山參加「國際傑出青年生活營」，體驗叢林的修道生活；佛教國際化的希望，又邁進了一大步。

全球的佛光山派下道場，每年同步舉行佛誕節慶祝法會，同一時間，全世界就有百千萬人一同慶賀。像澳洲在依來法師與滿謙法師的努力下，布里斯本就有市長Cr.Jim Soorley等澳籍人士，超過十萬市民參與盛會，雪梨達令港也有逾七萬人參加。甚至連梵蒂岡，也致函表示天主教對佛誕的祝賀，賀函中表明，願與佛教共勉奉行道德生活，期以宗教之文化深耕社會。不久後，中天寺也獲得澳洲護旗協會的頒獎肯定。

再者，當「自由宗教聯盟」齊聚匈牙利時，在國際佛教促進會服務多年的覺門法師，由大會推選為國際委員；我們創立的世界首座巴拉圭「中巴佛光康寧醫院」，亦將交由天主教教會經營。由此，都能看到佛教國際化、本土化，以及宗教融和的成果。

佛光山叢林學院創辦四十年來，到今年止，外籍學生已佔了比例的五分之二。去年拉達克的畢業生本文等，在山上已修學八年，被派回到印度佛學院服務。我一向認為佛教的弘化，應將眼光放至世界，所以九月時，本山又將徒眾慧在、覺瑋、妙士、侯怡萍（覺多法師）等人，送往美國攻讀博碩士。另外有四位美國青年 Cliff Brown 等，也要他們入西來寺實習出家生活。天眼網路佛學院籌備工作已完成第一階段——天眼影像直播（www.ubou.org），希望對於佛教國際化和本土化能愈趨堅定。

去年七月，西來大學通過美國 WASC 認證，讓中國佛教在美創辦的第一所大學終於進入開花階段，這是中國人在美辦學的歷史新頁；而佛光、南華兩大學今年都能夠足額招生，且學生入學率百分之百，這些成果都應貢獻給百萬興學的功德主們，聊慰本懷。

我深深感到，佛光可以普照、法水能夠長流，教育以外，文化方面的耕耘也功不可沒。尤其世界各地的徒眾，紛紛將我的著作翻譯成各地文字出版，如《星雲法語》、《佛光菜根譚》、《一池落花兩樣情》、《佛法要義》、《佛教的真理》、《傳燈》、《星雲說偈》、《迷悟之間》等，這些化成各國語言的文字作品，順利地流入各國的社會民心。去年全世界最大的法蘭克福書展，就陳列我譯成德、英、法、韓、日、葡、西、俄、印度、及斯里蘭卡文的一系列著作，其間最大的迴響，莫若德國 Schirner Verlag 出版社與德國著名的宗教書籍 Kreuz 集團，都競邀授予版權；連中國大陸及白馬集團等出版社，也都積極爭取發行機會，我當然期望能豐富各地人民的精神生活，以盡微願。

二〇〇二年，是我弘法五十年的紀念年，此間，我在台北國父紀念館與紅磡香港體育館講演不輟，有感文化的弘法工作，若不懂得求新求變，要讓上萬人專注聽講不易，所以，此次我運用敦煌變文中的講述、唱頌、梵唄三者合一的方式，以文學與音樂的饗宴，把傳統與現代融和，不僅獲得所有聽眾的讚許，更寫下了新的弘法里程碑。此外，人間佛教讀書會全球已達兩千餘會，足見佛教文化傳播的力量，威力遠大。

近來我亦發覺，傳播文化的使命，媒體扮演著舉足輕重的角色。為響應社會大眾對媒體改革的呼聲，我囑咐《人間福報》永芸法師發起「媒體環保日、身心零汙染」的活動，我們呼籲媒體奉行「做好事、說好話、存好心」三好的運動，及「不色情、不暴力、不扭曲」三不的運動，希望喚起媒體自律，還給閱聽人一個乾淨的社會。

佛光衛視在去年十月一日，由董事長慈容法師正式更名為「人間衛視」；以「年輕、教育、國際、公益」為四大方向，希望未來與《人間福報》併步齊驅，一同為傳播人間的真善美而努力。

本山、各別分院及事業團體，也紛紛傳來獲獎喜訊。如九十年度寺廟教會捐資興辦公益慈善及社會教化事業績優表揚大會，本山、蘭陽別院、花蓮月光寺、圓福寺等皆受殊榮；國際佛光會中華總會也在九十年度績優全國性社會暨職業團體績優表揚大會上受到表揚，由吳伯雄先生代表領獎。

最近，位在三峽的金光明寺已開始啟用，未來是一座專屬信徒的佛教大學。南非南華寺大雄寶殿等工程，已近完成，未來必將成為南非佛教的重鎮。即將安基的佛陀紀念館，業已規畫完成，尤其邀請了兩位世界級雕塑名家郭選昌教授和中興工程，參與此事，期能闢建出宗教與藝術融和的善美典範。

台灣各地佛光山也成立文教中心，如福山寺為中部地區的文教中心、南台寺是台南地區的文教中心、南屏別院為高雄、屏東地區的文教中心、東華寺為東部地區的文教中心，而金光明寺則是北部地區的文教中心，邀請大家同入文教法海，品味佛法的甘露。

去年八月，本山的玉佛樓由於電線走火，蒙受祝融之災。誠感各地的關心與幫忙，大家的捐助實已足夠，切莫再以金錢布施。如今修復工程已經持續進行，預計近日內，便能恢復過去的樣貌。

去年十一月，我在印尼棉蘭，由宗如法師安排的弘法，數千人聽講、皈依以外，蘇北省省長李查努丁先生約了六個宗教團體聯合歡宴，此一融和令我深受感動。後經馬來西亞丘民揚拿督安排之下，展開了為期九日的中南半島慈善弘法之旅。此行的主要目的是代表國際佛光會及曹氏基金會，將一千五百輛輪椅捐贈給寮國、柬埔寨、緬甸、越南及新加坡各個慈善機構，並拜訪當地的高層人士與佛教領袖，更為我完成了四十年來一直希望能夠拜訪中南半島國家的心願。

寮國、柬埔寨、緬甸及越南皆屬共產國家，也都是佛教國家，雖然各自擁有豐富傲人的世界文化資產，人民生活水平卻有待提升。如緬甸首都仰光市的雪默駝大金塔，環繞著這金碧輝煌、高聳雲霄的佛教聖地的是衣著樸素、性情純真的緬甸人，從他們對佛陀虔誠的禮拜與祈願聲中，流露出來的是心靈對佛教無限的景仰與寄託，心中祈求的只有家人的平安，生活的順遂。另外，號稱塔城的蒲甘市，曾經擁有近七千座佛塔，在歷史的考驗與戰爭的破壞下，如今只剩兩千多座，當地人民更是只求生活溫飽。

名列世界七大奇觀之一的吳哥窟，據說動用了上萬名人工，耗費了三十七年的時間才完成，是柬埔寨有史以來最雄偉壯觀的都城，但是柬埔寨在脫離了波爾布特的暴政之後，近年來又飽受內戰的摧殘，一切仍處在百廢待興的狀態下，人民生活依舊困苦，有些甚至流落街頭，以乞討為生。這許多駭人聽聞的歷史與街頭景象，和宮殿般的吳哥窟成了強烈的對比。

在拜訪了各國佛教領袖之後，我驚訝地發現南傳佛教普遍的貧窮，除了泰國以外的南傳國家，上百萬個出家人光是生活都很困難，更別說是給予他們完整的教育及訓練，令我不禁為佛教人才的缺乏感到擔憂。其中印象最深刻的是緬甸那加來古寺的巴丹塔法師，他在寺內設立了一所佛學院，院中收養了一千三百多位平均年齡不到十二歲的沙彌和沙彌尼。

老法師盡其所能的給予這些孩子最完整的生活與教育，為的只是能將他們培養成佛教人才及社會棟梁。看到這些天真無邪的孩子，老法師的慈悲與弘願使我深受感動，即刻捐贈一萬美元予佛學院，為他們的將來盡一點棉薄之力。

我深信此次中南半島之旅為南北傳佛教的融和跨出了一大步，將來更將以交換學生的方式促進交流及培養人才，以及設立語言中心等方向努力，以協助南傳佛教走入國際。

去年我提出四化的理念，即「僧信平等化，佛法人間化，生活書香化，寺院本土化」。今年我將再提出新四化的想法，即：「會務制度化，信仰專一化，活動藝文化，運用現代化」。希望未來在國際佛光會的會務上能走向完整的制度；佛光人的信仰能朝一師一道的精神精進學習；佛光事業的各項活動能朝文化面向上提升；弘法要以現代化的方式運用權宜。願大眾在今年共同勉勵。

人間無常，歲月如梭，生命的腳步不會稍息片刻。人生的變化，若有佛法信念的堅定無疑，便能夠突破萬難，穿越險境。我相信，雖然外在世界總有成住壞空，但人人內在的佛性依然常樂我淨。期許大眾在新的一年，抱著堅毅的佛教信念，懷著佛陀的慈悲願心，走向覺悟的智慧行道。祝福大家

妙心常樂
晝夜吉祥

星雲　合十
二〇〇三年元月一日

【修心之鑰】

- 二〇〇二年迎請佛指舍利來台供養，「星雲簽頭，聯合迎請；共同供奉，絕對安全」。是佛教界的稀有盛事，不僅促成台灣佛教界大團結、大融和，也使兩岸人民建立了和睦友善的交流典範。
- 在佛教國際化、本土化，以及宗教融和都有豐碩成果的基礎下，「僧信平等化，佛法人間化，生活書香化，寺院本土化」、「會務制度化，信仰專一化，活動藝文化，運用現代化」也朝向更落實的推動。
- 人生的變化，若有佛法信念的堅定無疑，便能夠突破萬難，穿越險境。懷著佛陀的慈悲願心，必走向覺悟的智慧行道。

行三好，救台灣

——讀高希均教授「挑『好』的說」一文有感

過去台灣有「美麗島」之譽，因為台灣人民勤奮、善良、純樸、真實。就拿選舉來說，有些政治人物賄選買票，當然不足取，但人民基於拿人的錢，總不忍不投他一票。這種善良、純樸的民風，使得往日的台灣被稱為「美麗島」。遺憾的是，近幾十年來，台灣雖然創造了經濟奇蹟，但在物質生活提高的同時，人性道德並沒有隨著提升，反而向下沉淪，現在的社會，人與人之間還有「美麗」可言嗎？

不說別的，現在每天打開電視、翻開報紙，充斥的都是一片謾罵之聲，都是對人肆無忌憚的誹謗，甚至惡意中傷，台灣現在已經成為一個「謾罵島」了。正如高希均教授前日在《聯合報》發表的文章說：「在台灣，責罵官員完全不要有勇氣，只要有脾氣；稱讚官員卻需要道德勇氣。」誠哉斯言。

可愛的台灣，長期以來，在政治上一直力求自由民主，本來是件好事，但為什麼會走火入魔，讓「美麗島」因為謾罵成風，而留下「謾罵之島」的惡名呢？

現在旅行在海外，凡是知道台灣的人，只要一談論到台灣，大家津津樂道的，都是說「什麼人罵什麼人」、「什麼人怪什麼人」、「什麼人批評什麼人」。台灣的謾罵文化，讓人想到數十年前的台灣，因為貧窮，讓人民在世界上抬不起頭來，想不到數十年之後，台灣的經濟成長了，但肆意謾罵的惡名，讓我們更加的無法抬頭挺胸。

過去有人勸某人出來競選公職，多數的好人都會猶豫，因為自己被罵倒也罷了，經常是連祖宗八代也要被拿出來詆毀謾罵；因為覺得愧對祖先，因此大多不敢輕易嘗試。

數十年前，由於我平時也有急公好義的個性，有些信徒建議我，應該響應太虛大師「問政不干治」的號召，出來競選公職。當時我一聽，真是全身的毛孔都豎起來！心想，這還得了，一個出家人出來選公職，不管此人如何，首先要面對的，必然是被批得一文不值，甚至不只父母、祖宗八代，就連所信仰的佛祖也要被牽連，真是想都不敢想。

近年來，電視、報紙更以批評馬英九總統為能事，覺得連馬總統都敢批評，證明台灣很民主。其實我覺得這已經不是叫批評，完全是人身攻擊，完全失去了理性。

記得當初馬英九在擔任法務部長時，我曾跟他談起台灣媒體，我引高希均教授的話說「媒體讓台灣沉淪」，所以我建議應該對媒體有所規範。當時馬部長認為言論自由很重要，不可對媒體有所限制。現在看來，馬英九雖有「好心」，可惜沒有「好報」。

其實，馬英九總統有什麼不好？不貪汙不好嗎？不作秀不好嗎？難道當一個總統，要他天天放言高論，天天像歌星在舞台上作秀、表演，民眾才會開心嗎？

總統的人格道德，要做全民的表率，綜觀歷史上的聖賢明君，也沒有天天亂開支票，天天隨便發表言論，只要如諸葛亮說：「親賢臣，遠小人」，這就是聖明之君了。

記得當初胡適博士從美國回台之前，曾寫了一封信給當時的蔣介石總統，要他不必凡事過問，要「無為」而治。總統不是行政院長，不是執行長，我們不可以把一國的元首當總務主任。我看八八水災時，民眾怪他不去災區探視、不出外拜訪，真是深覺「總統難為」。

所謂「冰凍三尺，非一日之寒」，今日台灣的問題，並非一朝一夕形成，把一個久遠以來形成的爛攤子，要馬英九一個人來擔當、承受，事實上很不容易。全民有心讓台灣更好，應該用體諒的心，大家共同努力，創造一個急公好義、勤奮正直、守法有禮的社會，就如高希均教授說：要挑「好」的說。不但有良心的媒體人要儘量報正面的消息，藉以激勵民心士氣，蔚為善良風氣，就是其他任何職業，也都要在「公義」、「公德」、「公論」的原則下行事，才能創造一個善良的社會。

過去我常看電視，從中了解時事，我的一些信徒也很愛看電視。但近年來我因眼睛不好，不看電視，就問他們：最近電視都在談些什麼？多數的人都跟我說：現在不看電視了，因為電視看久了，自己也變得喜歡罵人！可見媒體也應該深自反省。

現在很多人常說「愛台灣」，其實台灣這塊美麗的寶島，需要的是「真善美」，所以真正愛台灣的民眾，應該共同奉行「三好」——說好話是「真」、做好事是「善」、存好心是「美」，只要我們每個人都能「身做好事、口說好話、心存好念」，又怎麼會謾罵成風，怎麼會讓台灣沉淪呢？所以奉行三好，確實可以救台灣，為了讓台灣更好，希望人人行三好。僅以愚誠，馨香祝禱，希望台灣未來會更好。

（二〇一〇年一月五日刊於《聯合報》：行三好 救台灣 讀高希均教授〈挑「好」的說〉一文有感）

（二〇一〇年一月六日刊於《人間福報》：「身」做好事「口」說好話「意」存好念 行三好）

【修心之鑰】

- 在「公義」、「公德」、「公論」的原則下行事，才能創造美好社會。
- 愛台灣，應該共同奉行「三好」——說好話是「真」、做好事是「善」、存好心是「美」，也就是「身做好事、口說好話、心存好念」

放生與護生

日前著名電視節目主持人陳文茜小姐在某雜誌上發表一篇文章，記載了她參與一次放生活動的內容，在媒體上引發熱烈討論，很多人因而問我，從佛教的角度如何看待放生一事，現代社會又該如何建立正確的生命觀念。

首先，我們都知道，地球環境是環環相扣的，例如科學家已經證明了某一處蝴蝶輕輕震動翅膀，可能在另一處引發暴風，而生態是一個非常複雜精密的的系統，每一物種之間都有息息相關的聯繫。就以台灣為例，早年引進福壽螺，這個外來物種竟反客為主，霸佔水域，成為農漁業的心腹大患。後來也聽說過從南美洲走私來食人魚，當市場行情不好又被偷偷放入日月潭，造成旅遊業的威脅。甚至還有在公園池塘抓到鱷魚的新聞，讓人匪夷所思。

像我們佛光山，每年都有人把流浪貓、流浪狗放進來，這不用說了，還有人放毒蛇、烏龜，想想看，任意把毒蛇放在山上，不是很危險嗎？這些都是不負責任的行為，也是觀念不正確的後遺症。

有人說：放生難道不是好事嗎？佛教徒不僅尊重人權，同時也尊重生權，因而倡導放生。但是演變到後來，卻有許多不如法的做法。例如：為了三皈依，放生的魚鳥在小竹籠或小玻璃缸中等待了好幾個時辰，「生」未放得，早已「死」去許多。更有甚者，有人為了舉辦放生法會，事先請魚販鳥販抓足數量，以便屆時可大規模放生。又有許多家庭豢養鳥獸，明知牠們未具野外謀生能力，一放了之，卻使得被「放生」的生靈受苦。

不當的放生，雖美其名曰放生，實際上是不如法、不道德的，佛教提倡不殺生而積極護生，是對一切有情生命的尊重，從一些偈語可以得到印證。諸如：「我肉眾生肉，名殊體不殊；原同一種性，只為別形軀。苦痛由他受，甘肥任我需；莫叫閻王斷，自揣應如何？」「誰道群生性命微，一般骨肉一般皮；勸君莫打枝頭鳥，子在巢中望母歸。」所以佛教戒律對於動物的保護，有著積極的慈悲思想。

根據佛教《六度集經》記載，佛陀在過去世為鹿王時，曾代替母鹿捨身，感動國王制定動物保護區，禁止獵殺。佛世時阿育王更廣植樹林，庇蔭眾生，設立醫院，規定宮廷御廚不得殺生等，凡此都是佛教對於護生的最好示範。今人若能設立動物之家，讓動物養老、醫療等，都是積極的護生。

另外，素食也是積極護生之道。現在素食似乎已經變成一種流行文化，其涵蓋範圍除了中華文化圈，也延伸到歐美國家。據我所知，歐美很多人也不是佛教信徒，全然是基於健康的立場而推廣吃素。

根據最新的研究報告指出，現代社會為了大量供應肉食的需要，以一貫作業生產的方式養殖牲畜魚蝦，不僅耗費大量的土地、水源、電能、人力、糧食，而且砍伐大量的天然森林。肉食文化造成森林消失、土地貧瘠、溫室效應、環境汙染，將會招來地球反撲的惡果。

其實世界上所有的生物，彼此相互依存，必須均衡發展，但由於人類長久以來的濫殺、濫捕，已經導致生物鏈的破壞，乃至許多動物瀕臨絕種的危機。試想魚在水中悠游戲水，這是多美好的生態現象，但是在台灣有些貪婪的漁民過去用竿釣、用網捕魚，現在用炸、用毒、用電，真正是趕盡殺絕。甚至每年灰面鷲和伯勞鳥都會從台灣的屏東恒春過境，也總是有一些人會想盡方法去獵捕殘殺。人類這樣破壞生態，大自然的資源慢慢枯竭，實乃自絕生路，終將自食惡果。

因此，我們對生命要護其生存，凡是有生命的東西，不要說一個人，就是一隻小麻雀、一條魚、一隻蜻蜓、一隻蝴蝶，甚至山河大地、一花一木，只要是有生命的東西，我們都要保護他的生存，因為人與自然萬物是「同體共生」的關係，唯有彼此尊重，才能共存共榮。

其實，護生最大的意義是放人一條生路。給人方便、給人救濟、給人離苦；給人善因好緣，助成別人的好事等，這就是放生、護生，尊重生命。

（刊於二〇一一年十月十日《人間福報》人間百年筆陣）

【修心之鑰】

- 每年都有人把流浪貓、流浪狗放進佛光山，甚至還有人放毒蛇、烏龜，任意把毒蛇放在山上，不是很危險嗎？這些都是不負責任的行為，也是觀念不正確的後遺症。
- 佛教徒尊重生權，因而倡導放生。但演變到後來，卻有許多不如法的做法，使得被「放生」的生靈受苦。
- 佛教提倡不殺生而積極護生，是對一切有情生命的尊重，保護動物或吃素，都有著積極的慈悲思想。
- 人與自然萬物「同體共生」，放人一條生路，助成別人的好事，就是放生、護生。

從和諧到和平

近年來，中國大陸喊出了很多的口號，某些好的口號，為大陸帶來了進步。例如，鄧小平先生曾喊出「改革開放」，看看現在中國大陸，經濟成長了，高速公路增多了，高樓大廈聳立，出國旅遊的人絡繹不絕，不都是由於「開放」所帶來的結果嗎？乃至於江澤民先生的「改變了中國」，團結了中國，穩定了中國，這也都是不爭的事實。但是，當中最難得的，應該是胡錦濤先生提出的「和諧社會」了。

「和諧社會」，這一句看似平常的語句，卻替中國人樹立了一個未來的標竿。倡導世界和平，曲高和寡，不容易做到，但是，建立和諧社會，卻是每一個國家、社會都需要的。

世間上最淒慘的，莫過於戰爭。窺諸歷史，雖然中華民族有優秀文化，但是歷朝以來，大大小小的爭戰不斷，盡是殺戮、鬥爭，甚至倚富欺貧、恃強凌弱的不和諧。其中，當然也包括國民黨的「排除異己」，和共產黨的「文化大革命」。歷史的殘殺，實不容再見之於明日啊！

現在能有胡錦濤先生提倡「和諧社會」，與日前馬英九先生提出不排除和大陸簽訂「兩岸和平」協議，都是重要的論議；有了「和諧社會」為基礎，「兩岸和平」也就不為難了。希望兩岸的仁人君子，都能從「和諧社會」，進而肯定馬英九先生的「兩岸和平」協議；從和諧到和平，想必是大家所樂見的。

其實，和諧也並不是要大家都是一個樣子。好比眼睛管看，耳朵管聽，嘴巴管吃飯、說話，在所謂的「和諧社會」裡，士農工商，各界人等，都可以各司其用，只希望彼此不要鬥爭，不要殺戮。

誠如高希均教授提倡的，現在是「藍海策略」的時代，應該要揚棄「紅海」的往事。我覺得，今日的海基會、海協會，也應該要對兩岸人士加強宣傳，說明「和諧社會」的重要理論基礎——「擱置爭議」。

說到「擱置爭議」，我主張「同中存異，異中求同」，不管是政治也好，經濟也好，社會也好，宗教也好，主義也好，大家都可以有很多的不同。但是，儘管彼此有諸多的不同，你走你的陽關道，我過我的獨木橋，只要我不妨礙你，你也不妨礙我，大家就能共生共榮，和平共存。

就好比唱歌，有二部合唱、四部合唱，有高音、低音的不同，但只要和諧，就會非常悅耳；也像舞蹈，你舉手、他動腳，動作不一，但只要和諧，就非常美妙。乃至每個人的五官雖有不同，但是只要比例均匀，就會美麗；穿著的衣服，雖有長短顏色的不同，但是只要合身，就會好看。

其實，在一個國家裡，難免會有黨爭、派爭或人爭，就連在一張嘴巴裡，牙齒偶而也會不小心咬到舌頭，那都不要緊。我們還是希望：國，是要「愛」的，而不是「爭」的。

今天，我們如果想要看美的台灣、美的中國、美的社會、美的人類，「和諧」必然是重要的關鍵。就像當年蘇聯解體，就是因為與其貌合神離，不如求個和諧，各自發展；又如歐洲聯盟，儘管全歐洲的國家眾多，只要放棄個人利益，就能為大眾求得一個長治久安的和諧社會。因此，對於胡錦濤先生的「和諧社會」，到馬英九先生的「和平協議」，我們拭目以待！

和諧是全人民都要的；和平，也是所有的黨派、種族都要的。我希望兩岸主政的先生、女士們，無論倡導「和諧」也好，倡導「和平」也好，大家都要切實地擔負起公平正義的責任，增進全民的福祉，這才是最重要的啊！

（二〇一一年十月二十四日
刊於《人間福報》人間百年筆陣）

【修心之鑰】

- 從「改革開放」、「改變了中國」到「和諧社會」，在大小的爭戰不斷的中國歷史長河中，真是難能可貴的進步之路。
- 有了「和諧社會」為基礎，「兩岸和平」也就不為難了。
- 「和諧社會」的重要理論基礎——「擱置爭議」，如能「同中存異，異中求同」，我不妨礙你，你也不妨礙我，大家就能共生共榮，和平共存。我們拭目以待！

二〇一二年新春告白

各位護法、朋友們，吉祥！

人生四季，氣象遷流，走過辛亥百年、國家百歲，邁入八十六歲的我，歷經戰爭流離失所，飽受饑荒、朝不保夕的時日，對於現有的安和樂利，倍覺不易與珍惜。今年，我以「龍天護佑」，摯誠向佛菩薩暨諸天護法祈願，願人民慈悲，世界和平。

過去這一年，最值得慶賀的美事，就屬佛陀紀念館的落成啟用了。回想一九九八年四月，由貢噶多傑仁波切贈送的佛陀真身舍利，從印度經泰國恭迎到了台灣，這真是屬於全人類的榮耀與福報。我們從最初覓地到興建，至今已十三年。期間，幾經選址的奔波、人事的周折、多次的工程會議，以及配合政府種種的法令規章，感謝佛光的加被，十方善緣的成就，所幸都能一一克服困難，佛陀紀念館在眾人的企盼與祝福下，終於正式與大眾見面了。

在落成系列活動中有：國際三壇大戒、佛光大佛開光、佛陀舍利安座典禮、菩提眷屬祝福禮、佛化婚禮、三好人家表揚大會、百年萬佛戒會、國際佛光青年大會師，以及萬眾祈福法會等等，一時海會雲集，真是猗歟盛哉！讓台灣在國際舞台上發光，讓全世界看見「千家寺院百萬人士」以無私無我的精神，共同建設了清淨的人間佛國。

有人問：「為什麼要建佛陀紀念館？」其實，這和建設捷運、高鐵一樣具有劃時代的意義。不同的是，捷運和高鐵是硬體的建設，佛館則是歷史的、人心的、教育的、文化的建設。為了佛館的啟用，我特地於半年前集合出家、在家二眾，舉辦服務人員的培訓班，希望讓所有來到這裡的人，都能與佛接心，身心得到淨化，人格獲得昇華。

佛陀紀念館南倚靈山，北鄰祇園，禮敬大廳、八塔提供各項服務，本館裡面有三座殿堂、八處展覽廳外，還有大覺堂可容二千人集會。另有佛光大佛一尊，通高一百零八米，庇佑大眾一切吉祥如意。菩提廣場上的八宗祖師、十八羅漢慈眉垂目，尤其十八羅漢像中，立有三尊女性比丘尼，實踐佛陀闡述「人人皆有佛性」的真理，倡導男女平等，突破過去寺廟只設男眾羅漢像的往例。四周長廊有「佛陀行化本事」、「禪畫禪話」、「護生圖」等，都可以做為各級學校生命教育的戶外教學教材。未來不收門票，凡入山門者，皆以平安粥結緣。

佛館之美名揚四海，為此，天下文化高希均教授特別帶領團隊，由潘煊小姐執筆，出版《人間佛國》一書，來闡述佛陀的慈悲智慧、無私平等，讓大家明白，來到佛館，就是到了佛國，佛陀就在我們的心中。

在佛館即將竣工之餘，我應國史館之邀，完成了《百年佛緣》一書，約有七十萬字，敘述我與佛教及各界的結緣，希望能提供這一百年來佛教歷史的痕跡。

去年，陸續也有許多書籍的發行，如：有鹿出版社繼前年《心經》、《金剛經》之後，又發行了《人海慈航：怎樣知道有觀世音菩薩》；另外，鳳凰出版社等發行了《合掌人生》、《覺悟的生活》五十餘種書。感謝大陸政府在文化發展上，能讓我的書發行於神州，讓大陸同胞也能接受佛法的甘露。除此，馬來西亞出版漫畫版《釋迦牟尼佛傳》、美國翻譯中心出版法文版《金剛經講話》、英文版《成就的祕訣》，香海文化出版有聲書《佛光祈願文》、《往事百語》，以及電視弘法委員會發行《僧事百講》光碟等。其中，英文版《六祖壇經講話》和《金剛經與中國文化》還入選 *Fore Word* 雜誌「年度最佳書籍獎」（Book of the Year Award），尤其《佛光菜根譚》發行一百萬冊以上，能夠普為大眾接受，實為一件幸事。

回想六十餘年前，我孑然一身來到台灣，寄身於中壢圓光寺，白日勞作苦力為常住服務，更深夜靜時，一燈如豆，以筆耕開啟弘法之路。而今拙作在世界各地出版，我決定以版稅收入成立「公益信託教育基金」，以此寸心，回報大眾對我的厚愛與盛情。三年多來，已頒發過卓越教師獎、真善美新聞傳播獎，以及去年首度舉辦的三好校園實踐學校評選和全球華文文學獎等項目，對於教育、文化、媒體有貢獻者，表揚他們的努力、風範，藉以帶動社會善美之風氣。

而為了使公益基金長期運作，我發心寫「一筆字」來義賣，不僅增加了善款，也讓我廣結善緣，成就各方美事。因此，不論寒暑、不計行程，晨光微亮時分，我無一日歇息，一張一張的宣紙猶如貝葉，以刺血寫經的誠心寫下一筆字，希望把佛陀的慈悲傳播出去。

多年前，我以寫字寫出了一所美國西來大學，後來又以「百萬人興學」的理念，陸續創辦南華、佛光及澳洲南天大學。半年前，這四校共同宣布成立「佛光四校一體大學系統」，由前教育部長，也是現任佛光大學校長楊朝祥教授擔任總召集人。這是國內第一個跨國際的大學聯合系統，「一校註冊，四校服務」，彼此交流，共享資源，讓學生擁有多國文化的學習空間以及培養對人類關懷的胸襟。

在此同時，近年來相當關心花東發展的公益平台基金會董事長嚴長壽先生，由於彼此理念相近，因此我力邀他擔任我們台東均一中小學董事長，將來朝雙語教學及十二年學制發展，以發揮學子們的各種專長。

說到青年的教育，國際佛光青年總團成立十五週年了，去年七月，世界各地的青年聚集在澳洲南天寺舉辦了幹部會議；緊接著八月，來自全球四十個國家地區、四百餘所知名大學、一千五百位碩博士生，不分種族、宗教，再度齊聚佛光山參加「國際青年生命禪學營」，共同體驗禪門生活。他們發願「做好事、說好話、存好心」，透過友誼的交流，開闊視野，擴大心胸，充滿了力量與希望。佛教需要青年，青年需要佛教，期盼大家以耐心、包容來接引更多的青年。

除此之外，我踏遍春花競發的南方、走過暮冬寒露未散的北方，展開一連串與大陸各大學結緣的行程。首先，應北京大學周其鳳校長之邀，來到五四運動的發源地，於校長辦公樓講述「禪文化與人生」，並且受聘為北大名譽教授。不久，周校長也率團至佛光山、佛光大學訪問。我對周校長說，佛教是一種教育，寺院是四眾共有，佛教從事人心的淨化，可以建設和諧善美的社會。

四月，廈門大學建校九十週年，我應朱崇實校長與新聞傳播學院張銘清院長之邀，在該校講「空有之關係」。隨之，再轉往也有百年校齡的廣州中山大學，許寧生校長邀我在他們的懷士堂講「人生財富知多少」。同月底，又受澳門大學趙偉博士邀約，做一場人生與佛教的講座。一個月之後，前往建校九十週年的江西南昌大學，接受周文斌校長頒贈名譽教授。

九月，我在鑒真圖書館「揚州講壇」，以「生涯的規畫」為題談自己生命的九個階段，提供大家對生命觀的參考。翌日，前往揚州大學與師生們「談心」，郭榮校長也頒給我佛學研究所名譽所長聘書。

這麼多次的講說當中，人生與財富是大家最關心的主題了。其實，佛教並不全然否定錢財，反而鼓勵在家信眾，追求合理的淨財。學佛不以窮苦為清高，心靈的歡喜、解脫、慈悲、智慧，才是安住身心的法財；因此，在台中、高雄、香港、台北、花蓮等地的皈依典禮上，以及傳授五戒菩薩戒中，我都鼓勵大家用發心、行佛為自己寫歷史，創造人生無窮無盡的財富。

說到心靈的法財，去年「江西禪文化之行」令我印象深刻。我應江西宗教文化交流協會的邀約，巡禮了「馬祖道場」南昌佑民寺，也走訪淨土宗祖庭廬山東林寺；我登上曹洞宗祖庭雲居山真如禪寺，也參訪臨濟宗祖庭黃檗禪寺，禮拜黃檗斷際禪師祖師塔等。

想起過去禪門祖師大德的風範，不禁心有所感。禪，起源於印度，發展於中國，光大於江西，參禪學道者，一雙芒鞋雲水走江湖（江西、湖南），只為尋找生命的答案。未來應再發揚禪的精神，這對於安定人心、自我肯定必有很大的貢獻。九月底，我在探訪丹頂鶴的故鄉鹽城之後，北訪歷史文化名城——山西大同，出席「雲岡建窟一千六百年慶典活動」。我兩去世界上最美的雲岡石窟，也參訪華嚴寺、善化寺、法華寺、佛光寺，就不難知道為什麼人們要說「地下文物看陝西，地上文物看山西」了。

這些年來，往返兩岸多次，始終不曾忘記一九八九年首次回鄉探親時，希望復興祖庭宜興大覺寺。這個心願，一直到二〇〇五年才得以實現。如今大覺寺第三期工程將於今年開始，我也前去給予一些建設上的規畫。

常有人問我，弘法五大洲之後還有什麼願望？其實，我真心盼望的，就是兩岸的和平，人民的安樂，享有自由、安全、幸福的生活。因此，我在種種活動中，不斷提倡三好、五和的人生。

像去年三月，我應鳳凰衛視總裁劉長樂先生之邀，在北京人民大會堂舉行的「鳳凰十五週年慶典晚會」上講話。期間，也有因緣與國台辦王毅主任、海協會陳雲林會長、葉小文先生、王作安先生等見面。感念這些年來，這許多才華洋溢的領導人他們的情義相助，重視友誼，讓我對促進兩岸的和平盡一己之力。尤其，陳雲林先生在大陸各地和我不只四、五次的見面，王毅先生在我每到北京時，也會邀約我見面或餐敘，銘感其盛意，讓我覺得對於兩岸的和平往來，非要促進發展不可。

五月，我在國際佛光會中華總會榮譽總會長吳伯雄先生陪同下，第三度參加在凱達格蘭大道上舉行的慶祝國定佛誕節大會。副總統蕭萬長先生說，佛光會連續三年在凱道舉行盛會，讓全世界的人看到台灣的民主自由，可謂意義深遠。同時，他也肯定了佛光山提倡三好、五和，對社會淨化的貢獻。而在《百年中國——迷悟之間》紀錄片中，我也表示，鴉片戰爭之後，種種事端戰禍，都是源自於對立。但願消除人我紛爭，以慈悲尊重相處，這才是人民之福。

接著八月二十三日，由文建會號召，國際佛光會承辦，在佛陀紀念館舉行「中華民國建國一百年——愛與和平宗教祈福大會」，我與馬英九總統、單國璽樞機主教共同點亮地球，和現場天主教、耶穌教、回教、道教、一貫道等各宗教領袖代表、信徒，以及國際反地雷組織青年大使宋可邵小姐、倫敦西敏寺署理市長馬歇爾博士等三萬餘人，在一片燈海中，一同許下「人間有愛，世界和平」的心願。

隨後，應邀在首屆「馬祖國際和平論壇」中，與單國璽樞機主教、紅十字總會陳長文會長，就「公益與和平」的議題發表意見。我說：「公益要有人、和平要無我，透過實踐三好，可以達到和平。」承蒙單主教也說：「三好運動的力量，遠比炮彈更具威力！」這樣宗教間的交流，讓我感受人間情義的美好。除此，去年也有許多友誼的往來，好比世界華文作家協會趙淑俠、陳若曦、施叔青等近二百人，在祕書長符兆祥帶領下，前來佛光山召開會員大會。文人一直為我所尊敬，他們用筆為人類寫下永恆美麗的篇章，他們的精神與歷史同在，與日月同光。

此外，令人欣喜的是，弟子妙樂、妙璋、覺元、覺居、如宏、妙勤、妙兆、覺禹、覺藏等邀約高雄、屏東、台北、台中、員林、台南、新竹、嘉義、苗栗等地的鄰里長，如高雄市里長總主席林平長先生等數千位鄉親代表，前來參觀佛陀紀念館。我一一與之交流、講話，希望讓大家獲得佛法的受用，把歡喜平安帶回去。

而由心定、心培、慈惠法師主持策畫的國際三壇大戒，有五百名僧眾受戒，其間有三千名信眾受菩薩戒，也在十一月底圓滿盛會了。這五百名戒子，以二十二天的時間，參與「佛祖巡境•全民平安」行腳活動。在沿途每一站信眾的護持下，用雙腳走過台灣，祈願佛陀真身舍利護佑這片土地及所有民眾，也為全世界獻上至誠的祝禱。平安，真是舉世眾所希求。

確實如此，回首二〇一一年，日本東北大地震、澳洲昆士蘭水災、泰國水患等，造成不少的傷亡與損失。都監院慧傳法師、佛光會慈容法師、覺培法師等，號召全球佛光人在第一時間協助賑災，配合當地僧信二眾，以實際的行動提供物資的支援，以慈悲的語言撫慰受災的朋友。全球佛光人所在之處，真為世間的苦海，點亮心靈的明燈。

從這些天災人禍中，讓我們深刻體會生命就在呼吸間，彼此是同體共生的「地球人」。不僅要重視環保，更要重視心保，消除貪婪、瞋恨、愚癡等習氣，只要小我健全、淨化了，推展開來，地球必能恢復青山綠水。

回憶前塵往事，可謂有「人生一瞬」的慨嘆。我這老朽的身軀，常覺力不從心，偶爾天光微亮，一人獨坐，慶幸佛陀的慈愛常駐心中。想及去年點滴的弘法發展，都是匯集眾緣才能成就，應歸功於全世界的有緣人。像日本、歐洲、澳洲、美加，甚至遠在南半球的南美洲、非洲等地，已有多年沒有去了，我也很希望有重遊的機會，和一些朋友、信徒們見面，感謝大家對佛光普照、法水長流的貢獻；但是，為了佛館，我只有忍住這份躍動的心情。現在佛館雖然落成啟用了，路才正要開始，還有許多需要大家的關照，希望善信朋友們再予護持。

文末，藉此建國百年之時，願龍天護佑，人人發光發熱，為渺小卻又尊貴的生命，活出無限的價值。更願人心如佛心，世界如佛國，戰爭遠離，和平永在，災難止息，萬世太平。祝福大家

所求如願

自在吉祥

星雲　合十

二〇一二年元旦

於佛光山開山寮

【修心之鑰】

- 二〇一一年最值得慶賀的美事，就屬佛陀紀念館的落成啟用了。由受贈佛陀真身舍利因緣，經十三年各方善緣的成就，讓全世界看見「千家寺院百萬人士」以無私無我的精神，共同建設了清淨的人間佛國。這真是屬於全人類的榮耀與福報。

- 常有人問，弘法五大洲之後還有什麼願望？其實，真心盼望的，就是兩岸的和平，人民的安樂，享有自由、安全、幸福的生活。而公益要有人、和平要無我，透過實踐三好，可以達到和平。

對玄奘遺蹟
大唐興教寺將拆除的看法

二〇一三年四月初，大陸陝西西安具有一千三百多年歷史，埋有唐代高僧玄奘大師靈骨的興教寺將面臨大規模拆遷，消息一經傳出，隨即引發各界人士的反對聲浪，星雲大師亦對此公開提出看法。

聽到這個消息，很是訝異。我覺得，大陸的領導人在復興中華文化期中，對文化應當要尊重。大唐興教寺是中國的光榮，尤其唐玄奘大師為中國佛教立下許多典範，他是第一個溝通國際文化的出家人、第一個冒險犯難的留學生、第一個在長安輔助政治有功的大德；所以現在要將他的歷史拆除，對文化可謂是一種毀傷。

實在說，拆除建築前，中央應說明並昭告天下，寺院將如何整修，並且要有設計圖，這樣才能杜悠悠之口。尤其在復興文化的前提之下，對於文化應該要整頓它、復興它、發揚它，何況它還是絲路（玄奘大師取經）的起點，而且已經向聯合國申辦「世界非物質文化遺產」。

至於說拆除的是後來興建的建築。其實，每一個古代建築都會因應需要，慢慢地擴建，那麼既然已經擴增到現在的樣子，就不該再去拆除它。因此，希望主事者能對實際情況做全面的了解，給一個和平的解決辦法，畢竟中國的土地之大，不是連一個玄奘大師的興教寺都不能容的。

我是一個境外人士，不能干涉大陸的內政，對細節也不太了解，都只是聽到傳聞，不過很希望中國佛教會能出面調和。興教寺是無價的，若是破壞了，對於中國文化來說，實在是很可惜！

佛光山在維護佛教文化上是不遺餘力的，為了一顆佛牙，建了一座佛陀紀念館；為了擔心歷代文物損失，不但設立四十八座地宮收藏、保護，甚至費時十餘年編撰《世界佛教美術圖說大辭典》二十冊；為了憂心經典文化散失，編修千冊以上的《佛光大藏經》。總之，我們應該對文化的發揚盡一份心力！

（二〇一三年四月十五日發文於星雲大師微博）

【修心之鑰】

- 大唐興教寺是中國的光榮，尤其唐玄奘大師是第一個冒險犯難印度取經的留學生，為中國佛教立下許多典範，要將他的歷史拆除，對文化是一種毀傷。
- 相信中國的土地之大，不會連一個埋有玄奘大師靈骨的興教寺都不能容，何況它是絲路（玄奘取經）的起點，並已向聯合國申辦「世界非物質文化遺產」。
- 為維護發揚佛教文化，願所有佛子都盡一份心力！

《迴響》

慈悲與智慧

——星雲大師創建的佛陀紀念館

高希均

當世界出現偉大的新建築時，即為全球焦點。如今這一座萬人矚目的新建築即將誕生，閃耀著文化生命與佛教世界的光芒，那就是——佛光山佛陀紀念館。

這座磅礴建築的擘畫者是星雲大師。多年來他有一個深藏於內心的強烈願望：讓世人感受佛陀的精神。在建國百年的十二月，星雲大師實現了願望並把它獻給台灣百姓、華人世界、全球教徒。

回溯發願建館供奉之初，從一九九八年迎回佛牙舍利，這座佔地一百公頃，歷時九年，位於高雄佛光山上，即將於今年十二月落成。在這漫長的過程中，我們可以想像這其中經歷了無數的艱辛、無數的心力，及無數的期許。

近幾年我都在佛光山渡春節。每次上山，想聆聽的是星雲大師的話，想看到的就是興建中的佛陀紀念館。每次走到現場，就震撼於紀念館的雄偉；每次離開，心中惦念這座偉大的建築真能如期完成嗎？

最近一次當我漫步在即將落成巍峨的建築群中，不論是仰望中央「本館」，或是遠眺「四聖諦塔」、縱觀「八塔」，從各個角度觀賞，對星雲大師的構思與用心，感動不已。

我不是佛教徒，置身佛陀紀念館的遼闊天地，怦然產生了三種感覺：

第一，這裡的「時間感」悠長

佛陀紀念館供奉佛牙舍利，回歸的是二千六百年前佛陀的教化。不只溯返深遠的佛陀之心，更前瞻於數千年之後，例如「地宮」，就是一個充滿未來觀的設計。

地宮收藏具有當代性與紀念性的文物，讓後世子孫藉以了解先人的歷史。將來每百年開啟一個地宮，四十八個地宮要經過四千八百年，這是多麼浩蕩的時間巨流。

二〇一一年二月，我在現場，參加「地宮珍寶入宮法會」；幸運的是，我有緣得以手捧珍貴文物「五穀磚」，放入地宮。「五穀磚」是來自佛陀祖國的聖物，未來再出土，恐怕已是數百年之後了。這一刻讓我感悟，人類的世世綿延，正是代代接連的。

第二，這裡的「空間感」生動

過去半個多世紀以來，星雲大師把深奧的佛理，書寫成文字、講說成易懂的故事、編作成朗朗上口的歌曲、演繹成感動人心的戲劇；現在，更透過佛陀紀念館的興建，把深奧的佛理，規畫成人人可以親近的空間。

想要禮佛、禪修的人，館內有佛殿、有修行小洞窟。想要參觀藝文展覽的人，館內有美術館。想要享受園林幽趣的人，佛陀紀念館有花木扶疏、山石錯落有致的「祇園」。想要喝水小飲的人，館內有造型優美、窗明几淨的「滴水坊」。

不論大人、小孩、長者，都能在佛陀紀念館，找到舒適的空間。這正是佛光山最能體會人心的地方。所有這些空間之所以令人留戀，就因為它的底蘊是在奉獻與行善。

第三，這裡的「人間感」細膩

我一直記得星雲大師對「人間佛教」的解釋：「佛說的、人要的、淨化的、善美的；凡是有助於幸福人生增進的教法，都是人間佛教。」這樣平易近人的說法，在館裡的「八塔」，看到了具體的實現。

八塔中每一座塔的二到七樓，是珍藏佛教文物的天宮，這是「佛說」的象徵；而每一座塔的一樓，有年輕朋友活動集會的場所，有專屬青少年的設施，有公益基金的社會服務，有接待參訪者喝茶、提供服務的客堂……，這都是「人要」的細膩規畫。

這三種時間感、空間感、人間感，融和了歷史與宗教、信仰與文化、生活與實踐，竟然能奇妙地和諧地匯聚在佛陀紀念館的「實體感」上。

星雲大師是「人間佛教」的倡導者，也是「台灣奇蹟」、「寧靜革命」、「台灣之光」的實踐者。他的一生，改革了宗教，改善了人心，改變了世界。

矗立在南台灣的佛陀紀念館，是佛光山的新氣象，更是星雲大師盡一生心力所構造的心靈新地標——啟導世人追求慈悲智慧。

二〇一一年十月十八日

（作者為遠見．天下文化教育基金會創辦人）

第五部

智慧事：喜讀書，解世上癡愚

教育的省思

「十年樹木，百年樹人」，教育大業，乃做人之根本，國家之基礎，以教育領航著國家未來的發展，不可謂不重要。

現代的社會，升學主義充斥，人人追求學歷，為作大官、為謀取職業、為賺取金錢；知識份子則把教育當為掠奪的才智，唯利是圖，可謂功利思想發散，自私心態擴張。今日的教育，師生倫理喪失殆盡；填鴨式的教學，模擬考試，課後補習，以及硬將學生資質分成優劣的聯考制度，讓每顆原本青春飛揚的心，被緊緊綑綁。

令人擔憂的，莫如放牛班的學生失去信心，職業學校的學生只知道將來能謀求一職，以圖溫飽。縱觀今日的學校，學生毆打老師、組織幫派、加入黑道、離家出走、翹課遊玩、群集械鬥、勒索搶劫、聚賭吸毒，甚至釀成殺人的過失，多的不勝枚舉。我們的教育，究竟出了什麼問題？

政府有鑑於此，用盡各種方法，想要解決教育的問題，增加教師的薪資待遇，提高學校科技電化的設備，希望改變校園亂象，於是成立「教改會」，設施諸多方案，如：實施小班教學，提升教學品質；加強導師制度，增進師生互動；簡化學校行政，鼓勵老師創作；減輕教師負擔，允許教師參加各處社團等。並且提倡戶外活動、影片觀摩、藝術欣賞、網路教學，乃至最近熱門的話題，像延長十二年國教、減輕青少年書包的重量、多給予學生睡覺的時間、發給幼兒教育券等種種福利措施，無非都在為教育大業，注入活水、重新開發未來的希望。

我們對於教育當局的苦心，隨喜讚歎，但根本教育問題不在於薪資的提高，也不在學校設備的完善。中國偉大的教育家孔子，以樹下做為教室，以路邊做為傳道、授業、解惑的場所，樂此不疲。所以我們提出對教育改革的看法，期勉國人都能在「自我教育」中，創造快樂而進步的人生，創造有道而昇華的人格教育。

希望政府能夠重視人格的培養、生活的教育，給予青年學子對自我的認識，尤以孝順父母、尊敬師長、和睦同學、愛護生命，教導青少年對法律的遵守，對社會秩序的認定，發揮愛心、發覺本性。像這樣增品進德的教育，才是改革教育的中心議題。

尤其，讓大眾能夠重視心靈教育的成長，增加對生命的體認；能夠重視動靜一如的教育，涵養自己對國家的使命、對社會的責任、對家庭的重視、對朋友的義氣；又以感恩的教育，培養大眾能夠惜福、惜緣、惜情；讓人們重視生活的教育，學習紳士淑女的風儀，培養對不同於己的尊重包容的雅量；更應該重視宗教信仰的教育，增加人民道德的培養。

總結歸納言之，我們認為一個符合時代需要的現代教育，應該注意以下四點：

第一、生活的教育重於知識的教育——現代人普遍對於教育都只是重視知識的傳授，卻忽略生活的教育。因此，有些人雖然獲得學士、碩士，甚至博士的學位，卻對煮飯、洗衣服、整理家務一竅不通。連倒茶、送茶都不會，一個不能結合生活的教育，光只是重視知識的傳授，只是落於虛浮的層次。

第二、道德的教育重於功利的教育——目前社會，大家無不汲汲於功名利祿的追求，卻沒有想到功名利祿就像一匹脫韁的野馬，四處奔馳。如果有了道德的教育，便可以駕馭功利，防範自己走岔了路。

第三、普及的教育重於個己的教育——現代的教育，大部分都只講究個人，只要我具有、我擁有，我自己有利就好，至於別人是否擁有，則與我無大相干。其實，社會是大眾的，是大家共同生活的環境，如果我們都能重視大眾的利益甚於個人的利益，社會就能臻於至善至美。

第四、自覺的教育重於接受的教育——今日的青年，只注重老師教育我接受，父母教育我接受，而演變成填鴨式的古板教育，對所學之事不能消化，因此不能靈活運用。如果今後的教育能重視自覺，重視自己思想的啟發，教育就能更加活用了。

宋朝張載說：「為天地立心，為生民立命，為往聖繼絕學，為萬世開太平。」教育，不只是知識的追求，技能的學習，教育更重要的是人文思想的素養，精神心靈世界的提升。

（二〇〇二年十二月十一日刊於《人間福報》社論）

【修心之鑰】

- 教育是百年大計，既要重視培植人類下一代的根本，也要有符合時代需要的方法。
- 培養有德的人與培養有用的人一樣重要；生活教育與知識傳授應該等量並重。

明「因」識「果」

——談教育

教育是人類生命的重心！

成聖成賢、成佛作祖，源於精神開展的教育，

甚至淪為盜罪惡徒，也是因為社會負面的教育，

因而教育的方針，就成了教育的核心。

星雲一生從事於佛教的宏揚，

深知宗教具有淨化人心之卓效。

如果學校教育忽略了心靈的開展與提升，

不能算是成功利人的教育。

桃園縣教育改革協會對於新世紀，
提出「跨世紀教育願景」為藍圖，
星雲歡喜隨緣，貢獻一得之見，
普願新世紀的教育，
能夠昇華人類的精神涵養，
能夠開發眾生的心靈寶藏。
提出明「因」識「果」的方針，
做為教育的根本；
還要有「同體共生」的認識。
由此「圓滿自在」，
則眾生幸甚！

——為桃園縣教育改革協會題寫：
明「因」識「果」，圓滿自在——談教育

【修心之鑰】

• 學校教育千萬不能忽略了心靈教育，成聖成賢或沉淪罪惡，都跟最初的教育有關，明「因」識「果」的教育是根本的教育。

我對廢除死刑的看法

昨日，我因受香港大學名譽博士學位前來香港，今晨在港獲知法務部長王清峰，因主張廢除死刑而請辭下台，不禁有感，因此為文表達對廢除死刑的看法如下：

關於死刑的存廢，多少年來社會各界的看法，見仁見智，各執所是。不過，死刑攸關人的生存死活，是重要的大事，所以現在人道主義者，都主張廢除死刑。當然，死刑雖免，活罪也是難受；用活罪代替死刑，也不能不算是一種懲罰。只是站在佛教善惡業報的觀點，所謂善和惡，中間的地帶，還是有很多討論的空間。

所謂死刑，它是對於受刑人所作惡事的懲罰。然而一個人做了什麼樣的惡事，應該被處以什麼樣的刑責，兩者之間也要符合對等的原則，如此懲罰才有所謂的公平、公正；如果為了懲惡罰錯，一概以死刑來處理，也非究竟。

例如，我在童年的時候，看到有人被蚊子叮咬，即刻就一巴掌把蚊子打得粉身碎骨。我覺得人類對蚊子的刑罰，未免過重！因為牠只吸你一滴血，罪不至死，你卻要牠用一條命來報償，實在是太過嚴苛了。所以我過去的童心，就跟蚊子開個玩笑，牠來叮我的手臂，我就把手臂的肌肉夾緊；肌肉一緊，就嵌住蚊子的嘴，牠就無法飛走，我再用手去碰牠，牠就恐慌、畏懼，牠也無可奈何。大概一、二分鐘之後，我還是把牠放了，我覺得已經給牠應有的懲罰了。這是我童年時，自己對於賞罰平衡的觀念。

記得二十多年前，蔣經國先生主政的時代，在台北街頭發生過一起飛車搶案，有一位機車騎士搶了一位婦女的數萬元。蔣經國先生聞後大怒，兩三天內立刻就把這名年輕人判處死刑槍決。這樣的案例實在有失公平，因為基本上，一條生命不是數萬元的價值。雖然蔣經國先生是為了台灣社會的治安，希望藉此以儆傚尤。但後來台灣的搶劫案件並沒有減少，反而死刑的殺戮愈多，鋌而走險的人也為數增加，可見死刑並不能完全嚇阻犯罪的發生。

過去大陸為了整頓官箴，一些官員即使是小額的貪汙，一經察覺，立刻被判處死刑。大陸人口之多，地域之大，在久已動亂的時代需要「嚴刑峻罰」，但這並不究竟。一些人還是寧可冒著生命危險，他也要向法令挑戰，所謂「成者為王，敗者為寇」，如果得手，一生就可以輝煌騰達，揮霍不盡；如果失敗，他也甘願了此貧困的殘生。這種思想偏差的人，如果不施予教育，不從觀念上加上導正，社會還是難以安寧。

不過，「亂世用重典」雖然不一定能收到扼阻犯罪的效果，但廢除死刑，在佛教的因果法則上，也是無法成立的，因為「如是因，招感如是果」，造因不受果報，也是於理不合。因此，我們可以希望減少死刑，儘量不用死刑，而改用其他方法來代替死刑，但不主張廢除死刑。

一生為人權奮鬥的柏楊先生，在世的時候曾與我談及「國際特赦組織」的內容，包括人道關懷、廢除死刑等，我個人和他的意見稍有出入。我雖然大致贊同死刑不可以輕易動用，刑法也不一定都要人抵命，而可以採取關閉、隔離、苦役、勞工、改造、教育，甚至如古代的邊疆充軍，都是刑罰，何必一定要用死刑呢？

但是，有一些惡性重大的人，他玩弄人命，逼人致死，甚至殺人無數。如此「有其因，必有其果」，如果全部廢除死刑，那麼許多被殺死的人難道就該死，而殺人者卻因為廢除死刑而該活？這都有失因果公平的道理。

說到因果，日本早期有位楠木正成將軍，他因受冤枉而被處死刑。受刑後在他的衣服上留下五個字：「非、理、法、權、天」。意思是說，「非」不能勝過「理」，「理」不能勝過「法」，「法」不能勝過「權」，有權力的人可以改變法律，但是「權」卻無法勝過「天」，「天」就是因果的法則。

我們的社會，是依法律來維護社會秩序，基本上法律對社會及大眾都是很重要的。然而在「非、理、法、權、天」五項之中，法律並不究竟，像心中的罪惡，法律無法制裁，內心的牢獄，法律也不能將之去除；唯有在因果的理則之下，才有公平可言。

坦白說，我這篇文章的意見，就表示在刑罰上，像過去台灣曾發生重大的「白曉燕案」、「陸正案」，死刑要用在殺人者死上，這才是符合因果的法則。如果其他的刑，可以考慮其他的刑罰，不一定以死刑來判決。以此意見，告知於各方友道，在未來的司法裡面，能值得參考否？

二〇一〇年三月十二日寫於香港

（二〇一〇年三月十三日《人間福報》專論）
（二〇一〇年三月十三日《聯合報》：
造因不受果報 不合天理）

【修心之鑰】

● 人道主義者主張廢除死刑，若非罪大惡極，可施以隔離、苦役、改造、教育等處罰，但佛教講因果，對惡性重大、玩弄人命者，若以「有其因，必有其果」衡處，在儘量不用死刑之下，並不主張完全廢除死刑。

圓

——談民國一百年的代表字

中華民國一百年，這是一個「圓」。因為有了一個圓，就會有第二個圓、第三個圓……圓是無窮無盡的。

國家大小不重要，但現在兩岸談和諧、談和平協議，和就是「圓」，只要和，無論小圓、大圓，圓會更廣、會更大。

我們的國家具有五千年的文化與歷史，雖然風風雨雨，但是我們對國家、民族的信心是「圓成」的。我們都以天下為職志，像地球、像虛空一樣，以「圓」為目標，總會「圓滿」，總會「圓成」。

一〇〇・十・二十四
於佛光山開山寮

【修心之鑰】

•「圓」，周而復始，無窮無盡。

丈夫七出

各位讀者，大家吉祥！

古代的中國社會，有所謂「女人七出」，也就是一個女人出嫁後，如果犯了七件事，丈夫可以用一紙休書把妻子離了。七件事分別是：一、不孕無子，二、紅杏出牆，三、不事舅姑，四、饒舌多話，五、偷盜行竊，六、嫉妒無量，七、身患惡疾。

古代的女人，社會地位低落，必須仰仗男人過活，從「女人七出」可以看出當時女性的處境艱難。

但是現在時代不同了，不但提倡「男女平等」，甚至現在新時代的新女性，女權意識高漲，女人獨立自主的能力增強，已經不一定要依靠男人過日子，所以現代的家庭裡，如果男人有太多的缺點，讓女人無法忍受，女人也可以提出離婚，因此現在也有「丈夫七出」，例如：

一、**懶惰**：有的男人生性懶惰，平時好吃懶做，不但沒有正當職業可以養家活口，甚至在家做大老爺，家事不肯做，與家人相處也不融洽，這種不負責任的男人，無法帶給家人幸福，所以妻子只好休夫。

二、**賭博：**俗語說「十賭九輸」，染上賭癮的男人，往往把家產敗光，甚至負債累累，惹得債主一天到晚上門騷擾，家人也無法安心生活，最後只有身敗名裂、妻離子散。尤其現在的賭博，不只是打麻將，有的賭棒球、賭選舉等，賭法雖有不同，相同的是有賭就有輸贏。所以嫁個好賭的男人，有遠慮的女人，也會早早離婚為妙。

三、**酗酒：**飲酒容易誤事，例如酒醉駕車肇事、酒後失態罵人、打人等。一般來說，經常酗酒的男人，容易引發家暴事件，尤其酒後神智不清，什麼事都可能發生，因此家有酗酒的男人，就像裝了一顆不定時炸彈，隨時都會引爆，一般女人當然不願與這種男人共同生活。

四、**家暴：**有的男人雖然不酗酒，但是專制、獨裁，經常動不動就罵人，甚至對太太、小孩動粗，這種有暴力行為的男人，也是讓女人唾棄的對象之一。

五、**吸毒：**有吸毒惡習的男人，平時結交的大都是邪友，所從事的也都是違反國法人情的事。尤其為了吸毒，往往舉債維生，甚至傾家蕩產，這種男人也會讓女人「去之而後快」。

六、不務正業：有的男人遊手好閒，不務正業，尤其品性不端，貪汙、竊盜、詐欺、拐騙等不良紀錄一籮筐，這種男人也讓女人羞與為伍。

七、行為不檢：有的男人性好漁色，經常在外拈花惹草，甚至發生婚外情，這種對感情不專的男人，更讓女人不堪同居共住。

所謂「風水輪流轉」，過去社會以「一夫一妻」為正常，「一夫多妻」也很平常；但隨著社會結構改變，男女人口比例失衡，未來在男多於女，以及社會觀念改變下，「一妻多夫」將可能成為新的婚姻制度。

其實，不管「一夫一妻」，或是「一夫多妻」、「一妻多夫」，夫妻之間應該互敬互重、互愛互諒，這才是夫妻相處之道，也才有可能營造幸福美滿的婚姻。

（刊於二〇〇六年五月一日《人間福報・人間萬事》頭版）

【修心之鑰】

• 古時候有所謂的「女人七出」之條，現代女權意識高漲，女人獨立自主的能力增強，如果男人有太多缺點，女人也可以提出離婚，因此現在也有「丈夫七出」。

• 所謂「風水輪流轉」，婚姻關係也會隨著社會結構改變，無論新的婚姻制度如何，互敬互重、互愛互諒，仍是夫妻幸福之道。

搶救文化出版業

最近，和幾位開書店的人士接觸，忽然心中湧現一個感覺：要救救文化事業的書店經營了。

現在，社會上許多的實體書店，大多面臨經營不下去的困境，因為賣書獲得的一點利潤，已經不夠維持將本求利的生活。長此下去，人們靠著精神食糧充實心靈的東西沒落了，就好比沒有米穀飯食來維生一樣的危險！

農產品是人類活著的生命線，當遭遇風災、旱災，受到損失，或遇到收成不好的時候，所謂「穀賤傷農」，政府總會提出一些方案來幫助農業渡過難關。所以台灣這幾十年來，政府也不斷的促進農業研究改良，興辦水利、保護農耕土地、補助受災損失、穩定產品價格，給予農民各種低利貸款的優惠，促進農產品的銷售等等，主要的也就是希望增加農業的生產，讓社會大眾的生活穩定，糧食供應充足無虞。

農產品是物質生活養命的食糧，文化書籍則是精神生活的必要食糧，其價值並不小於農產品。但是，現今由於社會的發展、科技的進步，電子出版品的推出，讓實體的出版業面臨慢慢被淘汰的境地。有人認為，數位化的文化產品也有同樣的功能價值，可以做為人類的精神食糧，而不必要有實體書店的書籍銷售、出版、報刊的發行等等；但我想，在這個文明社會高度發展之下，對於文化書籍的精神需求，絕對是不可以少的。試想，假設我們的社會裡連一本書都沒有了，圖書館關門，印刷廠倒閉，書店也都消失了，不知道這將會成為一個什麼樣的社會呢！

目前，經營一個小書店，一天的收入要達到上萬元並不容易，最常見的也只有數千元所得。光是要支付房租、水電、書籍的成本、員工的人事費用等，實在說，已經沒有辦法維持最低的收支平衡。

所謂「自古文人多坎坷」，過去文字獄、禁書，思想遭受禁錮的時代，因為出版品而惹出的麻煩，傾家蕩產、生命毀滅的情況，時有所聞，甚至層出不窮。到了現代，儘管憲法已保障出版自由，書局、出版業卻面臨到經營上的危機，這不是業者的無能，而是時代的趨勢所致。

例如，過去的《中央日報》，因為有政黨的支持，一度風光不已，而今已走入歷史；《聯合報》和《中國時報》，當年一百多萬份的印刷量，如今銷售雄風不復重見。又例如連鎖經營的新學友書局、金石堂書局等，聽說已經縮編多家實體書店，甚至有一些規模較小的書店像「政大書城」，則已在台北地區吹起熄號燈。

現在，縱然有一些文化界的人士，本諸「老兵不死」的精神在勉力撐持局面；

這當中，除了誠品書店，由於特殊的經營理念，可謂一枝獨秀，以外的出版業，好比天下文化，即使出版了像《遠見》這樣一本有份量的書刊，可以說，三十多年來帶動了國家社會政經管理、觀念知識、科技生產力的發展，然而，想要回到當初每日發行一本書的盛況，也是多方困難，因此，只有在理念上繼續堅持，不忘初心的努力不懈。

民生物質和精神食糧是同等重要的，我們想，政府是不是也能夠像發展農業政策、搶救農業一樣，也來搶救文化產業呢？比方，獎勵優良圖書、出版業者，降低出版成本，好書介紹，贊助各種人文講座，帶動買書風氣等等。

當然，我也希望出版界要自我反省，自謀出路。例如，讀書的人少了，可以在全國發起「讀書會」，鼓勵大家讀書，響應高希均教授提倡的「以書櫃代替酒櫃」；或是為了維持書店的生存，除了出版品的銷售以外，也可以開發一些文具、紀念品、兒童玩具，以及與文化有關的書包、筆記本、鞋、帽等文創產品；也就是說，不妨將書店做成一個多方位的經營。

我們還是要呼籲政府，積極發展文化政策，搶救文化界，重視出版業。尤其現在由龍應台女士擔任文建會主委，她對文化有著極大的熱忱，具有改革的理念、寬容的精神，我們期盼文建會不只是辦一些藝文活動，或者是做一些應景的事情；假如在這個書局沒落的時候，能夠提出一些實質的方法幫助出版業發展，使得文化出版不致於沒落，是為幸事。

現代有許多的人精神空虛，這正是缺乏閱讀文字的書籍，鎮日與電腦為伴，心靈上沒有一個聚點所造成。過去國人對於《三國演義》、《水滸傳》、《紅樓夢》、《西遊記》等，可以說老少都津津樂道，而今，難道人類的智能都退化了嗎？所謂「書香世家」、「書香人生」，這還是中國人所需要的哦。最後，希望政府能夠重視讀書、重視出版，那麼，國家興盛，社會健全，人民心靈富裕可期矣。

（二〇一二年四月五日刊於《聯合報》：閱讀充實心靈 搶救文化出版業）
（二〇一二年四月六日刊於《人間福報》：搶救文化出版業 閱讀不斷層）

【修心之鑰】

- 實體書店面臨經營不下去的困境，充實人們心靈的東西沒落了，就像沒有米穀維生一樣的危險。
- 假設我們的社會裡連一本書都沒有了，縱然有數位化的文化產品可以做為精神食糧，這將會成為一個什麼樣的社會呢？
- 「書香人生」還是中國人所需要的，政府應重視讀書、重視出版，提出一些實質的方法幫忙，讓文化出版能繼續，使人民心靈富裕。

有感寺廟不收門票

近日媒體報導，大陸湖南省二十九家佛教寺廟拒絕收門票，我很欣賞這則報導。

因為中華文化一直是中國人的驕傲，我們中華民族擁有五千年優良的歷史文化。仔細想想，什麼是我們的文化呢？專制的朝代被推翻了，不合道德的行為都已經改進了，歷史上的諸子百家，他們的思想是人類的財富；佛教在中國傳播業力思想、因緣果報、舉頭三尺有神明、心好人才好等，更是我們的中華文化；乃至社會上強調仁義道德、忠孝仁愛信義和平、慈悲護生、人溺己溺、人饑己饑、禮貌、勤勞等等這些優良的觀念，假如沒有諸子百家，沒有歷代的思想、文學、詩詞、歌賦，沒有佛教的傳播，中華文化內容又是什麼嗎？

現在，中國大陸的領導人一直要復興文化，近年來，也確實表達了文化的生命力。但此中有一條，觀光景點、寺廟都收取大量的門票費用，這實在有違中華文化的推動。佛教的文化，例如：敦煌、麥積山、龍門、雲崗、大足等石窟，以及重要的寺廟這許多佛教文化，都由歷代的高僧和由萬千的信徒施主省吃儉用，共同成就了中華文化裡高度的內容；然而，現在我們靠著祖師的遺產在生活，這許多本來是祖先建設，他們的子孫回來看看卻還要收取門票，真是情何以堪。

滿清時代中國弱勢，列強諸國搶走了我們許多文化的瑰寶，諸如英國大英博物館、法國羅浮宮、吉美國立亞洲藝術博物館、德國柏林國家博物館、日本東京國立博物館、俄國的艾爾米什國家博物館等等，舉凡佛教的寶物，他們都一一收藏，並且宣揚中華文化優於西方文化的建設，可說光耀了我們全中華民族。我們感謝先民的辛苦奉獻，假如有一點餘蔭，也應該讓子孫們回到這許多建設的地方，看看老祖宗對於中華文化貢獻的發光發熱。

今天大陸經濟成長，各種建設與文化齊驅並進，也不在乎收取這麼一點門票來補助國家的建設。現在許多的博物館、美術館大多已不收取費用，或者只收一點維持費，讓人民參與到文化裡，把音樂、美術、建築、文物等當為自己的生活，改良自己的生活品質。但是大陸的有關單位，仍一味的高漲門票的價值，甚至收取到人民幣一百元、兩百元，這實在違背發揚文化的用意，也損害了中央提倡文化的美意。

這次湖南省二十九家佛教寺廟決定不收取門票，此乃善事也，在此之前，也有蘇州靈岩山、福建南普陀寺等倡導不收門票，可見，今天中國大陸對寺廟收取門票的問題，確實有重新評估的必要，乃至聞說日本佛教寺廟也開始思考門票的存廢。佛教和商業本來不可掛勾，有了賣門票的事情，信仰和人民就有一種買賣的行為。唯有廢除賣門票，讓信徒自願添油香，超越買賣以外，讓後代子孫們回到他們的祖先建設的地方，瞻仰祖先的遺德，促進未來文化的發揚與發展，豈不是盛事乎？

佛教的建築、雕刻、繪畫、音樂等，都是中華文化的瑰寶，與人民的生活息息相關，那許多佛教文化都透露出安定身心的力量，透露出因果業報的道理，是鼓勵人類生存的希望，是增加人民對於時空的了解。我們支持湖南佛教界的此一行為，我也希望，有能力領導中華文化的諸公們能仔細地思維，不能因小失大哦！

寄自日本本栖寺

（二〇一三年五月二十三日刊於美國《世界新聞網》：讚！中國寺廟不收門票 復興文化）

（二〇一三年五月二十四日刊於《旺報》兩岸徵文：〈台灣人看大陸〉有感寺院收門票）

【修心之鑰】

- 歷史上的諸子百家思想是人類的財富；佛教傳播因緣果報、舉頭三尺有神明、心好人才好等，更豐富了中華文化內涵。
- 大陸推動復興文化，卻任知名寺廟景點收取不貲門票費用，實在有違中華文化的推動美意。歷代高僧和萬千信徒共同建設成就文化的高度，現在子孫回來看看卻還要收取門票，情何以堪？
- 佛教和商業本來不可掛勾，廢除賣門票，讓信徒自願瞻仰祖先的遺德添油香，豈不有更大意義！

為全國大專院校校長會議開示

教育部的各位長官、屏東科技大學的戴（昌賢）校長，及諸位校長、先生，大家早安、大家好：

中國有一句話形容美麗的女人：「自古紅顏多薄命」；現在我要為各位校長說一句話：「當選校長很辛苦」。

實在說，在中華民國做一位校長很不容易，佛光山由於信徒的支持，在二十年內，辦了五所國內外的大學，但也很吃力。

各位校長都是教育界的泰山，我星雲雖然已八十九歲高齡，但從小在寺廟裡長大，沒有受過正規的教育，應該要跟各位校長學習。不過，承蒙大家看得起我，讓我表達對教育的看法，我就簡單提供四點意見，請各位指教：

人文思想

第一、當今的教育，需要人文思想。二十年前，我有心想要辦大學主要是感覺到，中國幅員廣大、歷史悠久，中華文化號稱是全世界最優秀的文化，可惜現代科技發展得太過快速，致使青年學子只重視發財、重視自我，缺乏人文思想，我覺得這個不足的地方，建議各位校長，能對人文思想多關心。

品德教育

第二、今天的大學教育需要一個品德的教育、人格的教育。一個人可以受到大學教育，就表示在眾人之上，當然在道德方面，也要能與眾不同。對於現在的國高中廢除孔子、孟子等文化教材，我覺得非常可惜。

我有一位弟子在美國耶魯大學拿到博士學位，很高興回來跟我說：「師父！這是我的博士證書，我今後要做什麼？」我說：「今後學習做人。」

現在有的大學生不講究道德、不講究人格、不講究做人，這是我們社會沒有很好的示範。道德教育本應該從小培養，但因為有一些家庭不很完美，所以才需要大學教育來養成他們的道德觀。所以我近年一直在推動「三好運動」，希望大家學習身要做好事，口要說好話，心要存好念。

群我關係

第三、今日的大學教育，需要養成學生有群我關係的觀念。現代的社會太過於重視自己的利益，不顧念別人；在社會生存，需要仰賴社會群體，共同集體創作，單獨是不能成功的。

像我們生存在世間，生活要靠士、農、工、商供應我們；成長要靠父母、師長給我們教育；到了社會，也需要眾多不同的因緣幫助我們。所以青年學子要心中有人，要能尊重，要有包容，不要太重視個人的利益，學習吃虧。反觀我這一生，都在吃虧，但別人反而待我更好。

自覺發心

第四、今天的大學教育，要讓學生能自覺發心。讀書不是靠老師教導，是要學生自己讀。做學生的要自我覺醒，將來如何給人接受？要學習做人、學習對自己負責任、學習對社會擔當、學習做人處事。我想這些不能完全靠老師教，必定要靠自覺。

佛教教主釋迦牟尼佛在菩提樹下證悟，他是自己先覺悟後，才能覺人。所以青年學生自己要能自覺，而後發心、發展。發展什麼？開發我們的心田、心地、心裡的寶藏，我要能夠為國家、為社會、為人民謀福利。讓學生自我覺悟後，就會要求自己。

現在年輕的人害怕吃苦，其實苦是一種教育，苦是一個過程，所謂「吃得苦中苦，才為人上人。」我們要能養成青年學子肯得吃苦，肯得忍耐，肯得自我要求，發心為國為民。

我想今天的教育，不讀書不是很重要，做人不好那很嚴重，現在學生既然來讀書，我們先教導他們做好人。

以上四點意見：人文思想、品德教育、群我關係、自覺發心，表達我對於教育一點感想，請各位校長多多指教。

（二〇一五年一月十六日講於佛陀紀念館五觀堂）

【修心之鑰】

- 當選校長很辛苦，能堅持服務都是不推拒教育責任的有心人。
- 在美國耶魯大學拿到博士學位，弟子很高興回來面見師父：「這是我的博士證書，我今後要做什麼？」師父說：「今後學習做人。」
- 一個人可以受到大學教育，表示讀書已在眾人之上，但「人文思想、品德教育、群我關係、自覺發心」卻要透過進一步的學習才能提升。

《迴響》

星雲之心——讀《百年佛緣》

高希均

一、透明與無私

讀完十五卷大師口述的《百年佛緣》，就像百科全書那樣地內容豐富、引人入勝，真是傳記的典範。大師每做一件事，都做得盡善盡美。一年前落成的佛陀紀念館以及這套剛出版的《百年佛緣》，就是他年近九十的另兩個例子。

記錄「佛緣」的書記有一段生動的見證。「這部《百年佛緣》的特質是大師將一己化作燈蕊，以一生的磨難點燃自身，去照亮這百年中的佛教人事物；以自己為布幕，映照書中的每個生命、每一事例，曖曖含光，念念分明。」

因此《百年佛緣》是大師敘述他的生命歷程——不論是生活、社緣、文教、僧信、道場、行佛，娓娓道來，美不勝收；也折射出一個大時代的苦難奮起——百年來中國的動盪、台灣社會的嬗變、海外華人的處境。

是因為大師內心深處擁有了透明與無私的信念，書中才會記述這麼多人物的交往，這麼多事物的觀察，這麼多改革的推動，這麼多佛緣的分享。

二、「星雲精神」

六十年來大師的貢獻，呈顯在三方面：改革了宗教、改變了社會、改善了人心。讓我分別以「星雲精神」、「星雲價值」，及「星雲之心」稍做引申。

「星雲精神」就是不怕困難、不懼挫折，求新求變，曲直向前。最好的實例就是與二〇〇五年暢銷全球的英文著作《藍海策略》（Blue Ocean Strategy）相比。此書的二位管理學者金偉燦與莫伯尼指出：任何組織不可能永遠保持卓越，要打破這個宿命，就是要脫離「血腥競爭的紅色海洋」，去追求一個完全嶄新的想像空間；不再堅守一個固定的市場，要勇敢地另建舞台，另尋市場，另找活水，就能在新發現的藍海中揚帆前進。否則，就會在一池死水中衰退，終至消失。

開創藍海，要有四項策略：

1.「消除」哪些習以為常的因素？

2.「減少」哪些不必要的因素？

3.「提升」哪些需要的因素？

4.「創造」市場上尚未提供的因素？

1.與2.在節省成本，以擴大需要；3.與4.在創造「差異化」與「新價值」，以開拓市場。

會令《藍海策略》作者驚訝的是：他們所倡導的藍海理論，事實上早已有大師與他的弟子默默地在推動：

- 佛光山一直在努力開創人間佛教的「新市場」；
- 與其他宗教常相往來，使「競爭」變得不對立；
- 吸引新的信徒以及創造社會的新需求；
- 以新的事業與願景，增加信徒的熱情及社會的信賴；
- 不斷提升內部人才的培育與外語能力，並且加強內部作業系統。
- 更以不同的說法語言及弘法方式來傳播人間佛教。

這樣的用心、做法、效果，更超越了藍海策略。因此二〇〇五年滿義法師所寫的《星雲模式的人間佛教》就是「星雲精神」的推廣，即是人間藍海擴大的中文版；更正確地說，星雲大師是人間藍海的領航者，比之英文著作已經先啟航了半個世紀。

更需要分辨的是：企業所追求的「藍海」是企業利潤、個人財富與產業版圖；人間佛教所追求的「藍海」是現世淨土、人間美滿、慈悲寬容。

就是這種藍海策略的「星雲精神」，改革了人間佛教。

三、「星雲價值」

「星雲價值」進一步「改變了社會」。大師的價值觀，就是堅定不移地推動人人可以親近的人間佛教：佛說的、人要的、淨化的、善美的；凡是有助於幸福人生增進的教法，都是人間佛教。

同時又提倡：給人信心、給人歡喜、給人希望、給人方便。

面對社會的不安，又提倡：做好事、說好話、存好心。

人間佛教的推廣，是透過直接與間接的方式、宗教與文教活動走進人群、走進生活、走進社會及走向國際。大師本人當然是最關鍵的人物，凡是接觸過他的人無不被他的一言一行所感動。

大師又深知人生離不開金錢、愛情、名位、權力，因此又不斷提倡正確的價值：「要過合理的經濟生活、正義的政治生活、服務的社會生活、藝術的道德生活、尊重的倫理生活、淨化的感情生活」。

他自己從不間斷著述立論、興學育才、講經說法、推廣實踐、四處奔波，全年無休。「星雲價值」就這樣地融入眾人的生活之中，年復一年地變成了社會向上的巨大力量。

四、「星雲之心」

集「星雲價值」與「星雲精神」於一身的即是「星雲之心」，大師以其一身言行，做到了「捨才有得」、「我不會命令，只會慈悲」、「以出世的精神做入世的事業」、「給人利用，才有價值」。大師常說的十句片語，正表達了「星雲之心」的十個元素：

- 你中有我，我中有你。（命運共同體）
- 以無為有，不據為己有。（無欲則剛）
- 大眾第一，自己第二；信徒第一，自己第二。（老二哲學）
- 你對我錯、你大我小、你有我無、你樂我苦。（包容、謙卑）
- 做難做之事，處難處之人。（接受挑戰）
- 有情有義，皆大歡喜。（追求雙贏）

• 我不懂管理，只懂人心。（以心帶人）
• 跟別人結緣，只有真誠的心。（以心交友）
• 不看我的字，看我的心。（以心寫字）
• 我有一點慈善心及一顆中國心。（以心為本）

這顆「星雲之心」的全面光輝就是慈悲和智慧。因此大師所到之處，就激起了浪花，掀起了風潮，引發了熱情，創造了改善人心的無限價值。

五、最後的問與答

一九四九年一位二十三歲的揚州和尚從大陸到台灣，沒有親人，不諳台語，孤苦無援；還被誣陷為匪諜入獄二十三天；但腦無雜念，心無二用，投下了六十年的心血，開創了無限的人間佛教世界。

這位法名「悟徹」的出家人，就是現在大家尊稱的星雲大師。

人間佛教、佛光山、佛陀紀念館、星雲大師都已變成了「台灣之光」。這是「台灣奇蹟」的一部分，這是台灣「寧靜革命」的另一章，這是中華民國開國百年來的宗教傳奇。

在眾人心中，總不免好奇地想了解：星雲大師

- 如何以其智慧，把深奧的佛理，變成人人可以親近的道理？
- 如何以其毅力，再把這些道理，變成具體的示範？
- 又如何會有這樣的才能，把龐大的組織，管理得井然有序？
- 又如何會有這樣的胸懷，在五十八歲交棒，完成世代交替，又如何再在海外開創一片更寬闊的佛教天空？
- 如何能著述及口述近二千餘萬言，並且譯成英、日等二十餘種語言？
- 如何能獲得三十個以上國內外的榮譽博士及無數的獎項？
- 如何能在國內外辦多所大學、社區大學、中華學校；又如何能創辦《人間福報》、人間衛視、多所圖書館、美術館、全球近三百所道場，以及剛落成的壯麗的佛陀紀念館？
- 最後，又如何以其願力、因緣、德行，總能「無中生有」，把人間佛教從一角、一地、一國而輻射到全球？

如果細讀《百年佛緣》全集，大概就可以找到線索及答案。

面對所有這些建樹、成就及榮譽，大師大概會淡淡地說：「所有這些都不是我的，一切都是大眾的。」大師居然沒有自己的書房與書桌，也沒有自己的帳戶及存款。

處。

大師會更堅定地說：「我來世還要做和尚，我做和尚做得不夠好。」

大師心中還有一個與時俱增的掛念：就是兩岸的和平交流與兩岸的和諧相

二〇一三年三月六日於台北

（作者為遠見．天下文化事業群創辦人）

第六部

佛家事：主修行，解入世之法

嶽麓書院
於斯為盛
惟楚有材

國家公園與佛教聖地

四十一年九月十九日的《中央日報》上地圖週刊，大題目是標的「國家公園」。就是用輿論向政府建議，把我們古老的中國的大好山河古蹟名勝最壯麗的地方，闢幾個「國家公園」。

說起國家公園來，首先創立的是美國。在一八七二年的時候，他就設有黃石國家公園，到一九四七年埃弗萊得國家公園設立後，美國已經有了二十八個國家公園。日本在一九二一年間，確定國家公園制，到現在已經有阿寒富士箱根日光等十七處國家公園了。

《中央日報》地圖週刊的編者，把我國風景、古蹟，均有可取的試擬了二十個可設國家公園的地方，我看了以後，這所要設立國家公園的確多數是佛教的聖地。

假若我們是一個懂得時代文明的人，或是多走了一點路，都曾經遊玩過名山大川或是公園。

因為，人類對自然美景的愛好有他的天性，留連於名山勝景忘返的是人的常情。一山、一水、一草、一木，往往這是最能陶冶人們的善良本性，對人們的道德有潛移默化的功能！基於這個原因，為了大都市上的人民不容易與大自然接近，所以都添設起了公園，給市民在公餘之暇休憩、遊樂。不錯，設立公園的目的，固然可以供民眾遊目騁懷，舒暢心胸，增進健康；但是最要的還是要激發國民愛國的思想，懷古的幽情，所以該地圖週刊說：「設立國家公園不僅應注意到自然的美景，而且要注意到史跡的發揚。」因為設立國家公園有這麼一個條件，而佛教的聖地，不單是有自然的美景，並且在歷史上都有相當大的遺留，所以設立國家公園，不能不與佛教聖地有關。

國家公園這一名詞，在國外雖然早就有了，但在我國恐怕還很少有人知道。所謂國家公園，就是劃定了一塊風景區，由國家來開發、管理、保護。如果政府真的將來接受《中央日報》的建議，則我們佛教徒也非常樂意和高興，我們願意把佛教的聖地拿來和國家共同培植國家公園的風景，因為我們中國，雖然沒有設立一個國家公園，但千餘年來，名山大川的風景，大多數都是由於佛教徒為了莊嚴佛地而早就將風景培植得像個公園了。多少人為了尋師問道和朝山進香而心靈有了寄託和歸依。佛教聖地，對人民雖有這些好處，但是過去我們的佛教聖地，也常有遭遇戰爭的摧殘，或軍閥土豪劣紳的破壞，現在有了國家對我們佛教聖地的保護，我們怎不很樂意和高興呢？

「天下名山僧佔多」，誰都知到這是一句寫實的名詩，沒有一座巍峨的名山沒有莊嚴的寺院，沒有一個名勝的去處沒有大德高僧，好比就以《中央日報》地圖週刊試擬的二十個國家公園來說吧，就有半數以上是與佛教有關的。由此可知，佛教在我國的文化方面是佔有如何重要的位置了。茲就地圖週刊試擬的與佛教有關的國家公園名稱有：

一、**首都中山國家公園**——中山陵因為是國父中山先生的陵地，全國人明當然都會為了景仰國父的偉大，而常去瞻仰膜拜。但是靈國寺，玄奘三藏法師靈骨塔，在風景方面，在先賢遺跡方面，不能說不佔有重要的位置。

二、**西湖國家公園**——西湖在我國成為著名的風景區已將近一千年了，自從唐宋以來，白居易、蘇東坡在那裡做地方官就熱心建設為風景區。白居易、蘇東坡，又都是極虔誠的佛教徒。白堤、蘇堤，憑添了許多遊人的嚮往，在西湖一帶，大小寺院林立，最有名的有南屏峰、北高峰、三天竺、靈峰寺、淨慈寺、玉泉寺、龍井、虎跑、鳳林寺、靈隱寺、昭賢寺、六和塔、湖心亭、紫雲洞、煙霞洞等，遊人至此，恍如身入佛國。

三、**廬山國家公園**——誰也都知道，廬山是一個夏日避暑的勝地，「不識廬山真面目」，以奇秀聞名全國。當晉朝的時候，開創淨土宗的慧遠大師在這兒結社念佛。不出虎溪，至今留為佳話。近代太虛大師常在這裡和各國人士商討組織世界佛教會，山上佛教勝地遺跡很多。

四、峨眉山國家公園——四川峨眉山和山西五台山，安徽九華山，浙江普陀山，合稱為佛教四大名山，山上古剎一百多所，風景清幽，每年來此朝山進香者，絡繹不絕。

五、普陀山國家公園——普陀山是聞名中外的佛教名山，是觀世音菩薩的道場，我國人民對此聖地，固然是家喻戶曉，即連留居外國的華僑，每年也結伴來山進香。這裡海山風景奇佳，山上到處是大大小小的寺院，晨鐘暮鼓，海濤浪聲，好像人間另一個世界。

六、洛陽國家公園——洛陽是我國的故都，也是佛教的發祥地，當時佛教初傳入我國，印度來華的高僧雲集於洛陽，中國第一個建立的佛教寺院——白馬寺，就是在洛陽。另外還有千佛岩的古蹟，令人到此，生起懷古之情。

七、衡山國家公園——中國有五大名山稱為五嶽，衡山是其中之一，又稱南嶽，擁有七十二峰，雄偉奇秀，山上佛寺甚多。

八、泰山國家公園——泰山舊稱五嶽之首，古代帝王常封禪於此。山上古剎甚多，古蹟有漢時的石刻等。

九、北平國家公園——北平本是我國的文化古都，城內城外，庵堂寺院，古蹟之物，不勝枚舉。

十、西安國家公園——西安是漢唐的舊都，佛教八大宗叢林均建立於此。四郊佛教名勝古蹟甚多，遊人至此，都會懷念先賢古德遺風。

其他還有台灣中興國家公園，三峽國家公園，桂林陽溯國家公園、昆明滇池國家公園、廣州黃花崗國家公園、武漢共和國家公園、青島國家公園、太湖國家公園、杭愛國家公園（外蒙）、抗俄勝利國家公園（東北），這些是地圖週刊向政府建議擬設的國家公園，多多少少都與佛教有關，這裡也不必再一一舉例了。

至於將來我國國家公園是否能照此去設立，時間會帶來說明。不過，我們要知道，佛教聖地在國家公園中佔有如何重要的位置罷了。

（刊於一九五二年十二月《菩提樹》創刊號）

【修心之鑰】

• 地圖週刊準備向政府建議，在山河古蹟名勝最壯麗的地方，設立幾個「國家公園」，不僅要有自然的美景，而且要注意到史跡的發揚。

• 千餘年來，許多名山大川的風景，由於佛教徒為了莊嚴佛地而早就將風景培植得像個公園了，讓人們尋師問道和朝山進香而心靈有了寄託和歸依。

• 國家公園能否設立，時間會說明。不過，佛教聖地在國家公園中佔有如何重要的位置早已明確。

中國佛教與佛教青年

我們中國的佛教，曾把偉大精深的教義，傳播到世界各國，而今佛教的光芒雖已照遍了各洲，但我們的中國佛教，卻眼看著一天一天的衰敗下去；我們的中國的佛教，擁有僧徒一百萬，信徒數千萬，教徒不可謂不多，而今多數的教徒都逼得走其他的路去了；我們中國的佛教教產，擁有無數的巍峨堂皇的寺院，難以計算的田產，這產業不可謂不豐，而今分的分了，奪的奪了；我們中國佛教的歷史，有兩千年光輝燦爛的流傳，歷史不可謂不久，而今快走到死亡的邊緣；我們中國的佛教，對國家，對社會，對人民，有著巨大的貢獻，其文化、藝術、道德……，不可謂貢獻不大，而今快給時代的洪流沖沒了；這是誰的責任？這是中國佛教青年沒有發揮出力量的後果！

我們中國的佛教青年，有刻苦自學的精神，有勇猛精進的毅力，有犧牲衛教的熱誠，有廣度眾生的宏願，然而現在的佛教青年，沒沒無聞，他們沒有一點出路，終年到頭的過著刻板的寺院生活，消磨著青年的朝氣，任他心雄萬丈，在寺院中除了二時課誦，對佛教毫無貢獻，這是誰的不是？這是佛教沒有重視青年！

現在的社會和人心，所表現出來的都是殘忍的、爭奪的、自私的、虛偽的、邪的、醜的、惡的，軋轢不安的，正需要佛教慈悲的、無我的、利他的、誠實的、正的、美的、善的、平等互助的教義來薰化社會上黑暗的風氣，社會能少了佛教嗎？肯定的答一句：不能少的！

現在佛教的制度已經到了非改革不可的時候，因為現有的佛教制度是陳舊的、古老的、保守的、消極的、形式的、束縛的、階級的、不合時代潮流的，正需要佛教青年們勇敢的、熱誠的、進步的、積極的、大雄無畏的精神來改造衰頹的佛教，佛教能少了青年嗎？肯定的答一句：不能少的！

很早就有人喊過這個口號：青年是國家的主人，是國家的棟梁；佛教青年又何嘗不是佛教的主人，是佛教的棟梁呢？不管哪一個國家，不論哪一個集團，都不會忽視青年的！滿清政府是青年打倒的，中華民國是青年創立的，強國衛民的責任擔在青年的身上，復興佛教，又怎能說不需要青年！

不幸的今日佛教，是拋棄了青年，忘記了青年，好像不知道佛教是怎樣需要青年，不知道青年是怎樣重要，佛教裡只曉得苛責青年，說今日的佛教青年是如何的不上進，道德如何沉淪，人格如何卑汙，所以有人倡導青年「重新出家」之說。重新出家是要的，但把一切的罪名完全推在青年身上，這未免太嫌冤枉，太不公平。今日佛教青年受著環境的困難，形式的束縛，貧窮的煩悶，時局的動盪，人事的折磨，沒有發展天才的機會，沒有用武的場所，佛教會的理監事要方丈當家之流的才能負責，方丈當家又要四五十歲的人才能勝任，因此，他們懷了一顆熱烈的心，對不能重用青年的佛教，只發出無可奈何的浩嘆！所以他們要問：佛教是怎樣教育青年的呢？佛教是怎樣養活青年的呢？佛教是怎樣重視青年的呢？望代表佛教諸公，要注意這些問題。

佛教青年從小離開了溫暖的家庭和骨肉的團聚而皈投到佛門來，中國做「小和尚」的那段日子還不就如同牛馬的生活，他們從小不能受到良好的教育，他們也沒有經濟的來源，他們吃的是粗菜飯，他們穿的是老布衣裳，幸而出家就是為了求其物質的淡泊而能得到解脫，然而他們還是人，我們今日應該同情這群佛教青年而不應該苛責他們。

當然，今日的佛教青年也不是真的完全沒有弱點，我們這一代人中，有的才跨過了青年時代，就變成佛教進步的障礙物，有的留在青年時期，受了兩次教訓，遭了兩次風浪，馬上就挫折了勇氣，變成了疑懼、怯懦、徬徨、妥協、停滯、屈服的弱者，弘揚佛教的雄心從此消沉，青春的火焰從此息滅。有的見到這不景氣的佛教，以為到了不可救藥的時期，不肯奮發圖強，因此信仰發生動搖，往往走上歧途。同時，今日佛教青年更有一種等待和依賴的病態心理，青年男僧等待佛教來賜予他們機會，青年女僧將佛教復興和這弘揚的責任依賴男僧去做，今日佛教青年關於這許多都有改正的必要。

佛教現在好似處在風雨飄搖之中，這一代的佛教青年，應該不能推諉責任，佛教本來就是釋迦牟尼（世尊）在青年時期創造起來的（世尊十九歲出家，三十歲成道），玄奘三藏法師也是在青年時期歷盡千艱萬險到印度去求經（時年二十九歲），太虛大師在二十多歲時，就發願改革中國佛教了。佛教今天面臨了生死存亡的關頭，所以今日的佛教青年應該緬懷先賢而承當起一切艱苦的責任來！何以見得艱苦？因為復興佛教，正需要無數堅強的、勇敢的知識佛教青年出來獻身，然而這樣的佛教青年太少，必需要有志的佛教青年自己來創造！

真的，現在一切都要靠佛教青年堅決的拿出自己的主張，佛教是不會為青年著想的，你找遍佛教界中，有教育青年的佛學院嗎？有讓佛教青年做事的處所嗎？佛教是需要青年的，但需要的是肯向前，不後退，能開創佛教的青年！

我們也希望今後的佛教，不要以為老年人才能做事，俗話說：「和尚不能老，一老就是寶」，在佛教會做事的不一定要方丈，做方丈的也不一定要四五十歲，讓青年來替佛教做一點事，相信青年們做事不一定就比老年人差！

起來吧！中國佛教的青年們！

一九五一．六．中壢

（刊於一九五一年七月二十日《人生》雜誌第三卷第六期第十一頁）

【修心之鑰】

- 中國佛教有兩千年光輝燦爛的流傳，歷史不可謂不久，也曾有巨大的貢獻，若給時代的洪流沖沒了，這是中國佛教青年沒有發揮出力量的後果。
- 青年是國家的棟梁，佛教青年又何嘗不是佛教棟梁？復興佛教需要知識佛教青年出來獻身，需要有志的佛教青年自己來創造！
- 「和尚不能老，一老就是寶」，會做事的不一定要方丈，做方丈的也不一定要四五十歲，讓青年來替佛教做一點事！

復興佛教與批評

古老的佛教在中國流傳了快近兩千年，在這兩千年中，時興時衰，在歷史上都留下了痕跡。到了我們這一代，佛教又遭遇了空前的危難。在內，教徒不知警覺，不知團結，不知愛護佛教，大家過著獨善其身的醉生夢死的生活；在外，教侮教難，紛至沓來，眼看著佛教往滅亡的邊緣走去，岌岌可危，幾十年來，幾個聰明之士，因此發出了「復興佛教」的口號，唯有復興佛教，今後僧徒才能生存！

因了佛教的衰敗，所以才需要復興佛教。佛教為什麼會衰敗呢？一言以蔽之：佛教的制度不能合乎時代的潮流。一個國家的憲法尚且常常需要修改，為什麼佛教的制度就能算為金科玉律？因此，太虛大師著了《整理僧伽制度論》，重整佛教制度。三十五年「中佛會」成立，標明整理僧伽制度為其要務。近來又在進行佛教改革工作，我們是多麼的誠惶誠恐地望著這個改革佛教而能讓佛教復興的工作，能夠順利的成功！

為什麼復興佛教的口號，已經喊出了幾十年，而佛教還不能復興呢？為什麼「中佛會」都在領導著做改革的工作，而僧徒都在漠不關心？我們不客氣的說：「這是佛教忽視了批評！」

批評在佛教中一向就是認為大逆不道的事，很多佛教刊物都標明著「本刊不批評人」的大題目，稍微帶有一點正義的文章，作者馬上就會遭受到無情的打擊。誠然，批評在忙出世的道學家看來，確是不應該的，因為這是是非，這是惡口（其實批評不一定是罵人的），然而想要做復興佛教的工作，批評是無論如何不能被忽略的。

復興佛教本來是有兩個大的問題，一個是建設，一個是破壞。建設一個新佛教，不是幾個人的力量所能及的，幾個理監事所見的不見得就是盡善盡美，這是需要廣大的佛教徒們來參與意見，研究真理，批評督促才行；破壞舊有的制度，不是說不聲不響的就能廢除。破壞，一定要輿論廣事宣傳和批評，使大家公認佛教舊制度的不合理，改革的工作方能奏效。不然佛教會空有很多議案通過，而僧徒大眾尚不明所以，行來怎麼能夠順利？

有人或者有這種心理，以為做復興佛教的工作，只要埋頭苦幹，以身作則，自己不妨做出示範來，不要批評別人長短。這說法用在鄰近的地方，未嘗沒有功用，但想復興整個佛教，豈是這簡單想法所能發生效力？除非我們承認佛教已經興旺至極，無疵可求，否則我們便不能不承認批評的重要。

美國的民主黨和共和黨為什麼互相爭執，互相批評？就是在爭執批評中，才能研究得出真理，才會讓全國人民知曉選擇應走的路線，這原理什麼人都會知道，但把它用到我們佛教裡來，大家就認為不妥當，不合理。這裡我們全國佛教徒應該明瞭，批評是象徵著進步，唯有從真知灼見的批評中求進步，佛教才能夠真正的興盛！

我們佛教中的大眾，現在對做著佛教工作的人，大都是廉價的布施稱讚，或是慷慨的奉獻捧場，這種現象很容易養起一種錯誤的觀念，以為如此這般，和氣一團，復興佛教的工作就能順利的完成。但在實際上，所謂復興佛教哪有這樣的便宜？不然，有的就是閉口主義，一發不言，這更是免惹是非的靈符。可是，單純的人與人之間的友誼，已經絕非僅僅稱讚，捧場，和沉默所能培養，何況是幾百萬人大結合的佛教！更何況這個佛教還負有復興的艱鉅的任務！

情感的融洽，誠然是團結的要素，但在情感上用工夫，而不從正確的理解上，力求共信與互信，像這樣的團結，大家會減少了說真話、做實事的勇氣，弄到見面時，說兩句「你好，我好，今天天氣好」的話外，誰也不願發出由衷之言，佛教怎麼能夠復興？

批評風氣的低落，批評精神的萎頓，不但阻礙著佛教的進步，佛教的健全，佛教的復興；尤其是阻礙著負有復興佛教任務的大德們和廣大的教徒意識上的共鳴作用的發揚！唯有不斷的批評，復興佛教才真正能夠成功。

佛教徒大都歡喜抱一種觀望態度，個人主義。過去有人說，佛教徒是「各人自掃門前雪，不管他人瓦上霜」，其實真正說來，他人的瓦上霜既然不管，各人門前的雪又何曾掃得乾淨？這是一個多麼可怕的現象！我們覺得佛教徒對於佛教的興衰，表現關切得不夠，致使大家都不樂意批評了。

德高望重的老年僧徒，都有一種古老的、明哲保身的庸俗觀念，以為一有批評，就要失去他的身分。所以他們心裡雖然對很多現象不以為然，但他在口頭上，筆桿上不願表現出來。他們以為批評都是青年人的火氣重，沒有道德，沒有修養所幹的事；大家都以德高望重自居，誰樂意批評呢！其實這都是錯誤的觀念，實在是要不得的。

佛教中大都認為批評是惡意的攻擊，佛教是基於冤親平等的愛為出發點，既然是冤親平等，那又何需要批評？其實批評是有兩面的看法：批評如果是對於同一個團體中的伙伴，是基於愛為出發點；對於敵人的批評，才是基於恨。愛的目的，是要他成長、茁壯、健康；恨的用心，才是要他枯萎、死亡、絕滅。我們指的批評，是基於愛的批評，說明白點，就是善意的批評。事實上大家都是佛教徒，都是釋尊的弟子，其親如手足，誰不希望自己的手足健全？所以這種批評是不可能不基於愛的。猶之乎對於敵人的批評，是不可能不基於恨的一樣。如果對於自己人批評是基於恨，那麼這所產生的絕不是批評，那叫做惡意的攻擊，也是我們所反對的批評。

這裡須加以說明，我們佛教中善意的批評，大家都不願做，恐怕得罪了人，更何況惡意的批評？如果沒有深仇大恨，我以為那種現象絕不會發生。這裡更請大家不必憂心，以為一有批評，馬上會掀起了波浪，又要使復興佛教的意見分歧。這是一種不必要的憂慮。一個好的意見，不會給一兩個批評者的私見所能否認，一個好的人，也絕不至被惡意批評者的胡說所能摧毀。我相信，一個有睿智，有才能，有熱情的人，他才歡迎人的批評，才虛心接受人的批評。佛教裡多有歡迎人批評的人，多有虛心接受批評的人，佛教那才容易復興。

因為批評像一面鏡子，你自己長得美麗醜陋，你怎得知道？拿一面鏡子給你照一下，你的原形就會完全現出來了，你覺得自己面容上有什麼缺點，你就得設法化妝修改呀！

復興佛教，需要做的事太多了，首先要做的就是鼓勵批評家們勇敢的出現。我們希望，為了復興佛教，不論你是長老學僧，男女居士，老的少的共同來商討復興佛教的計畫，改革佛教的方針，互相檢討，互相批評！這裡，我們不禁要大聲疾呼，佛教沉默的現象，實在可怕得很！希望佛教全體同胞，為了要走上復興佛教的康莊大道，希望要尊重批評者的意見，希望要勇敢的放棄成見接受批評！

看眼前的佛教，沉默得真要窒息了！如果不是《人生》雜誌上發表了一點改革佛教的工作消息，我們真不知道佛教會已在進行這件巨大的任務哩！改革佛教的消息披露後，這是關係到切身生存的問題，關係到幾百年、幾千年，甚至幾萬年的我們的後一代，你看大家還是睡在鼓中，不聞不問，即使知道的，知道參加意見也沒用，批評更招人的反感，可怕呀！這實在是可怕的現象呀！

為了復興佛教，改革佛教，需要批評家批評的太多了，從佛教會的不健全到僧徒的不團結，從不知造就僧材到自由中國沒有一所佛學院，從迷信的北斗星君下降到顯靈媽的千秋，從出家的不限制到出家的不需要資格，從唱戲式的二時課誦到刻板的修行儀式，從耕者有其田到今後佛教經濟的建立，從戲院中上演侮辱佛教的戲劇到報章雜誌上辱罵佛教的文章……，哪一件不需要全國佛教徒的注意？哪一件不需要全國佛教徒的批評？

復興佛教的號角吹起，批評的風氣開放，看佛教的新生，見僧徒的活耀，佛教從黑暗之中，很快的就會看見黎明的曙光！

（刊於一九五一年十月十五日
《人生》雜誌第三卷第九期第十一至十二頁）

【修心之鑰】

• 佛教為什麼會衰敗？一言以蔽之：佛教的制度不能合乎時代的潮流。為什麼佛教不能復興？因為佛教忽視批評！

• 光是布施稱讚，奉獻捧場，和氣一團，或是閉口主義，一發不言，免惹是非，對復興佛教工作的完成是不夠的。

• 復興佛教，需要做的事太多了，首先要做的就是鼓勵批評家們勇敢的出現。佛教裡多有歡迎人批評的人，多有虛心接受批評的人，佛教才容易復興。

佛教青年臨到時代的考驗

陰沉的冬天逝去以後，接者是蓬勃的新春開始；新春降臨了，百草萌芽，萬花開放，枝頭的鳥語為春而歌唱，池中的游魚為春而跳舞。春，是多麼富有新生的活力！我們願拿這萬物欣欣向榮的春天比喻佛教中有為正直的青年，那是再確當沒有了。

春能帶給嚴冬裡枯死了萬物的生機，青年能給予衰頹的佛教的活力；萬物沒有春天，必將不能生長；佛教沒有青年，勢將不會復興；多麼美麗的春天！多麼勇敢的青年！

記得鐵血宰相說過一句名言：「讓我看看你們的青年吧，我可以告訴你們國家的命運。」現在我們可以來說了：「要知道佛教將來能否復興，可以看看我們這一代的佛教青年。」青年是國家的靈魂，國家沒有靈魂，哪裡能存在？佛教青年是佛教的中流砥柱，佛教若少了這些中流砥柱的青年，如何才能支持？是的，一個國家，一個團體，如果要看他的富強，他的興旺，他的健壯，即需先看看他的青年。青年，他是注定一個國家，一個團體興衰的命脈。

翻開了世界的歷史，從法國的大革命，到英國的立憲；從華盛頓創造獨立民主自由的美國，到土耳其民族的復興；哪一個驚天動地的大運動不是由青年推動的？哪一件震古鑠今的大事業不是由青年完成的？考察中國近代的史實，從推翻滿清到五四運動，從誓師北伐到抗日完成，哪一次不都是青年推動時代前進的齒輪？哪一次不都是青年擔當起艱鉅的任務？回顧我們佛教，每次教難當頭，都是青年不屈不撓的來抵擋，都是青年從容不迫的赴義犧牲。如曇始以死來苦諫滅佛的北魏太武帝，靜藹的因帝滅佛而剖胃捧心而卒；知玄對暴政的抗議，慧遠對邪道的辯論，哪一處不是表現了佛教青年的熱情？哪一處不是表現了佛教青年的勇敢？又如法顯、玄奘、義淨，不是抱了一顆青年為教的熱心，中印的文化如何才能溝通？佛教如何才能興隆？從此可知，國家不能少了青年！佛教亦復不能少了青年！

人生的青年生命，是事業成功最緊要的過程。人生沒有青年時期，那只是一條平淡的小溪，永遠激不起綺麗的浪花。人生留在青年的這段生命，好似洶湧的江水，浩浩蕩蕩，什麼力量也擋不住的。人生若等待到了暮氣沉沉的老年，不是靠著在青年期間的不斷的進取，不停的創造，不把前途的大道打通，不把事業做得有了基礎，再不會成就什麼了。

佛教的青年，一向是沒沒無聞，但每當到佛教危急存亡的關頭，他們就會毫不遲疑的放開了自私的小我，鼓動了熱情，激發起毅力，用悲天憫人的精神，用他爽直的天性，負起了佛教的使命。當青年們一股堅強的正義浩氣所到之處，沒有一切的暴戾不在它的下面低頭，沒有一切的罪惡不在它的下面消除，沒有頑固的還是頑固，沒有腐化的還是腐化，青年呵！你的力量是多麼的神聖！多麼的偉大！

今天是一個偉大的時代，新時代裡的佛教，需要有力的思想，有力的行為和有魄力的青年來做主幹，我們要生存，我們要有為佛教而生存的理想，我們要以青年擔當起中興佛教的任務，要讓青年來做佛教建設的工作，然而這個時代又是艱苦的，青年如何才能挑擔起大時代中如來的家業呢？

在這個偉大時代裡，我們的生命是動的，是活的，我們的思想不能背著時代，我們要隨時代向前進。可是今日佛教青年有著很多不正常的思想和行為：一種是抱了悲觀、失望、憂傷、頹唐的心理，以為佛教沒有復興的希望，所以滿腹的牢騷只用在慨嘆自己的命運，不是說額上的皺紋增加，就是說此身已矣，因此終日煩悶苦惱，情緒日漸萎縮，意志日漸頹唐，造成守舊保守，終了不免走上消極、衰落、停滯、腐爛和毀滅，這才是亡教之音哩！或是另有一種佛教青年，不睜眼看看佛教的大勢，在那裡互相的排擠、毀謗、嫉妒、陰謀，把大好的精力心機用在人我鬥爭上，不是在名利上奔逐，就是在是非上攻訐，這才是加深佛教前途重重的黑暗哩！更有不少的佛教青年，受了幾次挫折，經了幾次風浪，或是因物質享受的引誘，或是為生活的不甘淡泊，再加上佛教又重臨到教難，外來的壓力日深，都紛紛忙著重穿俗裝的準備，我們不客氣的說：這是佛教青年經不起時代的考驗！

我們願今日的佛教青年，再來翻看一下佛教歷史：每逢到時代的變換，佛教的危難，古德們的青年精神是怎樣表現的？費長房因北周滅佛的教難，返俗後尚參加譯經工作，並撰述《歷代三寶記》。北周的惠遠也因教難返俗，隋朝興起又重穿僧裝。道安因北周武帝滅佛，帝賜官位以死拒之，終日號慟不食而死，這是為的什麼？這就是佛教青年，為了奉持佛陀的主義，不為時代所屈服的寫照。我們不反對還俗的青年，我們只是反對不能奉行佛陀主義的青年！

今天佛教青年非但要經得起時代的考驗，不做時代輪齒下的犧牲者，並且要能創造時代。我們希望勇敢的熱忱的青年出來獻身，我們要揮著智慧劍，割去一切陳腐，要用青年的熱忱，效法古德的為教精神，不要畏縮，不要氣餒，應該要挺起胸膛來創造，應該要用行動來發揚佛教青年的精神，青年處境雖然艱苦，但青年應該要認清環境，要改造環境，絕不能隨順環境，為環境所轉，這是今日青年應有的認識。

現在，佛教革新的浪潮已在呼嘯，時代的狂飆已在咆哮，時代和佛教又來考驗佛教青年了，考驗今日的青年有沒有堅貞的信仰？有沒有衛教的決心？能不能團結？能不能吃苦？敬愛的佛教青年們！這個大時代中的佛教歷史，就是要我們這一代青年寫下一頁輝煌的詩篇了！

（刊於一九五二年一月十日
《人生》雜誌第四卷第一期 第二頁）

【修心之鑰】

• 哪一個驚天動地的大運動不是由青年推動的？哪一件震古鑠今的大事業不是由青年完成的？當青年們一股堅強的正義浩氣所到之處，沒有一切的暴戾不在它的下面低頭，沒有一切的罪惡不在它的下面消除。

• 歷代都有為了奉持佛陀的主義，不為時代所屈服的佛教青年。處境雖然艱苦，但青年應該要認清環境，要改造環境，絕不能為環境所轉，應該要挺起胸膛來創造。

我們的宣言

時代的狂飆在呼嘯，社會已被黑暗籠罩；人欲的洪流在氾濫，世間已為災危困擾。天涯海角，海角天涯，到處像地獄，像火宅，沒有平和，沒有安穩。物質的文明，帶給人類面臨毀滅的危機；邪教的傳播，迷惑得令人無所適從。這樣的世界，給人的是苦悶、是徬徨。看我們的社會，四面狼煙飛起，八方虎風振威；想我們的前程，到處遍滿荊棘，到處崎嶇難行。如何決定人生的信仰，怎樣建立人生的態度，在今世今日今時，實有重新估定的必要。

人生的意義，不是奔走鑽營；生命的目的，不是一宿三餐。人的一生，無上的尊嚴；人的一命，無價的寶貴。我們要高呼：人生不能空過，生命不能虛擲。我們需要大乘精神的佛教指導人生，我們需要事理圓融的佛教充實生命。但是，今日苦難的人類，生活在今日佛教的門裡門外，皆有著重重不能解答的問題：教理的、教制的、教產的；還有：信仰上的、生活上的。同人等謹就今日佛教的問題，在本刊改組發行之時，宣告於各位讀者之前。

在國家多難之秋，在佛教衰微之際，無疑的，《今日佛教》的任務，要配合國策，提倡我國固有的道德；要適應時代，發揚佛教救世的精神。所以，我們的主旨，是造福人類；我們的準則，是慈悲平等；我們的目標，是興隆佛教；我們的理想，是淨化人間。我們但問耕耘，不問收穫；我們但講奉獻，不計報酬。把一條命，奉給佛陀；把一顆心，獻給眾生。對國家，我們要做個堂堂正正的公民，對佛教，我們要做個有教無我的教徒。

今日的社會，公理不張，正義不伸，以強凌弱，以大吃小。尤以今日的佛教，這裡是內侮外患，那裡是邪說烽煙，我們為了匡扶正法，復興聖教，在公理正義之前，榮辱非所計，毀譽皆無關，我們要鼓吹佛教輿論的力量，摧毀謗佛、謗法、謗僧的邪說，消除自私自利自我的作風！

我們認為今日的佛教，如欲中興，必需要有新的方法，新的力量，新的組織。徒眾不屬私人所有，應歸於佛教；財產不屬寺院所有，應歸於社會；教權不得由白衣管理，應僧團主持。站好自己的崗位，認清自己的責任，大家應同一意志，集中力量，多辦教育、文化、慈善，光榮歸於佛陀，成就歸於大眾。

我們感覺今日的佛教，要把山門打開，走上社會；要把社會改造，建設佛土。在佛土裡，不要傾軋，不要排擠，不要佔有。佛教雖講他方世界，但重在此土的淨化；佛教雖言六道眾生，但重在人類的普濟，佛教雖講過去未來，但重在現實的生活。

我們不寄望將來由外人來復興中國佛教，我們發願自主自立自強，佛云「僧住則法住」，我們要健全僧團的組織，喊出僧讚僧的口號！數千年來，僧團住持佛法，弘傳佛法，我們這一代，決不放棄光榮的傳統。

我們做佛陀的弟子，應該以道為友，依法為師，認清是非，不可只講利害，隨俗浮沉。我們應該用慈悲、喜捨、無我、熱忱來攝化社會，不可為社會的貪欲、權利、我見、我執所化。我們要振奮精神，堅定信心，因為，當今之世，唯有用佛法才能撫慰人生破碎的心靈，唯有用佛法才能作人生前進的指南。

本刊改組的目的，就是要把今日佛教普遍化、通俗化。佛教不是少數人的，佛教是大眾的。所以，我們竭誠希望讀者作者，和我們攜手合作，發揮我們的精神，完成本刊的使命。

（刊於一九五八年五月一日《今日佛教》第二卷第一期）

【修心之鑰】

- 如何決定人生的信仰，怎樣建立人生的態度，在今世今日今時，實有重新估定的必要。
- 佛教雖言六道眾生，但重在人類的普濟，佛教雖講過去未來，但重在現實的生活。
- 做佛陀的弟子，應該用慈悲、喜捨、無我、熱忱來攝化社會，不可為社會的貪欲、權利、我見、我執所化。

我們要有殉道的精神

人造衛星的成功，宣告時代已進入了太空；電視傳真的出現，說明了世間的距離縮短。人類一方面享受科學文明的賜予，另方面卻在精神上形成真空的狀態。科學能滿足人類的物欲，但填補不了心靈上的空虛。

今日人類，哪一個不感到苦悶？今日世界，哪一處不黑暗無光？高入雲霄的山嶽，像是堆積眾生的屍骨；浩浩蕩蕩的江海，像是流著眾生的血淚。鬥爭、清算，誰不覺得生命無依？三反、五反，誰不感到惶惶不安？我們不忍眾生的浩劫繼續下去，我們佛陀的弟子，應給眾生真實的信仰，應給眾生永恆的歸宿。把鷲山的道風高揚，把恆河的法水遍灑。可是遺憾的，佛教在這個大時代的領域中，一片荒蕪，這不是教理的問題，而是教團散漫，肩不起度生的重荷，擔不了救世的責任。這樣一種偉大的事業，我們仔細三思，是因為今日佛教中缺少殉道的精神！

今日我們的教團，無論是出家的、在家的佛陀弟子，總是缺乏熱情悲願，總是沒有進取精神。寺廟私有的觀念，宗派主義的作風，還有陶醉在小天地裡，困囿於小圈子間，大家都在冷眼旁觀，都在自我打算，赤心熱腸的太少，敢做敢當的不多，這樣的教團，怎麼能先眾生之憂而憂，後眾生之樂而樂？這樣的教團，怎麼能肩負興隆佛教的使命？

我們的教團，為什麼會顯得這樣老態龍鍾？為什麼會顯得這樣無氣無力？我們再仔細三思，還是因為缺少殉道的精神！

甚麼是殉道的精神？為了信仰佛陀，可以捨身捨命；為了宣揚教法，可以忍苦耐勞；為了維護教團，可以自我犧牲；為了服務眾生，可以獻其所有。法藏比丘，拋棄王位，發願莊嚴淨土，其悲願何等偉大！地藏大士，地獄度生，不計個己之樂，其心腸何等慈悲！目犍連尊者為佛陀服務，在伊私園梨山下殉教，給裸形外道活活的用亂石擊死！富樓那尊者代佛陀宣化，在蠻荒異域的輸盧那國傳教，甘願把生命布施眾生！這種莊嚴的決心殉道精神，發揚千秋浩氣，有如碧血黃花。佛教真理之光，所以能普照人間，都是這種精神的遺留。

還有：道安法師因北周武帝的法難，帝賜官位，以死拒絕，終日號慟，不食而死；靜藹法師因北魏太武帝的毀佛，苦諫不成，剖胃捧心而卒；知玄大師對暴政的抗議，慧遠大師對邪說的辯論；法顯三藏為求法，幾葬身海底；玄奘三藏為求經，幾餓死沙漠；緬懷那些抱著殉道精神的先賢古德，其不屈不撓的精神，堅若金剛；其從容赴義的決心，光如日月。今日佛教就需要這些犧牲忘我的烈士，今日佛教就需要這些擔當正義的英豪。我們今日，全佛教界應該同心同德，志在復興聖教，願在服務眾生。把人間的仇恨化為仁慈，把社會的戾氣化為祥和，給眾生溫暖，予世間光明。

近來，佛教中對邪說一片妥協的作風，對是非一種顛倒的看法，那明哲保身的態度令人無法容忍，那暮氣沉沉的行為叫人不能佩服。我們已再不能猶豫，再不能遲疑，我們要把消極腐化之風掃除，要把自私自利之魔降伏。凡我佛陀的子弟，均應鼓動熱情，激發毅力，用悲天憫人的熱腸，不要畏縮，不要氣餒，要知道虛榮終會幻滅，色身終要死亡，為了繼承佛陀的慧命，為了普濟苦難的眾生，在復興聖教的艱鉅的里程碑上，我們鼓舞殉道精神，我們要為殉道者的莊嚴歡呼！

（刊於一九八五年七月一日《今日佛教》第二卷第三期）

【修心之鑰】

• 佛教在大時代的領域中一片荒蕪，不是教理的問題，而是教團散漫，肩不起度生的重荷，擔不了救世的責任，因為佛教中缺少了先賢古德的殉道精神！

• 如果不能破除寺廟私有的觀念，宗派主義的作風，陶醉在小天地裡，困囿於小圈子間，赤心熱腸的太少，敢做敢當的不多，怎麼能肩負興隆佛教的使命？

影印發行大藏經

——我的希望和建議

一

在佛教文化微弱的今日，大藏經的影印發行，是一件偉大的弘化事業。

正藏九千零六卷，續藏四千餘卷，今日已全部印行完成，回憶民國四十四年夏秋之間，受中華佛教文化館館長東初上人雅意，恭請南亭老人任團長，由我為領隊，宜蘭的覺尊、覺愍、覺航、慈蓮、慈範、慈惠、慈蓉、慈菘等二十餘人為團員，並有煮雲，廣慈二位法師隨團說法宣傳，共做為期四十天的環島宣傳，那些轟轟烈烈的宣傳場面，至今宛在目前。

佛教徒們的信心不死，佛陀的法身（藏經）遍於各地，紹隆佛種，續佛慧命的自會有人。

海外，國內，甚至那些窮鄉僻壤的山頂上的佛寺裡，都供養了大藏經，這智慧之光，不但照亮了今日人類的心靈，它將永遠照著後代的眾生！

大藏經是佛陀的慧命，是菩薩祖師們的智慧結晶，數千年來，多少人因此走上覺路，多少人因此明白了自己，中華佛教文化館光大了這項事業，真是功德無量。

希望請藏的大德，好好供養保存大藏經！

希望請藏的大德，好好閱讀誦念大藏經！

希望請藏的大德，成立圖書館，陳列大藏經供人閱覽！

希望請藏的大德，組織宣藏會，經常講解大藏經！

藏經，是我們的智慧之源，我們要深入經藏，才能智慧如海！

藏經，是我們的法寶之庫，我們要精進探取，才能滿載而歸！

中華佛教文化館的印藏紀念堂亦已開工，欣聞將繼印行大藏經之後，編印《中華佛教叢書》，我為文化館祝福，為東公上人祝福，永遠為佛教文化事業努力，使佛陀的法身常住，精神永垂不朽。

二

中華佛教文化館印行大藏經，使一向只重信仰而忽於理解的台灣佛教，增添了力量，增添了光明。

在今日台灣，我們一走進寺院的大門，都見到供有大藏經。那厚厚的一百冊大藏經，即使不向人宣講，大家也會知道佛教的文化是如何的豐富，佛教法海是多麼廣大無邊！

不過，大藏經供在那兒給人看看，當然這是失去請藏供養的本意，請藏的目的，是為了深入經藏，因此，我想起一個建議。

住在寺院裡的修眾，早晚必定要做朝暮課誦，差不多都是朝課念《楞嚴咒》，晚課念《彌陀經》，連唱讚及佛號，每次均在一小時左右。我想假使把早晚課改閱大藏經那就好了。閱讀大藏經每卷約半小時，則每天朝課可閱讀大藏經兩卷，晚課可閱讀大藏經兩卷，每日則可閱讀大藏經四卷，大藏經正藏九千餘卷，只要每日不使間斷，約六年餘即可把大藏經全部讀閱一遍。

這是一個深入藏經的最好辦法！

希望請藏的寺院，不妨實行。

佛法的修持是行解並重，以閱藏做為早晚課，這是最好的修持。

否則，住寺院裡幾十年，早晚功課，除照例把《楞嚴咒》、《彌陀經》滾瓜爛熟的背誦一次，對於體解大道，深入經藏，並無多大效果。不容否認的，今日寺院裡不少的修眾，做了數十年的朝暮課誦，《楞嚴咒》、《彌陀經》念了數千萬遍，不懂佛法的仍然很多。

我們的修行應該精神與形式並重，不可光重形式而忽略了精神。

所以，趁《人生》雜誌為印藏編印紀念專號之時，我要大聲提出這個建議！

（刊於一九六〇年十二月一日《人生》雜誌第十二卷第十一、十二期）

【修心之鑰】

• 大藏經是智慧之源，法寶之庫，大藏經的影印發行，是一件偉大的弘化事業。

• 寺院裡的修眾，朝暮課誦，差不多都是朝課念《楞嚴咒》，晚課念《彌陀經》，假使把早晚課改閱大藏經，約六年餘即可把大藏經全部讀閱一遍，這是一個深入藏經的最好辦法！請藏的寺院，何不實行？

一個卍字兩個頭

走出中華佛寺的大門，對面就是一所佛教學校，那是此間摩訶菩提協會主辦的。我們進去稍為參觀一下就出來，穿過一條寬坦的街道，那就是一片廣場，有百千畝的廣闊，那上面有著很多的佛陀聖跡。

我們先到一間錫蘭寺中禮佛，這座錫蘭佛寺，建得給你有一種很新、很美、很莊嚴的感覺。可以說，在鹿野苑這塊聖地上，唯有錫蘭佛寺才能和中華佛寺媲美。

距錫蘭佛寺不遠，那是鹿野苑的中心地點，有一座圓形的古塔，約有一百多尺高，看來只有兩層，全用大紅石砌成，石上雕有精美的花紋，塔建於何時，已不可考，但至少是二千年前阿育王時代的建物，甚至還在阿育王的王朝以前。相傳是佛陀住世時，曾在此入定，故弟子們建這座塔來表示紀念。

這座古塔給我最大的注意是因塔的四周雕刻了不少卍字，那些卍字形成，是我踏破芒鞋無覓處的一項證明。

原因是在台灣為了一個卍字兩個頭，曾引起過很大的爭論，有人說卍字形是應如「卐」寫的，有人說這樣寫的「卐」字是德國納粹的標誌，主張這樣「卍」字是正寫，批評「卐」字是反寫，不合書寫方法；主張「卐」字這樣寫的說佛法尚右轉，如能把「卐」字這麼寫才是右轉。

在台灣我是推動卍字最熱心的人，我主張佛教建築物上應有卍字的標誌，佛教年輕信女可掛卍項鍊，因為卍字是佛陀三十二相中的胸前相好之一，這是吉祥、聖潔、圓滿的象徵。佛教應該處處用卍字做記號，給人知道卍字就是代表佛教的標誌。

可是，在佛經上，或是佛像上，我國的卍字確實已經是兩個頭了，有的是這樣寫的「卍」字，有的是那樣寫的「卐」字，我個人一向是主張「卍」字應該是如此（卍）寫法才算正的，而且這也才是合乎右轉之意，因為右轉左轉不是站在我們的位置來論定的，你應該站在卍字的本身立場轉轉看，那你就知道這樣寫的卍字才是真正的右轉。

高雄佛教堂當初我在發動興建時，工程已完成三分之二，那知設計工程人員有意把卍字改為卐字，我的心像冷了一半，不是我好固執，實在說，卍字是代表佛教唯一無二的記號，等於國旗，能把國旗顛倒來印嗎？

就在此時，我最敬仰的南亭長老，引經據典，考證卍字的左轉右轉，究竟哪一個頭才是正的。在很多資料的記載上，南公長老說，卍字與卐字，是一半與一半，但他後來是主張這個「卐」字的。

我曾說過，今日佛教在統一不在分裂。我非常痛苦，佛教的法運好像是注定分裂而不能統一的，連一個卍字也有兩個頭。

在長老之前，我放棄了爭論，不過，我在出版的書上都印了我認為右轉的卍字，在我建的佛寺或佛像上，都以我認為右轉的卍字為記號；南公長老也一樣，在他出版的書上都印了他認為右轉的卐字，在他新建的道場和佛像上，也以他所認為右轉的卐字為記號。一個卍字兩個頭，就這樣各行其道。

今天，我在印度佛陀的聖地，是在一座兩千年前的古塔上，看到所雕刻的卍字形全是右轉（卍）的，我的歡喜是無比的，因為愈古愈接近佛陀的時代，接近佛陀時代的卍字頭是不會錯的，後來人要要把卍字頭反過來，那又有什麼辦法呢？

為了要把古塔上卍字正形做個證明，我特地請朱居士在濛濛細雨中攝了一張照片。

（刊於一九六四年四月十一日《覺世》旬刊第一版）

【修心之鑰】

- 卍字是佛陀三十二相中的胸前相好之一，這是吉祥、聖潔、圓滿的象徵。佛教應該處處用卍字做記號，給人知道卍字就是代表佛教的標誌。
- 一個卍字也有兩個頭，有主張這樣寫的「卍」字，有主張那樣寫的「卐」字！佛教的法運好像是注定分裂而不能統一的，連一個卍字也有兩個頭。
- 在印度佛陀的聖地，是在一座兩千年前的古塔上，卍字形全是右轉（卍）的，接近佛陀時代的卍字應該是不會錯的。

中泰佛教辯論會

這次辯論大會是由泰國方面邀請召開的，時間是一九六三年七月四日下午七時，地點就是在中華佛學研究社。

當兩方參加辯論者，齊集會議場之後，雙方總共有數百人參加舌戰。我們按序入席坐定之後，就展開辯論。泰國方面發言的有著名的難陀論師、攝坤論師（女）、朱拉隆功大學兩位副校長，另外還有幾位佛教學者；而我們一方，發言的有白聖法師、我、朱斐居士；譯語的有陳慕禪居士和陳明德教授二人。

在開始時，難陀論師以主人身分首先發言，表示一樣東西，從四方角度去看，會看出各個不同來，所以中泰兩個佛教，有大乘小乘之分，其實都是一個佛法，今天的辯論會，就是雙方交換佛法的意見。接著白聖法師也說了一些客氣話，彼此就展開辯論。你問我一個名詞，我要解釋半天；我問你某一方面的義理，你也要說明好久。因此，我覺得短短兩小時內，辯論佛學名詞及義理，實在枯燥而沒有意義。像這樣沒有規則的辯論下去，勢必辯不出什麼結論來。因此，當我第一次發言時，便提出三大問題，做為這次討論的軸心。因為在我覺得，我們是來泰國作友誼訪問的，對佛教我們可以討論，而不必辯論。因為佛教走到天下任何角落，其根本義理絕不會南轅北轍。大乘、小乘，可以說只是引人入門的不同名詞，以便觀機逗教。如果能一心苦修，你從小乘入門也不是邪道，假如你一定執持大乘之外，所有的佛教都是「自了」，試看泰國的佛教，也不見得遜色於中國的「大乘佛教」！

我提出的三大討論要點是：

第一：今天的佛教在「團結」；團結的對象不分大小乘、南北傳、各宗派、僧和俗。

第二：今天的佛教在「統一」；現在佛曆未統一，佛誕未統一，服飾未統一，儀式未統一，制度未統一，這一些都急待統一。

第三：今天的佛教在「動員」；要動員研究佛學，要動員淨持戒律，要動員展開社會事業，要動員發展佛教教育，要動員展開世界性的弘法活動。

歸納起來，佛教除這三大議題，值得吾人辯論、研究、改進外，至於南北傳、大小乘，都是不諍之議。因為所有的佛學理論，都以佛說的經文為題而發展的，枝節問題乃在做法的徹底不徹底，做得夠不夠，如果我們真能遵行佛陀遺教，人人不作獅子身上蟲，相信佛教必可迅速為世界各地人民所接受。

而其中最重心的問題，便是團結、統一、動員，如果捨去內部的團結、統一、動員，一味高談學術研究，除增法執以外，實在並無什麼可得。

現在西方的天主教大公會議，已決議容納基督教的觀念，並決定邀請他們參與議事。這是天主教（舊教）與耶穌教（新教）團結的先聲。而我們佛教為何如此分彼此、鬧意氣呢？說來真是令人為佛教前途而痛心啊！

我非常沉痛的說出對今天佛教問題的這三點意見，當我發言之後，泰方的難陀論師表情非常激動，他馬上要過麥克風，沉重地說道：「今天在中泰雙方討論佛學的會場上，想不到中國有這位青年比丘，有這樣高瞻遠矚的眼光，與卓越的遠見，令人非常敬佩，我謹向你致最虔誠的敬禮！這真是智者發言，一鳴驚人，使我們萬分欽佩！……」

難陀論師這一番話，把原先會議上籠罩的火藥味氣氛，憑空化解了。事實上，只要是佛教，不分南北傳；只要是佛法，不分大小乘。以愚人摸象腳的方式來一味爭辯自己的義理，是完全浪費時間與精力。除有損感情，增加人我之見外，別無其他所得。難陀論師不愧為一位哲人，他一經溝通思想，馬上接受我的建議，使我也十分感動。

這場論戰的過程，結果化為十分融洽的去研究議題了。

研究的結論，佛教確需要「團結、統一、動員」；不能分岐、散漫、保守。

最後，由朱斐居士以了脫生死的法門發表論點，與泰方研究。由於泰國的佛教界，只重戒律（尤其重視過午不食戒）、誦經、以佛學作學術研究，在了脫生死的問題上，除開「四念處」的修持觀念，實在無法舉出一種具體的修持法。何況泰國佛教寺院多數均欠缺修持的行者，他們只重供養，而忽略修持。

在泰方的發言人對了脫生死的答覆實在沒有具體的內容，在泰國以及整個南方佛教，大部分以為只要信佛，便可接近佛道，這未免太簡單了。

雖然南方佛教中當然也有修持的高僧大德，但是這種人真是如鳳毛麟角！

辯論會圓滿時，大家起立鼓掌。一場平靜、安詳的會議，於焉結束，真是皆大歡喜！

最後，我要一提的，參加辯論的三位著名的論師，他們都是泰國佛教學術界的重鎮！

（刊於一九六四年五月十一日《覺世》旬刊第二版）

【修心之鑰】

- 到泰國作友誼訪問，對佛教我們可以討論，而不必辯論。因為佛教走到天下任何角落，其根本義理絕不會南轅北轍。
- 佛教確需要團結、統一、動員，如果捨去內部的團結、統一、動員，一味高談學術研究，除增法執以外，實在並無什麼可得。
- 佛教不能分歧、散漫、保守。人人遵行佛陀遺教，人人不作獅子身上蟲，相信佛教必可迅速為世界各地人民所接受。

佛誕節，為何不能國定放假？

昨日（一九九九年）由香港返台，回想在港參加農曆四月八日第一個香港公眾假日的佛誕節，意義至為深遠。當天我被邀請前往維多利亞公園三萬信眾的盛大集會，親身恭逢和體會佛誕節的法喜與殊勝，尤其是在律政司長梁愛詩女士鄭重宣布佛誕節於香港正式成立，語畢，全場掌聲如雷貫耳，久久不能平息；明年，澳門亦將跟進。此時又適逢台灣信徒欲申請佛誕節為國定假日，各方意見紛歧不一，我是贊成國家應有佛誕節的人，在看到輿論對佛誕節所抒發的意見之後，僅以貴報一角作以下幾點意見說明：

一、佛誕節具有國際性的意義：

自從中華民國退出聯合國之後，幾乎很少聽到任何有關的聲音，如何和國際間聯誼，如何能讓我們和各個國家連線，佛誕節是最好的橋梁。例如在亞洲的馬來西亞、新加坡、印尼、泰國、斯里蘭卡、緬甸、日本以及韓國等，均是訂定佛誕節（衛塞節）為國定假日。香港九七回歸，現在宣布佛誕節為公眾假日，倘若台灣有佛誕節，不但與國際佛誕節之友國相互交流，又與之共同聯誼，甚至於全球的華人可以將佛誕節的聲音擴展至美洲、非洲、澳洲、歐洲等全世界，因為佛誕節能給予全世界對中華民國有一個共同的音聲，讓人們有一個統一的目標聯誼，站在中華民國一份子的立場，佛誕節對於中華民國在國際地位的提升確有其必要。

二、佛誕節具有和諧性的特色：

台灣自從推行民主改革政策以來，各種前因後果所造成的現今社會，種種族群對立，黨派分歧，地域情結等等致使台灣社會紛亂不堪，人心混亂，假如有一個大家都能接受的佛誕節，無論是國民黨也好，民進黨、新黨也罷，大家都能夠有機會在同一天佛誕節慶典中，彼此聯誼，相互來往，不管是本省人、客家人、外省人、原住民各種人等都能尊重融和，大家共聚一堂，促進友誼，增進和諧，消除其他對立的成見，就算其他宗教如道教和一貫道也可做為佛教的朋友；佛教向來尊重天主教、基督教，他們也會像賓客一樣尊重佛教，看來佛誕節公眾假日是有和諧性的特色。

三、佛誕節具有文化性的象徵：

中華文化淵源流長，中華民族精神的發展，悠久歷史的延續，佛誕節是一股促進形成中華文化的原動力量。自古以來，農曆春節、浴佛節、中元節、臘八節、乃至端午節、中秋節等等，都是中華民族共尊的重要節日。漢唐以來，以浴佛形式淨化人心發揮了我國優良文化的傳統，延續歷史的意義凝聚了民族的力量，可見佛誕節是功不唐捐，所以在提倡文化，發揚歷史意義的今天，佛誕節公眾假期尤其必要。

四、佛誕節具有工作性的效益：

有人說，中華民國國定假日已經很多，加上週休二日，若再添增節日，是否會減少社會工商界的生產力？對此，我認為不然，因為慶祝佛誕節，讓每一個人都具有良知，具有道德，參加佛誕節之後再投入工作，秉持良知、道德標準，內心愈顯充實，光是一日佛誕節的效益，所發揮的工作效率相對來說也更為可觀。我認識一位信徒，他擁有四百位員工規模的工廠，令人感興趣的是他規定所有員工每天上午八時上班的同時，大家需一起諷誦佛經半小時。我起初聞後甚覺訝異，不禁問他：「工廠如此規定，不知會否對生產力造成影響？」該信徒聽後，淡然一笑，回答道：「每日上班前的誦經規定，凡有品行不端之人，大都不願參加，所以我的工廠裡沒有壞人；而接受誦經規定之員工，其所產生的工作效率不只增加一倍。」難怪國父孫中山先生有言：「信仰就是力量。」誠然不虛也。

基於上述意見，我內心不禁感慨良深：為何別的國家能享有佛誕節的權利，唯獨對台灣來說，佛誕節的國定假日依然是一個遙遠的夢？

（一九九九年五月二十七日刊於《中國時報》時論廣場：佛誕假日只是遙遠的夢？）
（一九九九年六月二十日刊於《覺世》月刊一三九七期：我對佛誕節假日的意見）

【修心之鑰】

- 漢唐以來，以浴佛形式淨化人心，是我國優良文化傳統，佛誕節是延續歷史的意義，凝聚了民族的力量。
- 慶祝佛誕節放假並不會減少社會工商界的生產力，反而因精神的充實、信仰的力量產生更大的工作效率。

台灣容不下「國定」佛誕節？

根據（二〇一二年）六月十二日《中央社》刊登一則由內政部民政司發表「宗教平等，佛誕不列國定紀念日」的相關新聞，對此，吾等有話要說。

自從國民黨政府遷到台灣，當初政府的有心人士，千方百計要為基督教訂一個放假的日子，使得台灣能在世界上與國際的宗教節日齊舞，後來就利用慶祝行憲紀念日之名訂在十二月二十五日，做為基督教的國定假期。國與教，都得到了協調和方便。可憐的其他宗教，就沒有這樣的福分了。

在泰國、緬甸等東南亞國家，有許多佛教的節日，甚至馬來西亞、新加坡回教國家，也把佛教的節日集中在五月訂為國定假日，名為「衛塞節」。乃至韓國、香港也都把佛誕節訂為「公共假日」，他們也沒有說什麼宗教平等、獨厚佛教云云啊！

台灣的宗教有十八、十九個之多，要能成為一個國定假日，也要看這個宗教的組織、人口以及盛行的歷史文化狀況。佛教，在所有的宗教裡，流傳的歷史最悠久，傳播的地區最廣大，文化的遺產最豐富，在各宗教中，也是佛教的信徒最為眾多。

在台灣，我們能和其他國家共同並稱，擁有一個「國定佛誕節」又有何不可？一定宗教都要平等嗎？台灣的宗教雖多，但他們都尊重佛教，並且以為馬首是瞻。尤其台灣最盛行的媽祖信仰，在每一座媽祖廟裡，一定會供奉觀世音菩薩聖像，以表示媽祖是佛教的信徒。其他的道教、儒家，雖稱「三教合一，五教同源」，但實際上，道教、儒家的人士都有佛教的信仰。

「國定佛誕節」不是對佛教獨厚，而是對歷史文化的尊重。可憐的台灣，提倡文化的成份已經低落了，現在連一個佛誕節都不容，可見我們的官員們對於維護文化的低能，或者就說是沒有歷史文化的本能了。

政府向來對於民間、民俗的節日非常重視，連春節放假幾天，中秋節、端午節、清明節是在什麼時候都要事先公布，而佛教早已和民俗融和在一起，為什麼現在要獨厚民俗節日，而要把佛教排除在外呢？其他少部分宗教人士要求宗教平等，對於這句話，為政者應該要三思，平等是有階次的，就如孫中山先生所云，應該做到立足點的平等，而不是齊頭式的平等。

所以我覺得，維護中華文化，肯定佛誕節的存在，有其重要性。尤其現在我們與大陸兩岸間的來往，最大的優勢就是宗教信仰自由以及佛教發展的快速；而今，一道沒有思考周全的命令，攪亂了一江春水，這對國家政府的傷害，何其大哉。

過去由於民情積聚在心已久，經過佛教界向政府要求後，終於在一九九九年獲得兩百多位立委共同連署，並且由李登輝總統宣布國定佛誕節。一個由代表最高民意立法機關訂定的國定節日，內政部能以一紙公文就改變民意嗎？這讓立法院情何以堪呢？

尤其，佛教徒們也體諒時代社會假期多，願意和母親節同日慶祝，只是多個「國定假日」，並沒有實際的假期，政府諸公器量何其小哉，竟不能見容？如果廢止了國定佛誕節，那麼，耶誕節與行憲紀念日放在一起，是不是也要一同廢止呢？

目前，台灣宗教界的和諧，宗教界對於社會的貢獻，政府諸公未能洞見，只依少數人如此之分別心，而不容許「國定」兩個字加之於佛陀，其薄情也太過分了。

（二〇一二年六月十四日刊於《人間福報》投書）
（二〇一二年六月十五日刊於《旺報》）

【修心之鑰】

- 許多東南亞國家，都把佛教的節日集中在五月訂為國定假日，名為「衛塞節」。在台灣，佛教流傳廣播，信徒最為眾多，和其他國家共同擁有一個「國定佛誕節」有何不可？
- 一九九九年原本已宣布國定佛誕節，卻又以「宗教平等，佛誕不列國定紀念日」而取消，為政者實應該要三思。

比丘尼僧團的發展

——二〇〇二年四月二十日「人間佛教與當代對話」學術研討會專題講演

前言

五十多年前，我初到台灣的時候，見到比丘尼們一輩子在寺院裡清理灑掃，在家女性也總是躲在道場的廚房裡燒煮炊爨，心中頗不以為然，於是我開始訓練佛教婦女們從事各種佛教事業，發覺女眾具有耐煩細心的特質，做起事來絲毫不讓鬚眉。所以，初建佛光山的時候，我就喊出「四眾共有，僧信平等」的口號，我不但設立佛學院，讓有心學佛的男、女二眾都能入學就讀，而且訂出規章制度，讓比丘、比丘尼們都享有同等的權利義務，讓在家、出家的弟子們都有加入僧團，參與寺務的機會。

多年來為了提升女眾的地位，雖然過去曾有同道譏稱我為「女性工作隊的隊長」，幸好今日女眾弟子們都很爭氣，例如目前佛光山許多學有專精的比丘尼在男眾佛學院授課，甚至在成功、師範、中山等大學任教，而且著作等身，辯才無礙。

在台灣首先發行的《佛光大辭典》，以及經過重新標點、分段、註釋的《佛光大藏經》，也都是由一群比丘尼一手編輯而成，受到海內外佛教界、學術界交相讚譽。目前擔任佛光山教育院院長的慈惠法師，更於一九九二年第十八屆世界佛教徒友誼會中，經大會推選為世佛會副會長，這實在是全體比丘尼之光。因為過去世佛會的幹部大多數由南傳佛教國家的信眾擔任，歷年來一直是女性禁足之地，這次以南傳為主的大會卻主動提名，並一致通過慈惠法師當選為第一位比丘尼的世佛會副會長，可以說我奮鬥了幾十年，已經明顯提升了女眾的地位。

然而遺憾的是，至今仍然有一些受過高等教育的優秀女眾，常礙於「八敬法」而不敢進入佛門，這實在是佛教的一大損失。例如我曾聽說英國有一位女博士教授說，如果佛教的「八敬法」還存在的話，她是絕對不會出家當比丘尼的。我也曾遇到一位出家未久的男眾比丘跟我說，為什麼他到了佛光山，佛光山的長老尼慈惠法師、慈容法師等人，都不肯向他頂禮？我說：「非常慚愧，恭敬是要讓人發自內心對你的尊重，如果一個初學比丘，自己無學無德，對佛教也毫無建樹，只因為自己是男眾比丘，便要那些出家數十年的長老尼向你頂禮，隨你根據哪一條戒律，我都說不出口，也做不到。」

我覺得，男女平等、兩性平權，這是時代的潮流。在現在這個女權高張的時代裡，關於比丘尼八敬法的問題，佛教界實在不應該再意氣用事，應該平心靜氣，還給比丘尼與比丘一個同等的地位，所以我曾在印度菩提伽耶傳授戒法，讓南、北傳的佛教互和融和。

今天在「人間佛教與當代對話」的學術研討會中，我僅以「比丘尼僧團的發展」為題，分別從世界潮流的女性觀、佛教兩性教團的相處、歷代對佛教有貢獻的比丘尼，以及未來比丘尼努力的方向，希望能為比丘尼教團的未來發展提供意見，也希望全世界的佛教國家，都能恢復僧團原有的比丘尼教團，我想這是大家今後應該共同努力的目標。

一、世界潮流的女性觀

宇宙一切有情眾生，雖然有智愚賢劣、富貴貧賤的種種差異，但是究其性別不外為男女之別而已。其中，女性和每一個人都有至為密切的關係，每一個人不管你是男人還是女人，都是在母親的襁褓中長大的，沒有了母親，就沒有生命的誕生，因此生為女性的母親是一切生機的泉源。

提到女性，中國和西洋對於女性的看法，各有見仁見智的不同見解。西洋把女人看做是聖潔的靈、高超的神，女人如維納斯，是美的象徵、愛的代表；女人是安琪兒，是和平的天使。相反地，在中國人的心目中，女性狠毒如蛇蠍美人、妖媚如狐狸精、凶惡如母老虎，或說女人是敗國的禍水、是壞事的晦氣。總之，在中國過去男尊女卑、重男輕女的封建社會裡，女人被視為不祥之物，女人在社會上、家庭裡，可以說毫無地位。

然而，自古以來有不少的女子，無論能力、智慧等方面，不但不讓鬚眉，並且其中不乏超越男人的巾幗女豪，卻是不爭的事實。例如戰國時代趙太后的賢淑，唐朝武則天的掌理天下，漢朝繼承父兄遺志完成史書的班昭，宋朝與夫共抵金兵的梁紅玉等，都是一時的雋秀才女；他如英國的伊莉莎白女王、英國宰相柴契爾夫人、以色列的總理梅爾夫人、印度的甘地夫人等，也都是名聞國際的傑出女性。

此外，斯里蘭卡總理西麗瑪沃・班達拉耐克夫人，是世界上第一位民選的女總理；巴拿馬總統米爾雅・莫斯科索、冰島總統魏笛絲、印尼總統梅嘉娃蒂等，也都是女性；菲律賓更先後選出艾奎諾夫人與現任的艾諾育兩位女元首；甚至芬蘭第一位女總統哈洛能，她還是個單親媽媽呢！她們日理萬機、縱橫政壇，處事的果決明快，絕不遜於男人，因此從來沒人因為女子當權，就把她們看做第二等民族，而抹殺她們應有的榮耀與尊嚴。

在佛教的七眾弟子之中，也有女性的比丘尼、沙彌尼、優婆夷，她們在佛教中佔有相當重要的地位；乃至明清時期民間宗教均有婦女參加，他們皆以兄弟姐妹相稱，在各個教派裡地位是平等的。如：明末的龍門教教祖為米奶奶，且歷代掌教者都是婦女，教徒也以女性居多；又如清代的大乘教教祖呂菩薩亦為女性。明清時，白蓮教的女首領唐賽兒、王聰兒率軍起義，寧死不降，受到後人的景仰。現在的媽祖，萬千的信徒，她不也是女人嗎？

在各個宗教裡，說起來應以回教的婦女最沒有地位；佛教當初在印度雖然曾受到回教入侵的影響，婦女的地位卑下，但現在佛教的弘傳已經遍及全世界，應該不能再以回教的標準來看佛教的婦女。何況佛陀說一切眾生皆有佛性，眾生與佛尚且平等，男女何以不能平等呢？

所以，從佛教「眾生皆有佛性」的思想來看，女子也應當是被尊重的「唯我獨尊」的眾生。女眾的智慧、能力並不亞於男眾，應該參與政治、社會等各種公眾事務，積極擴大服務的機會與層面。女眾的熱心、慈心、誠心，平均起來更勝於男眾，應該發展其溫和、慈悲、細心、勤勞等特質，猶如觀世音菩薩，以慈悲、美麗來莊嚴世間。這個世間本來就是男人一半，女人一半，文明社會中，有修養的男眾應該尊重女權，倡導男女平等，因此女性要拒絕社會中存在傷害女性尊嚴的行業，如娼妓等色情行業。

總之，佛教主張：（一）女性應有平等權，（二）女性應有參與權，（三）女性應有自主權，（四）女性應有尊嚴權。佛教對女權的看法，本來就很符合時代的潮流，所以大家不能再以小乘佛教的主張，希望佛教走回頭路，這不僅有違佛陀本懷，而且不符合時代的潮流。

二、佛教兩性教團的相處

佛陀成道後第五年，淨飯王命終，大愛道率耶輸陀羅及五百釋迦族女，請求隨

佛陀出家，為佛門有比丘尼之始。（《賢愚經》卷三）

比丘尼教團源自兩千六百年前佛陀親自組織成立，傳承至今日，法脈遍布各國，傑出尼眾輩出，或本份默默耕耘以利生，或承擔艱鉅的弘法重任，比諸僧眾，各有特長，因此，比丘與比丘尼教團可以說如鳥之雙翼、人之雙足，缺一不可。

然而二千多年來兩眾教團卻常因「八敬法」而時有爭論，部分男眾以佛制八敬法要求比丘尼理所當然應該「恭敬頂禮」比丘，並且不能「說比丘過」等等；反對八敬法的一方，則以八敬法不符合佛陀「隨開隨遮」的制戒原則，而質疑八敬法非佛制。

其實，暫且不論八敬法是否為佛制？先說有關「比丘尼不得說比丘過」一戒，根據《四分律》記載，有一次大愛道比丘尼曾向佛陀「說六群比丘過」，佛陀不僅沒有攔阻，反而將六群比丘訓誡了一頓。

另據《中阿含》說，大愛道比丘尼也曾向佛陀要求廢除「比丘尼必須禮敬比丘」之法，而改為讓比丘僧尼依受戒年歲序次，年少比丘要對長老比丘尼「稽首作禮，恭敬承事」。當時佛陀雖然沒有明白答應，但卻有一切隨順因緣的意思，所以佛陀曾藉優婆先那比丘尼「觀空入滅」一事來讚歎女眾的修行，也曾以「大愛道比丘尼已除女人諸習氣，是位有德丈夫，其聖德美行，堪為僧團大眾楷模」來讚歎大愛道是女中丈夫。

此外，根據南傳的《銅鍱律》記載，有一次六群比丘故意以泥漿塗抹比丘尼，佛陀知道後，隨即指示比丘尼以後不必再恭敬六群比丘。甚至《四分律》也記載著一位比丘退失道心，萌生退意，大愛道比丘尼獲悉此事，但礙於「比丘尼不得呵罵比丘」之敬法，而不敢加以訓斥。佛陀知道後，說：比丘尼是不可以毀謗比丘，但如果為了教導比丘持守增上戒等學問修行，則可以呵罵比丘。

其實，佛法本來就是「依法不依人」，在佛法之前，是法平等，無有高下。因此綜合上述，即使八敬法為佛陀所親制，也是為使女眾出家能為當時保守的印度社會所接受的權宜之法。因為當時比丘僧團已先成立，自不願放棄「地位優於女眾」之既得利益，因此佛陀制「八敬法」，以此減少來自比丘的反對聲浪。

再者，當時隨大愛道出家的女眾，大部分是王妃、公主等貴族，佛陀為預防出身貴族的比丘尼看不起非貴族的比丘，因而制戒。另一方面，由於比丘尼僧團剛成立，為了扶植及保護女眾教團，故要比丘僧擔負起教育尼眾的義務，同時基於女性在雲遊托缽乞食有諸多危險，因此制戒規定比丘尼不得遠離比丘僧團而居。

佛陀本為因應世俗悉檀而制戒攝僧，但因為佛滅之後，經典的結集與解釋，掌握在比丘手裡，因而出現對比丘尼不公的戒律內容，甚至說「女人是汙穢」、「女人有五障」、「女人不能成佛」。其實淨穢在於一心，而非外在的身相，再說，佛說一切眾生皆有佛性，佛性無男女，為什麼我們要執相而求呢？

至於說到女人不能成佛，觀諸大乘經典，佛陀為女人授記成佛的記載，不勝枚舉，如：《雜阿含經》中佛陀為五百比丘尼授第一果記、《海龍王經》中佛為寶錦女授記成佛、《菩薩處胎經》中也有女人得以「不捨身受身，現身得成佛道」之說，在此經中，佛陀甚至告訴諸菩薩摩訶薩：「法性純熟，無男無女，善權義說受女人身無佛記別。」

此外，《大寶積經》無畏德女為除舍利弗懷疑其能否轉女身，因而立下誓願：「若一切法非男非女，令我今者現丈夫身。」言畢，即轉女為男，佛為授記後又現比丘身，再回復女身，以示法無定相。同經又載，無垢施菩薩對目犍連尊者說：「不以女身得阿耨多羅三藐三菩提，亦不以男身得阿耨多羅三藐三菩提。所以者何？菩提無生，是以不可得。」

除此之外，在大乘諸經典中同樣說明無男女法、女身如幻化、法性一如、眾生皆能成佛的經典有：《佛說阿闍貰王女阿術達菩薩經》、《佛說月上女經》、《佛說大淨法門經》、《大莊嚴法門經》、《寶女所問經》、《佛說無垢賢女經》、《佛說須摩提菩薩經》、《順權方便經》、《佛說離垢施女經》、《大方等無想經》、《佛說長者法志妻經》、《佛說長者女菴提遮師子吼了義經》、《首楞嚴三昧經》、《諸佛要集經》等。甚至在《法華經》裡，舍利弗懷疑女身垢穢，不成法器，年僅八歲的龍女瞬間就在南方無垢世界轉女身成佛，可見眾生本具清淨智慧德相，人人皆得成佛，在佛教裡是不可以男女相來分別道德高低，也不可用年齡大小來衡量智慧的有無。只是世人總是要從外在的假相來分別、執著，其實《金剛經》說得最透澈：「凡所有相，皆是虛妄，若見諸相非相，則見如來。」可見外相並不一定重要，要緊的是男人和女人之間一定要互相尊重、互相幫助，這個世界才會變得融和、可愛！

三、歷代對佛教有貢獻的比丘尼

在世界宗教的創始人當中，佛陀是建立女眾僧團制度的第一人。比丘尼教團的成立，為佛陀「四姓出家，同一釋姓」的平等精神做了最具體的註腳。因此，不只是在佛教史上具有特殊的意義，對於整個世界的宗教史、人類的文明史，也都具有非凡的價值。

在《雜阿含經》、《增一阿含經》、《律部》等諸多經論中，均載明佛陀時代比丘尼眾活躍的狀況以及弘法衛教的卓越風姿。在《佛說阿羅漢具德經》中，載有十五位大聲聞比丘尼眾，例如：法臘第一，威德攝眾的大愛道；智慧第一，辯才無礙的善相；神通第一，善德度眾的蓮華色；頭陀第一的缽吒左囉；天眼第一的蘇摩；多聞第一的輸婆羯哩摩囉；持律第一的訖哩舍；說法第一的達磨；福德第一的耶輸陀羅等十五人。其他經典還載有精進第一的索那，宿命第一的妙賢，信心第一的芝伽羅摩多，禪定第一的難陀，觀空第一的優波仙那，慈濟第一的帕扎佳拉，教化第一的摩努呵利。

南傳《長老尼偈》則收有七十三位阿羅漢尼證果的詩偈及生平傳略，其中剎帝利王族后妃公主計二十四人，例如釋迦族公主難陀、精陀、梅陀，憍薩羅國王后烏比哩，舍利弗三個妹妹佳拉、烏帕佳拉、悉蘇帕佳拉均在其中。尤其阿拉沃卡國的賽拉小公主，剛滿七歲即聞法出家，七日後證阿羅漢果，佛陀破例為她授比丘尼戒。佛陀示教利喜的權巧方便，由此可見。

在阿育王時代，仁王化世，大法弘傳各國，王族多人出家，公主僧伽蜜多即是其中之一。後來王后阿努拉也想發心出家，使臣阿栗吒便到華氏城請阿育王派尼上座前往協助，僧伽蜜多乃帶領十一位上座尼，攜同阿育王供養的菩提樹分枝前來，阿努拉王后與五百女眷隨即出家受比丘尼戒，王為彼興建象椿寺。比丘尼在楞伽國發揮其教團的影響力，對於弘法教化多有建樹，備受世人景仰。

中國比丘尼教團創始於東晉時代，第一位比丘尼淨檢依止智山剃度，並求受十戒，約四十年後，曇摩竭多於泗河船上建立比丘尼戒壇，與另二十四人共受具足戒。淨檢所領導的尼教團，安居於洛陽宮城西門竹林寺，並且「蓄徒養眾，清雅有則；說法教化，如風靡草」，為世人所敬重，也使佛教在晉朝更加廣為流傳。

其後歷代名尼，從兩晉到唐宋元明清，以至現今，后妃公主等貴族階層或書香世家發出離心者眾多。這是由於佛法弘傳東土，首達宮廷王家之故。

兩晉七十年間尼眾教團初成，以曇備、智賢、惠湛、支妙音等較為有名，受到當代帝王崇敬。南北六朝一百五十年間，比丘尼教團發展快速，庵舍講堂小則納眾百人，多則千數以上。許多道場受到國主、高官護持，名尼輩出。隋唐宋以降，佛法逐漸普遍於各階層，識見超卓或奇節高行的比丘尼更廣見於經傳。例如：東晉安令首領眾第一；六朝法宣弘法震浙東；隋代覺先感化隋文帝信奉佛法，護持佛教；唐朝智首東度日本弘傳律法、法澄譯經傳千古、無盡藏預知惠能當為龍象、如願為禪律元匠；宋朝法珍斷臂募刻大藏經；元朝真淨為帝后師；清代有無為蕭山尼治病「隨物取與，煎服即癒」；並有傳慧創拈花社為禪宗女眾叢林，帶動江南比丘尼參禪之風等。

清末民初，因戰亂迭起，佛法傳承幾近覆沒，幸有高僧大德先後來台，乃有台灣佛教奇蹟之開展。及至近代，台灣比丘尼教團成為世界之冠，比丘尼眾弘化全球，開世紀之先風，復超卓於歷朝。一九九八年二月十五日至二十三日，佛光山在印度菩提伽耶舉行國際三壇大戒戒會，共有二十三個國家一百餘位來自世界各地的女眾求受比丘尼具足大戒。其中，斯里蘭卡有四十位傑出女青年前來求戒。此為有史以來第一次世界佛教團結在佛陀成道處，共同寫下光輝的一頁。

在中國方面，現代比丘尼著名者甚多，如中國大陸有北大畢業出家弘律的通願；一生頭陀苦行，舍利大如橄欖的弘定。台灣有傳授三壇大戒的妙然、圓融；建設寺院、創辦佛學院的如學；為中國佛教開創國際化道路，在世界各國創建寺院的慈莊；肩挑教育、文化大任，創辦西來、南華、佛光、弘道等四所大學的慈惠；熱心慈善事業，擅長活動組織，負責國際佛光會推展委員會，在世界各國成立一百多個佛光協會的慈容；主編《佛光大辭典》的慈怡；創辦華梵大學的曉雲；授課於柏克萊大學的耶魯大學博士依法；分別在台灣大學、中興大學教書的恒清、慧嚴；日本駒澤大學博士達和；台灣師範大學博士依空；日本愛知大學博士依昱；倫敦牛津大學博士永有；創立香光比丘尼教團的悟因；創立慈濟功德會的證嚴；護法衛教熱心的昭慧等。以上均為有德碩學的比丘尼代表。

此外，世界各國現代傑出尼眾，諸如：西藏有住持男女二部僧團，地位僅次達賴、班禪的多吉・菲格摩；泰國有法身寺蒙昆貼牟尼法師的嗣法門人詹孔那雍八戒女，教育出湯瑪猜優等法身寺一代住持；斯里蘭卡有被尊為「斯里蘭卡女性之光」的蘇達摩迦利，由於她的努力，使得西元一〇一七年因教難而消失，此後一直因上座部比丘打壓而無法恢復的比丘尼僧團，得以再受持沙彌尼戒；新加坡有創辦女子佛學院的廣平；菲律賓有創辦第一個施診所嘉惠民眾數十萬的廣仁；韓國有全國比丘尼會教育部長的光雨；加拿大有杜登卓隆於美加弘法；美國有國際佛教婦女會創辦人卡瑪勒西卓摩；德國有阿雅克瑪在歐洲弘禪；日本有失去雙手的大石順教比丘尼，她以堅定的信心、不屈不撓的意志力，用自己的脖子，工整的寫了一部《心經》，日本人稱為「無手的心經」，並且視為國寶，倍受珍重！

總之，自有比丘尼教團伊始，不論古今中外，在教團中優秀的比丘尼，或者伸廣長舌，宣說妙諦；或者筆耕不輟，著述弘法；或者悲心濟拔沉溺；或者建寺安僧，使弘法利生的佛教事業增添無比的光彩。

四、未來比丘尼努力的方向

自從佛陀創立比丘尼僧團，對於比丘尼與比丘相處的一些是是非非，一直未有定論，但佛光山教團成立三十多年來，我避開戒律的問題以外，實行叢林制度，所以二序大眾都能相安無事，彼此發揮最大的弘法功能。就如唐朝百丈懷海禪師，他也不去更改佛制，只是根據我國的風土民情，另行制訂一套叢林清規，為戒律的更改與否開闢一條新路，使得中國佛教能夠光大發展。

談到八敬法，其實佛所制戒也並非是僵硬不化的，所謂「小小戒可捨」，就如現今的漢傳佛教，關於飲食、衣服、持錢、持午等戒律，已經不同於佛陀所制，因此八敬法其實也不需要刻意去廢止，時間一久，自然會因為不適用而漸漸失傳。

當真如果有人硬要認為八敬法是佛所制戒不可改，以此來滿足比丘的優越感，其結果必將適得其反，反而更加彰顯比丘自己不能完全持戒的不足。因為一個有為的比丘應以學養、道德、修持來贏得敬重，而不是以八敬法來強迫別人對他的尊重。

因此，未來比丘尼所應努力的方向，茲提供四點意見如下：

（一）兩性平等化

未來比丘尼希望獲得敬重，應該從本身道德人格的提升做起。例如：捨虛榮，去驕慢；有德學，能擔當；能講說，具慈悲；有大願，能力行。具足了以上四點，自然「兩性平等化」。

（二）發展事業化

過去女眾總是把心智、力量用在建寺、供養之上，現在的比丘尼要走出寺院，要跟男眾一樣，走上弘法、教書之路，為佛教創辦各種弘法事業，例如教育、文化、慈善等。所謂「發展事業化」，擁有自己的事業，自然受人尊敬。你看慈濟功德會的證嚴法師，她的慈濟事業受到舉世禮敬，為什麼比丘不能放她一馬呢？

（三）教團組織化

當兩眾教團能夠互尊互重，自然組織健全；有了組織，自然就有力量。在佛光山的教團，每年都要依學業、事業、道業等學習進步的情形，做序列等級的評鑑，從清淨士、學士、修士、開士等序級的晉升，都有一定的標準、程序，所以兩序大眾在此有制度、有組織的領導下，自然和合無諍。

（四）教育普及化

女眾比較細心、慈悲，在佛門修行比較容易有成就，但女眾的胸襟、思想、智慧，則略遜男眾，有待普及教育，讓每個女眾都能受教育，都能講說、著作，而不是靠少部分的人撐場面。因此，「教育普及化」是未來女眾僧團努力的重要課題。

總之，面對二十一世紀的今日，佛教走向人間，佛法與生活的密不可分，正是佛教動員團結的時代，不但各國佛教界應及早更進一步的合作，儘速建立世界性的比丘、比丘尼教團，同時各國男女二眾教團亦應力求健全圓滿，四眾通力合作，共同推動世界的和平共處，使全人類同霑法益，共創幸福安樂的生活，共達世界平等和諧的境界。

（二〇〇二年五月一日刊於《普門》學報）

【修心之鑰】

- 古制「八敬法」使得比丘尼在佛門地位得不到平等，隨著時代觀念的改變應該調整。佛陀說一切眾生皆有佛性，眾生與佛尚且平等，男女何以不能平等呢？
- 古今中外，在教團中都有許多優秀的比丘尼，對社會大眾做出貢獻。
- 無論比丘或比丘尼，希望獲得敬重，都應該從本身道德人格的提升做起。對於弘法教化有建樹，自然能受世人景仰。

宗教與和平
——於國際自由宗教聯盟世界大會演講

各位法師、各位貴賓、各位居士，大家好！

首先至誠歡迎大家蒞臨佛光山，參加「二〇〇六年國際自由宗教聯盟第三十二屆世界大會」，為了這次會議的召開，負責籌辦的相關人士，如國際自由宗教聯盟牛津祕書處祕書長安德魯．克拉克（Andrew Clark）、婦女會副會長關根安西子（Akiko Sekine），以及立正佼成會外務部次長神谷昌道（Masamichi Kamiya）、立正佼成會外務部業務職員本塚季代子（Kiyoko Kizuka）、立正佼成會駐牛津祕書廣田惠（Megumi Hirota）、金光教泉尾教會執行長三宅善信（Yoshinobu Miyake）、一燈園董事西田多戈止（Takeshi Nishida）、玉光神社副官司本山一博（Kazuhiro Motoyama）、椿大神社國際部豬熊俊吉（Yuji Inokuma）等人，從前年開始就數度到佛光山展開事前的籌備工作，先後總共召開了五次的籌備會議，由於他們的辛苦，因此成就了今天的盛會。

這次會議的主題「宗教與和平」，旨在透過宗教交流，落實世界和平，不但符合當代的思想潮流，同時也指出宗教對於世界和平的促進，有著責無旁貸的使命。

現在正當舉世都在渴求和平之際，宗教之間應該如何相互合作，共促世界和平？今天就針對這個主題，提出個人的四點看法，請大家指教。

第一、宗教不要排他，尊重才能相互包容

自古以來，有人類便離開不了宗教。宗教的重要，在於能領導生命的大方向，能將生命之流的過去、現在、未來銜接，所以人人都應該有宗教信仰，有信仰生命才有規範與目標。

宗教信仰和道德的規範，都使社會的發展能夠依循秩序前進，尤其現在世界各國發生許多天災人禍，宗教在這方面更是發揮極大的作用。例如二〇〇一年美國九一一事件發生後，布希總統隨即召開宗教大會，期以宗教的力量來安定民心，希望透過宗教信仰，幫助大家發揮智慧和勇氣來面對困難。正當人心惶惶之際，我也在天主教神父陪同下，進入雙子星大樓廢墟，為罹難者祈福，並且祈求世界和平。

此即說明，宗教信仰是超越國界的，宗教具有安頓人心與促進世界和平的功用，因此世界上不管任何宗教，都有義務共同致力於促進地球上國與國之間的相互尊重、種族與種族之間的和諧相處，以期讓許多不同的語言能溝通、文化能交流、男女能平等。尤其對於世界和平的促進，宗教應該身先表率，彼此相互尊重包容，把「有容乃大」的胸襟，從宗教之間推展開來，進而影響社會各個團體，這是宗教界的責任，也是對現代社會應該提供的貢獻。

為了達成此一目標，先決條件是宗教之間應該建立「同體共生」的關係，不要互相排斥。雖然宗教之間，各自的教主不同，彼此應該相互尊重，不可混淆；教義也各有所宗，應該各自發揮；但是教徒之間則可以彼此溝通往來。

我的意思是說，教主不能合，耶穌就是耶穌，佛祖就是佛祖；教義也不能合，文學就是文學，科學就是科學，醫學就是醫學，根本就不必合！但是教徒可以互相來往，彼此可以做朋友，你信伊斯蘭教、基督教，我信佛教、道教，我們可以在一起談話做朋友，彼此可以互相來往，互相尊重。

尊重是人際和諧的基本要素，人人都喜歡被人尊重，卻往往忽略了要去尊重別人。所謂「敬人者人恆敬之，愛人者人恆愛之」，人與人之間能夠尊重包容，才能群策群力，共成美事。就如五指互相尊重，才能團結成一個拳頭；一個拳頭才有力量，有力量才能謀求和平。所以宗教之間要「同中存異、異中求同」，彼此包容、彼此尊重，就如人體的五官，要相互共生，才能共存。

佛教一直是提倡尊重包容的宗教，也是世界上最沒有排他性的宗教，佛陀組織教團，「四姓出家，同一釋種」。在佛教裡，剎帝利的王子、首陀羅的賤民，佛陀同樣看待；拜火教的大迦葉、好玄論的迦旃延，佛陀都能攝受成為僧團裡的中堅份子。因為佛陀能容納異己，所以十大弟子各有專長，故而有千二百五十人都能得道的美談。佛教的信仰，念佛拜佛，都建立在尊重上；沒有尊重，彼此猜忌，彼此賤視，如何能和平相處？沒有尊重的和平，也無法持久，因此今日宗教界欲圖世界的永久和平，首先必須建立彼此尊重之心；如果宗教之間都能互相尊重，彼此團結，則世界和平當非難事。

第二、教派不要內鬥，對外才能發揮力量

從宗教的歷史來看，每個宗教都有不少的教派，有的以「人」為派，有的以「義」為派。教派太多，所產生的問題就和黨派太多一樣，容易造成民眾的分裂。例如，以耶穌教來說，曾經有一位樞機主教告訴我，耶穌教有五千多個教派。光是一個耶穌教就有五千多個教派，甚至「上帝」之名，也有「耶和華」、「主」、「神」、「阿拉」等各種不同的稱呼；因為「派」太多，大家各自為政，各行其事，如此怎麼能團結合作呢？

乃至於以佛教而言，也有各種宗派之分，例如大乘、小乘，南傳、北傳、藏傳，顯教、密教，空宗、有宗等。不同的是，佛教雖然宗派有別，生活背景也不一樣，但是大家所信仰的佛陀只有一個，基本的教義，如三法印、四聖諦，都是一樣。所以佛教徒在一個佛陀，以及共同的教義信仰下，雖然僧伽生活方式有所不同，但基本上三寶是一體共遵的。佛教的發揚，可大可小，可一可二可三。其他宗教在這一方面，雖然也力圖統一共遵，但仍顯得散漫。佛教順應眾生根機的不同，也有時候分，有時候合，很能合乎人間的需要。

其實，宗派太多導致力量分散，並不是最嚴重的問題，值得憂慮的是，一般人性都有「順我者生、逆我者亡」的弱點，宗教徒之間也往往因為不能包容他人不同的思想、言論、風格，所以難以團結，甚至互相內鬥。當一個團體內部本身都無法和諧，又如何對外發揮影響力呢？因此儘管所有宗教的教義都是為了導人向上、向善，但是如果教派之間不能和諧，教徒經常彼此內鬥，又如何能把和平的理念與精神傳達出去呢？

因此，如何聯合宗教界來促進世界和平，以具體發揮宗教的功能？首先要從宗教徒的相互和諧、彼此尊重做起，唯有人人以身作則，以身教來感召世人對和平的追求，才是最具說服力的傳教。尤其現在是個「地球村」的時代，人與人之間相互往來關係密切，更應該保持良好、和善的關係，如此大家才能歡喜融和的共生吉祥。

第三、彼此不要執著，無我才能共創和諧

一九九五年佛光山在澳洲的別院南天寺開光，我前往主持佛像開光法會，當天應邀出席的澳洲國會議員羅斯・卡麥隆（Ross Cameron）問我：「世界上的宗教領袖當中，哪一個最好？」我說：「你歡喜的那個，就是最好！」

世間上本來就沒有絕對的好與壞，一般人對於他所信仰的人，就看成是神、是佛；自己所不信仰的，他就是魔、就是鬼。尤其宗教人士基本上有一個「排他」

性格，你不同我，我就不和你來往。例如歷史上有名的「十字軍東征」，就是回教與基督教之間的宗教戰爭，彼此為了聖地「耶路撒冷」，而於一〇九五年開始，到一二七〇年，前後發動八次戰爭，最後於一二九一年回教徒攻破十字軍所佔領的最後一個城市，終於結束十字軍東征。

十字軍東征是典型的宗教戰爭，宗教為什麼會互爭？其實就如政治人物，為了實現理想，當別人與我的目標、理念不同，尤其彼此利益衝突時，自然就會有政爭，這就是「我執」作祟。

「我」是紛爭的源頭，因為「我」而自私，因為「我」而執著，因為「我」而愛染，因為「我」而紛爭；「我」之一念，令人永不安寧。經典提到：我見太重之人，喻如餓鬼。因此欲求世界和平，必須「無我」，如《金剛經》說：「無我相，無人相，無眾生相，無壽者相。」「無我」才能大公，大公才能和平。

宗教徒之間，雖然有的人「我執」已除，但「法執」未遣，就如佛教的阿羅漢，雖已證果，我執不再，但是那份對真理的執著仍然存在；因為執著，沒有包容性，所以爭執不斷，甚至不得不發動戰爭。

其實，宗教最大的意義，就是追求解脫；執著存在，如何解脫？所以宗教要有包容性。佛教的包容性最強，在佛教裡，不管藥師佛、彌陀佛、彌勒佛，都是「佛佛道同」，甚至關公、媽祖，在佛教裡也能佔有一席之地。

佛教容許異己的存在，在佛教兩千多年的歷史裡，從未有過戰爭或衝突。佛教把儒家當成是人乘的佛教，把耶穌教、伊斯蘭教看成是天乘的佛教，把道教的出世無為當成是聲聞、緣覺乘的佛教，彼此都是圓融無礙，互相尊重包容。

其實宗教本來就是與宇宙同行，與人民同在，世界上的宗教很多，在各種宗教當中，包括天主教、耶穌教、回教、佛教等，雖然彼此信仰的對象有別，但不管是天主、上帝、阿拉、佛陀，乃至地方性的各種神祇等，其實都是信者自己心中所規畫出來的「本尊」，名稱雖有不同，意義卻是一樣。由於各人心中各有本尊，所以不管耶穌、穆罕默德、孔子、上帝、關公，自己認定就好，但不要互相排斥，也不要執著自己的最好，不要以自己心中的本尊去要求別人，宗教之間應該互相融和，大家和平共存，才不會失去宗教追求真善美的本質。

第四、人我不要對立，慈悲才能促進和平

常有人問：世界能否和平？自古至今，任何時代都有災難，儘管今日的世界籠罩著各種苦難，但是人只要能保持一顆善良的心，只要內心祥和，世界自能和平。

宗教在世界上一向最倡導和平，最受人尊重，但是和平也不能沒有力量。例如過去羅馬教廷提倡世界和平，蘇聯的史達林就問：「你歐洲的教皇有多少軍隊？」

意思是說，提倡和平，就要有力量；沒有力量，有什麼資格談和平？

佛教是最重視和平的宗教，但是佛教也主張修行要降魔，降魔並非跟別人戰爭，而是跟自己內心的煩惱戰爭。修行就是要「降伏其心」，所以要有慈悲、忍耐的力量來莊嚴自己。現在宗教要促進世界和平，也不能沒有力量；我們的力量就是因緣果報的力量，就是緣生緣滅的力量，就是慈悲喜捨的力量，就是共同和諧的力量。

慈悲是需要「立場互換」，現在世界最嚴重的問題就是恐怖份子，就是暴力事件，不斷威脅著整個世界，擾得人心惶惶。不過對付暴力，如果「以暴止暴，終不能止」，只有用慈悲，才能解決。所以九一一事件後，美國在征討阿富汗的同時，也帶了糧食去救濟，並且帶了很多人去幫助他們興學，因此阿富汗的人也都心存感激。又如美伊戰爭，美國對伊拉克也只是指向海珊一個人，但對全伊人民也要照顧，所以慈悲會獲得友誼。

慈悲是佛法的根本，《法句經》說：「一切皆懼死，莫不畏杖痛，恕己可為譬，勿殺勿行杖。」吾人如果能彼此易位，如果能視眾生如己，則實踐慈悲不難；有了慈悲之心，人與人之間自然能和平相處，人與自然也才能共同存在。

現在科學發達，交通咫尺天涯，乃至電話、電視、電腦網際網路的發明，使得人際之間的關係真是天涯若比鄰。但是世間的智慧有利有弊，科學發達雖然帶給人類許多富樂，但相對的也造成人際疏離，甚至製造許多交通事故、電腦犯罪等問題。

可以說，科學帶給人類福利，但也引生許多弊端，所以單純的發展科技，並不究竟。

比科學發明更重要、更偉大的事，就是現在人類的思想要相互交流、相互關懷。唯有人類彼此互相來往、互相聯誼、互相了解、互相幫助，世界才會和平、人民才能安樂。因此，「世界和平」不是關閉的，而是「同體共生」，不但人與人之間、國家與國家之間，乃至宗教與宗教之間，彼此都要互相尊重、互相來往，大家才能共存共榮。

今天謹針對「宗教與和平」的議題，提出如是四點看法：

第一、宗教不要排他，尊重才能相互包容。

第二、教派不要內鬥，對外才能發揮力量。

第三、彼此不要執著，無我才能共創和諧。

第四、人我不要對立，慈悲才能促進和平。

未來希望透過宗教界人士的努力，能夠喚起世人的共識，大家共同促進世界和平。最後祝福大家，身心自在，共生吉祥。

（二〇〇六年三月二十六日
講演於國際自由宗教聯盟世界大會）
（二〇〇六年七月一日刊於《普門》學報）

【修心之鑰】

- 一般人對於他所信仰的，就看成是神、是佛；自己所不信仰的，就是魔、就是鬼，這就是「我執」作祟。
- 宗教徒之間，雖然有的「我執」已除，但「法執」仍在，因對真理的執著缺乏包容性，甚至發動戰爭。
- 提倡和平，需要有力量。佛教的力量是因緣果報的力量，緣生緣滅的力量，慈悲喜捨的力量，共同和諧的力量。

我對「世代交替」的看法

自然規律——修剪老幹長出新枝

「世代交替」這一個問題，現在在台灣已經鬧翻了天，成為朝野各界熱烈討論的議題！

「世代交替」其實不是哪一黨、哪一派的隱憂，也不是現今社會才發生的問題，而是從古到今就一直存在的課題。

所謂「世代交替」，就是要有傳承，要能更新，要不斷注入新血輪。國家的政權，「世代交替」就表示「江山代有才人出」；團體的運籌，「世代交替」才有新生命和新活力。世間上，不管個人也好，社團也好，只要「世代交替」，秉公選賢與能，都會進步，都會成長。

有人說「老人的經驗，青年的衝勁」，兩者合而為一，自然很好；蔣夫人也說「老幹新枝」，固有所見，只是有的只有老幹，沒有新枝，就像下山的夕陽，雖然餘暉尚在，總是缺少了熱力。

中國的社會，崇老的風尚很強，對於「世代交替」的交棒問題一向艱難，如李敖先生說，中國的老人，不但不肯「世代交替」交棒給青年，反而給你「當頭一棒」，此言誠不虛也。

台灣過去的青年黨、民社黨，都有崇高的理念，只因為老一輩的把權，沒有「世代交替」，曾幾何時，這些黨派又到哪裡去了呢？蔣中正當總統，從第一任、第二任、第三任……，到了第六任都不下台，一直到最後帶著未了的心願辭世。即使是經國先生，也是死在任內，甚至最後所託非人，接棒人沒有建立真正的民意基礎；在沒有適時、適當的交棒下，怎麼能打出全壘打的勝利來呢？

中國共產黨，過去老一輩的也是不肯「世代交替」，如毛澤東、鄧小平，雖然才華足堪做為領導人，無如國家是眾人的，不是一個人所有，所以現在中國共產黨也慢慢步上「世代交替」之路，從胡耀邦、李鵬、江澤民、胡錦濤，也在逐漸建立起「世代交替」的制度，這要比往日的「一言堂」來得好。

我們眼看日本的政治，從戰後一九四五年第一任首相幣原喜重郎，到現在第四十一任的小泉純一，可以說近六十年來，平均每一個領導人都只出任一年半的時間；美國則從一七八九年第一任總統華盛頓就任，到了現在的布希，總計在二百一十五年間換了四十三位總統。反觀中國，從三代以至清末，換了十幾個朝代，每一個朝代就是一個家族，如果每個朝代平均以三百年來算，三百年只任由一個家族統治，中國人實在真是可憐。到了現在中華民國台灣的陳水扁總統，雖然根據憲法規定，兩任八年後就不能再連任了，這也意味著「世代交替」，但是各黨的黨主席，大部分都是一任多年，顯然並不合乎「世代交替」的訴求。

「世代交替」是世間發展的自然規律，就拿植物來說，一棵大樹如果沒有經常修剪，就沒有新枝的成長，如此再大的花樹也會慢慢萎縮，失去生趣。現在的植物品種改良，不管鳳梨、蘋果、芭樂、棗子，經過接枝或基因改良，第一代、第二代、第三代……，經過「世代交替」，不是一代比一代優良嗎？所以人事的更迭，「世代交替」當然也會收到良好的效果。

學習禪讓——國家不會分裂鬥爭

中國人過去的「世代交替」，從堯舜的「公天下」以後，夏朝開始就走入了「家天下」的局面。為了「家天下」，像秦二世胡亥、隋朝楊廣等紈綺子弟登基為王，讓中國萬千的百姓在他們窮極奢華的享受和昏庸無能的領導下，民間窮苦，甚至人民犧牲生命，真是民不聊生。他們對於護國牖民，了無貢獻，卻坐享帝王之尊，這是中國歷史上最大的悲哀。

再如民國三十八年（一九四九）由大陸來到台灣的中國佛教會，就因為某一位法師當理事長，一做就是數十年，沒有實施「世代交替」，因此把中國佛教會都快做到沒有了。另外還有很多的人民團體，雖然政府規定理事長只能連任一次，但是很好的法不能奉行，實在可惜！因此，不管國家的政治領袖，或是人民團體的負責人，如果能學習古代的「禪讓」，自然能招致和平，哪裡會有國家分裂和強勢鬥爭呢？

說到「世代交替」，除了政治上的接班人以外，過去民間的家族事業，都是父傳子，子傳孫。按照歷史發展的軌跡來看，所謂「富不過三代」，因為大眾努力經營賺取的錢財，由一人獨享，豈能長久？所幸現在一些開明的企業家，大都懂得財富來自十方，企業的成長也要靠員工的同心努力，因此在「取之十方，用之十方」之外，如震旦行的陳永泰先生，他並沒有把事業傳給子孫，而是傳給公司裡足堪大任的賢才，這是社會的一大進步。

退位傳法——落實佛光山本土化

回想十九年前，也就是一九八五年，當時我年未六十，卻毅然傳位給佛光山本省籍的宜蘭人心平法師當第二任住持，那個時候有人跟我說，我把佛光山交給本省人來接任，提早了「本土化」的落實。尤其當時我的退位之舉，震動了台北各界，總統府甚至下令，不可以講「退位」，要說「傳法」。我想，「傳法」本來就是佛教的專門用語，也就從善如流，欣然接受。不管「傳法」或「退位」，雖然有「世代交替」之意，但在當時的政治，「退位」一詞還是很敏感的事情，我也只是隨緣罷了。

講到傳法，在佛教過去有「十方叢林」與「子孫叢林」之別。「十方叢林」即為「公天下」，凡是有親屬關係，或是師徒情誼的人，都不可以繼任住持，必得遴選十方賢人才可擔任。如係「子孫叢林」，雖由子孫法系中推派人才，仍然合乎民主程序。所以過去中國的大叢林，能夠傳承數十年、數十代，都是由於「世代交替」建立了傳承制度，因此宗門興隆，平安順利。

在此值得一提的是，當年我從佛光山退位，傳法給繼任者的時候，有人問我：「你創立了這麼大的一片事業，怎麼會一下子就交給別人繼承呢？」我說：「我交位以後，我要在有生之年看到繼承人在努力、在進步，讓我欣慰，讓我歡喜，何必一定要等我將來死後，讓他們去紛爭，那又何苦呢？」

上台下台——能上能下，位子更多

我對於世間的「名位」，所謂「上台下台」，一向都看成如浮雲一般，你愈能放下，你也才能愈高、愈自在；愈是計較，就是沉重的陰霾。所以平日裡我對千餘名出家弟子，他們在世界各地兩百多所寺院道場中，各種職事大小，我有一個原則：

凡是容易下台的人，就愈有機會上台，因為有「能上能下」的美德，就能不斷更換位子，自然位子會更多；相反的，對於只能上、不能下的人，每次到了要下台的時候，態度不好，言語不遜，那麼以後想要再上台，就比較艱難了。

其實，人間給我們的高位，並不代表我真的就有通天徹地的本領，而是人家給我機會磨練，我能把自己這塊鐵石磨得發光，當然就能一帆風順；如果不能發光，人家要重換一塊鐵石，這也是當然的，我也要知難而退。

機緣要到——交棒需看容量能力

只是一般人在沒有得到名位的時候，總是想盡各種方法去獲取；一旦有了名位，他又完全不顧大眾的利益，不懂得把名位、榮耀分享大眾；甚至到了應該退位的時候，他又戀棧不捨。對於這種人，我覺得相較於民國初建，孫中山先生雖然已被選為開國大總統，但他為了和平、統一，欣然讓位給袁世凱，毫不戀棧權位，只要是對國家人民有利，即使權力當前，他也能拱手讓人，這種美德實在不愧為現在海峽兩岸所尊敬的政治家。

當然，「世代交替」也不能只是交給自己喜歡或合意的人，而是要看他的容量與能力，同時也要看大眾的緣分；所謂「民主」的選票最為公正，凡是合乎條件的人，能上能下，能下能上，則一生就會多彩多姿。

說到緣分，我看現在台灣的企業界有一種現象，有些董事長、負責人是小學畢業，其所任用的職員則大都是從外國留學回來的碩士、博士。所以，有時候身處要職、身居高位的人，並非全憑學歷、本領，還要看他的福德智慧與機緣。你的機緣到了，如趙匡胤「黃袍加身」，不要也不行；機緣不到，就如袁世凱妄想竊國稱帝，但不到百日就被推翻，鬱卒而死。所以有福德的人能居高位，有智慧的人則服從領導；假如有福德的人跟有智慧的人能合作，在國家則國家幸甚，在團體則為團體之福。

今年三月間的總統大選，正當選戰進入白熱化，全民陷入一片選戰的激情中，當時東森電視台的記者訪問我，關於總統大選雙方競爭如此激烈，選後如何安定人心？我回答說：

第一、有的人能夠出來競選總統，這就已經是祖上有德了；有的人才幹足以成為總統候選人，也是偉大人物，都應該感覺於願已足。

第二、既是選舉，必有勝敗，勝的人要覺得當總統責任重大，非常辛苦，要有「任重道遠」的使命感。

第三、如果落選，也不必難過，不做總統，能發揮的空間還是很多，未嘗不好？例如，歷史上的姜子牙不一定要當文王，諸葛亮也不一定要繼承劉備為帝，魏徵、寇準他們留給後人的評價並不輸給唐太宗。甚至岳飛、文天祥、史可法等，即使是失敗的英雄，不也一樣能留名青史嗎？

年輕人早出頭，國家才有希望

所以，現在的國、民兩黨，最重要的，不在於誰當選、誰落選，而是要培養「世代交替」的接班人，這才是國家未來的幸福。現在台灣二千三百萬人民最大的希望，莫如社會安定、政治清明、企業發展、經濟繁榮……等。而國家要想進步，「世代交替」必然是未來一定要走的過程；唯有「世代交替」，讓年輕人及早出頭，我們的未來才有希望，這也是全民大眾應有的共識。

「世代交替」，這是多麼美好的社會運轉原則，我們身為現代人，更應該參透「世代交替」的道理，則國家和社會必定能進步，必然能成長。

二〇〇四年五月星雲　寄自美國

（二〇〇四年五月十日刊於《聯合晚報》）

【修心之鑰】

- 「世代交替」是世間發展的自然規律，一棵大樹不修剪就沒有新枝，再大的花樹也會慢慢萎縮，失去生趣。
- 世間「名位」，上台下台，愈能放下愈自在；愈是計較，愈是沉重的陰霾。
- 人間高位，並不代表真有通天徹地的本領，而是磨練的機會，如果不能發光，重換也是當然，自當知難而退。
- 培養「世代交替」的人才，讓年輕人及早出頭，我們的未來才有希望。

印度佛教復興

——安貝卡博士五十週年紀念致詞

時間：二〇〇六年十月十五日
地點：印度奧士馬尼亞大學（Osmania）泰戈爾大禮堂

半個世紀前，也就是一九五六年的十月十五日，安貝卡博士選在歷史上阿育王皈依佛教的同一天，親自帶領五十萬名印度人在龍城舉行盛大的皈依三寶典禮。之後不到三個月的時間，全印度風起雲湧，超過三百萬人皈依佛教，為印度佛教的復興開啟契機。

安貝卡博士生前一心希望發揚佛教「眾生平等」的精神，以廢除印度階級不平等的「種姓制度」。雖然他的理想在皈依佛教七星期後往生而中止，但是其對後來印度佛教的復興，已然發揮了不可磨滅的影響。

今日恭逢印度各界共同紀念安貝卡博士「復興印度佛教」屆滿五十週年之際，謹針對印度佛教未來的發展，提出四點期盼與祝福：

第一、發揚人間佛教：佛陀出生在人間，修行、成道、度生在人間，佛教唯有走向人間，才能對人間產生積極的影響。安貝卡博士就是一位人間菩薩的行者，一生從事教育、政治、人權、經濟各種改革，曾被推選為印度獨立憲法起草委員會主席，擔任獨立後第一任司法部長。如果甘地先生是印度的「獨立之父」，可以說，安貝卡博士是印度的「人權之父」。他這種以人為本的精神，就是人間佛教的發揚。我在四十年前開創佛光山，創立國際佛光會，在全球五大洲建立一百五十多個道場，也是希望追隨佛陀的腳步，將佛法弘揚到世界各地。目前，印度佛教的復興方興未艾，相信人間佛教的發揚指日可待。

第二、提倡眾生平等：佛教主張和平、平等、慈悲、中道，特別是在印度階級森嚴的社會中，眾生平等更為重要。一個社會，唯有在平等的基礎上，才有和諧與和平。現在印度佛教復興的力量日漸擴大，佛教的四眾弟子應該團結合作，共同為發揚佛教而努力，乃至與其他宗教之間，彼此尊重和諧，相互交流往來，以期促進世界和平，謀求人類福祉。

第三、積極發展事業：五十年前，我正在台灣，聽說安貝卡博士敦請緬甸高僧主持皈依大典。五十年來，陸續皈依的印度佛教徒已經超過七千萬人。這麼多人皈投在佛陀座下，能為佛教做什麼嗎？因此，未來希望能有更多的教界長老、大德、居士，創辦各種利生的事業，例如建設佛學院，培養僧才，青年學子得以學習佛教的義理、儀規；乃至設立學校、醫院、工廠、農場、公司等，讓更多人投入弘法行列，給予佛教徒為眾生服務的機會。

第四、健全僧團制度：僧團與僧制是佛陀所創立的，也是佛教兩千五百年來維繫不墜的力量。遺憾的是，後來僧團在印度消失了。一九九八年，佛光山特別在印度菩提伽耶傳授國際三壇大戒暨在家三皈五戒，為的就是希望為印度佛教的僧團與僧制，貢獻一些力量。期盼未來印度佛教有更多的僧團，建立更健全的僧制。

在這個特別的時刻裡，為印度佛教的復興感到無限歡喜，一瓣心香僅表祝福。

【修心之鑰】

• 半世紀前，安貝卡博士為印度佛教的復興開啟契機，陸續皈依的印度佛教徒已經超過七千萬人。他提倡佛教「眾生平等」的精神，以廢除印度階級不平等的「種姓制度」，可說是印度的「人權之父」。

明治維新的鏡子

日本「明治維新」，向來被視為是政治改革成功的典範，舉世讚譽！

說到明治維新，一八六七年日本結束幕府時代，新繼位的明治天皇勵精圖治，親自頒布五條御誓文，呼籲舉國上下從政治、經濟、文化等方面，展開前所未有的變革，使日本「脫亞入歐」，一躍成為現代化的國家，並躋身列強之林。

探討明治維新成功的原因，主要在於其改革乃「由上而下」，由身居上位的明治天皇親率文武百官，對人民宣誓，發表五條「以民為主」的誓文，包括：

第一、時常召開會議，凡遇重大政策，必經大家開會討論後才做決定。

第二、全國人民，不管身分高低，上下齊心協力，努力工作。

第三、積極改革政治體制，建立一個使全體國民滿意的新政府。

第四、不拘泥於舊習俗，一切依照正確的方向來推動新政。

第五、吸取各國的優點，加強國家基本建設。

由於明治天皇「由上而下」，身先表率，凡事以「民意」為依歸，因此一旦令下，舉國上下一致奉行，進行起來自然順利許多。反觀世界上很多國家的改造、進步，都要經過人民「由下向上革命」，把落伍、腐朽的政權推翻，才能再造新局。如中國漢朝的劉邦推翻暴政秦始皇，乃至近代孫中山推翻滿清，都是由下而上。

由下向上革命，對抗的是坐擁權勢與軍隊的強大政權，因而困難重重，也因此歷史上多的是不能克竟功業而失敗的民間英雄；反之，明治維新因為是「由上而下」，沒有血流成河的鬥爭，所以能獲得人民支持。

除此之外，當時明治天皇所頒布的五條誓文內容，也是值得大書特書。例如：一切施政以人民的需要為依歸；遇有重大事情，要召開會議，由人民決定；乃至打開國家門戶，接受外來的思想與長處等，這些都可見出明治天皇的開明與遠見，以及作風務實、襟懷磊落。

在台灣，過去李登輝雖然也曾喊出「民在我心」，可惜只流於口號，沒有實踐力行，當然產生不出力量，也就發揮不了什麼作用。至於召開會議，現在有些國家平時雖然也是會議不斷，但所關切的都是如何鞏固政權，並非為了國計民生；甚至有些當權者，非但提不出為民謀求福利的政策，只是一味的排斥外來文化、科技、經濟等，這種閉門、鎖國的思想，國家當然無法進步。

甚至更有的國家領導人，專以操弄民粹為能事，導致社會族群對立，朝野之間主流、非主流更是壁壘分明，彼此杯葛、較勁、內耗，徒然削減國力，怎不令人浩歎。

其實，一個國家的朝野之間，乃至全體官員，如果能把對立、互鬥的力量集結起來，一心一意為國為民服務，不也是等同經過一次「明治維新」一樣嗎！

明治維新距今雖然已過了近一個半世紀，但明治天皇以民心為依歸，並對自己揭示的國是方針躬親實踐之精神，還是有值得吾人效法與借鑑之處。

因此，借古觀今，當前台灣要想走出困局，要想步上更現代化的民主國家，就必須要有新觀念與新政策；新觀念就是「開放」，新政策就是「以民為主」！

（刊於二〇一一年九月三十日
《人間福報》人間百年筆陣）

【修心之鑰】

• 使日本一躍成為現代化的國家，並躋身列強之林的「明治維新」之所以成功，最主要是因開明的明治天皇「由上而下」推動，與許多流血革命是人民「由下向上」鬥爭不同，可說是政治改革極成功的典範。

• 當權者說改革如果只流於口號，或是只藉此鞏固政權，並非為了國計民生，國家不容易有富強的新局發生。

• 距今近一個半世紀，「明治維新」仍值得借鏡。

弱者！你的名字叫「和尚」

日前來台訪問的大陸海協會會長陳雲林先生，十多年來專職處理兩岸事務。我與他相識，是最近十年來我到大陸建寺，才有所往來。

期間，我曾多次到大陸，有一次承他專程從北京到上海，我們晤談甚歡；之後，我應邀到海南島參加觀音像開光，他也前往與我相談許久；兩年前，我到湖南長沙參加「一筆字」展出，他也飛往長沙，就如故人重訪，友誼當然更加深厚。

陳先生之前三來台灣，雖未能越過濁水溪，但他都用電話與我聯繫，希望有機會南下高雄，到佛光山參觀。這次他第四度到台灣，雖然是帶著經貿參訪團，但行程中也安排到佛光山訪問。

不談兩岸的關係，就說我們十年相交的情誼，我創建佛光山，他專程而來，我能不歡迎嗎？我站在朋友立場以禮接待，對此，有些網路所發表的個人文章責怪我，說：「和尚穿著袈裟迎接大官」等諸多不是，我想請問：和尚，難道就沒有朋友嗎？

也許你要說：他是政治人物！過去釋迦牟尼佛迎接頻婆娑羅王與波斯匿王，他也不應該嗎？現在梵蒂岡的教宗迎接各國元首、大官及重要人士，他也不得體嗎？

和尚，並沒有被褫奪公權，他和每個公民一樣，難道他連接近朋友的自由都沒有嗎？這就如同我從童年出家，活到現在八十多歲，走過七十多年的出家歲月，我曾在長途旅行的火車上看報紙，旁邊的乘客譏諷說：和尚也看報紙啊！

五十多年前，台灣很流行用鋼筆寫字，我也有一支不是很好的鋼筆，見者也說：和尚也用鋼筆！用鋼筆有罪嗎？甚至現代人提倡守時，我在多年前因為弘法行程繁忙，怕忙中誤時對不起信眾，因此種種的節省才買了一隻手錶，見者也質疑：你們和尚也戴手錶嗎？我在台北國父紀念館連續三十年，每年固定舉辦三天的講演，有多次從高雄乘坐汽車趕到國父紀念館，下車時，多次聽到一旁的人議論：和尚還坐汽車喔！

我從高雄到台北講演，不坐汽車，難道要我走路走一個禮拜嗎？諸如此類的種種閒言雜話，過去數十年來我都不計較，總當成是在修行「忍辱波羅蜜」，甚至自己也觀想：感謝這許多譏諷我的人，他們的批評正是替我消災。

於是就這樣，一天又一天，一次又一次，我都默默的忍受下來，如今回首人生路，七十多年的出家歲月，多少政治的迫害、同門的打壓、社會的誤解，以及許多不實的批評和屈辱，都像雲煙一樣，輕飄飄的過去，還有什麼不能忍耐的嗎？

然而這一次陳雲林先生來訪，事後徒眾告訴我，媒體報導多數都持正面看法，尤其對於我送給陳雲林「情義人生」四個字，輿論更是多所讚美，認為人間應該要有情義；只不過仍有少數人發出一些雜音，認為出家人不應該迎接政治人物。

由此不禁想到，佛教裡多少的和尚，他們都與我有同樣的命運；為了萬千的佛門同道，以及台灣多數的佛教信徒，雖然個人毀譽不計，但在自我懺悔之餘，還是不免從內心發出深沉的感慨：弱者！你的名字叫「和尚」！

（二〇一一年三月一日
刊於《人間福報》&《聯合報》）

【修心之鑰】

•「和尚穿著袈裟迎接大官！」「和尚也看報紙啊！」「和尚也戴手錶嗎？」「和尚還坐汽車喔！」許多譏諷、批評和屈辱，都當成是在修行「忍辱波羅蜜」，自我懺悔之餘，也不免深深的感慨。

授外籍宗教人士榮譽國民，值得喝采！

昨日報載，總統馬英九先生將修法，授予在台外籍宗教人士榮譽國民證，以感謝他們畢生為台灣奉獻的無私精神。

其實早該如此，這些外籍神父、修女等，他們離鄉背井，不求回報、無怨無悔的奉獻，展現宗教家無我無私的慈悲胸懷，實在了不起，各個國家都應該歡迎。

就拿美國來說，據說早期由台灣到美國去的移民，其中以透過宗教簽證者，最為美國政府所歡迎。甚至我自己也親身經驗過，我在美國創建西來寺，美國政府為了方便我們取得簽證，特別修法，通過宗教人士延長簽證，甚至優先入籍等法案。

另外，佛光山多年來在世界各地建寺弘法，也都受到當地政府的肯定與支持。例如巴西如來寺前住持覺誠法師，因創辦「如來之子」，收留青少年就學及救濟貧困等，因此獲得巴西政府頒給「榮譽市民獎」。

另外，在澳洲弘法多年的澳紐總住持依來法師，因常年推動禪修、讀書會、才藝班、婦女法座會、愛心服務隊、賑災救濟等文教、慈善、共修及社會福利、公益活動等，不但獲得黃金海岸市政府頒贈榮譽市民，並獲坎培拉市政府頒予宗教人士證婚資格執照，成為澳洲佛教界首位獲此資格人士。

所謂「宗教無國界」，宗教本來就應該跨越國家種族的藩籬，共同為安頓人心與促進世界和平而努力。但遺憾的是，台灣與大陸同是中國人，但早期從大陸到台灣弘法的佛教法師們，如法鼓山的聖嚴法師、中台山的惟覺法師、玄奘大學的了中法師，以及智光高中董事長成一法師等人，他們在台奉獻幾十年，但台灣人並不予以承認、肯定。

我自己雖然有幸在前年承蒙宜蘭縣、市政府，同時頒發榮譽縣民、市民證書給我，表示對我在台弘法一甲子以上的鼓勵。不過我一生從不為個人爭取什麼，我所關心的是宗教之間要尊重包容，尤其對於國家社會的發展，乃至世界和平、人民安樂等，只要與此有關的議題，我也不能不表示意見，因此對馬英九先生昨日發表對宗教人士肯定與重視的一席話，我覺得應該給予喝采，同時希望今後政府乃至社會大眾，能給予各個正信宗教多一點空間，讓大家有更多的機會來為國家社會服務。

（刊於二〇一一年三月十五日《人間福報》投書）
（刊於二〇一一年三月十六日《聯合報》民意論壇版：宗教人士入籍 早該做了）

【修心之鑰】

• 來台灣多年的外籍神父、修女等，他們離鄉背井，不求回報、無怨無悔的奉獻，展現宗教家無我無私的慈悲胸懷，實在了不起，政府授予他們榮譽國民證，值得喝采。

為什麼要成立「人間百年筆陣」

今年是中華民國建國一百年，意義非凡。我們的國家走過百年風雨，驚濤駭浪，幾度絕處逢生，寫下一篇篇歡笑與淚水交織、希望與危難糾纏的近代歷史。

像我這個八十多歲年紀的人，可說是大時代的參與者與見證者，我們出生在戰火頻仍之中，少年時代窮困失學，青年時代徒有一腔報國利民的壯志，卻無從施展。直到來了台灣，才在政府與民眾的共同努力下，開創各種因緣，行行業業戰戰兢兢，愛護建設這塊珍貴的土地。

七十年代的台灣，更因為重視國民教育，復興傳統文化，推行十大建設，致力經濟發展，讓邊陲海島在國際上發光發熱，躋身亞洲四小龍行列。我們的國家開始了一個空前的輝煌時代，民間力量也蓬勃啟動，舉凡藝術文化、宗教慈善都有長足進步。

我從八十年代初走出台灣，到世界各地雲水弘法，每一步都帶著立足台灣、胸懷天下的心情，因為這塊土地的孕育滋養，我們才能行腳各地，受到歡迎與支持。然而近年來，情況漸漸有所改變，台灣內部政治爭鬥、族群分裂，抵銷了發展前進的力量，全球經濟巨變的格局之下，台灣也面對強大競爭壓力。加上社會價值觀偏差，青年人茫然無所遵從，種種亂象似乎要把台灣半個多世紀累積的生命力消磨殆盡。

我在海外常常聽到關心台灣的朋友表達他們的憂慮，回到台灣也有很多人唏噓惋惜，這麼美好的土地、如此善良的人民，未來世世代代將要安身立命的所在，難道就要這樣放任沉淪下去嗎？

在華人歷史上，這是一個生活最自在、經濟最繁榮、教育最普及、思想最多元、政治最民主的時期；也是一個充滿機會與挑戰，考驗我們集體智慧與勇氣的年代。今天，除了透過各種活動，讓世界看見我們為國家慶生，更應該省思歷史的足跡，站在高點眺望國家的前途。

我只是一介出家人，但多年來廣結善緣，常常有機會與大學教授、媒體菁英、社會清流及意見領袖交流思想，請益討教，我們都有共同的心願，如何貢獻一己之力，回饋國家社會，讓大家能再以中華民國為榮，能以台灣這塊土地的前途為念。於是我不揣淺陋，藉由《人間福報》這個媒體平台，邀請了二十一位社會賢達，成立一個筆陣，輪流執筆寫作，表達我們的心意。

「人間百年筆陣」是個多元開放的空間，筆陣成員可以將自己的學術專研、社會觀察、國際形勢、文化關懷的心得，與讀者大眾分享。這個筆陣包容不同立場，但強調大是大非；這個筆陣可以暢所欲言，但不非議人我。

期待「人間百年筆陣」能恢復弘揚中國傳統知識份子的角色，秉持責任與勇氣，發出良心的聲音，激勵向上的力量，與全民共同奮鬥，建構公平、正義、富足、永續的環境。

在此，衷心感謝筆陣成員的共襄盛舉，並祝賀中華民國建國百年，更盼望下一個百年，下下個百年，國運昌隆，全民幸福吉祥。

（二〇一一年五月十六日
刊於《人間福報》一周看點：
我為什麼要成立「人間百年筆陣」）

【修心之鑰】

‧面對全球變局、台灣亂象，必須藉助集體的智慧與勇氣，省思歷史的足跡，站在高點眺望國家的前途。

‧藉由《人間福報》這個媒體平台，邀請了二十一位社會賢達，成立一個筆陣，輪流執筆寫作，能恢復弘揚中國傳統知識份子的角色，發出良心的聲音，激勵向上的力量，期能建構公平、正義、富足、永續的環境。

什麼是「台灣共識」？

——六項建議

在總統大選辯論會上，蔡英文女士提出了一個問題，叫作「台灣共識」。但是什麼是「台灣共識」，具體的內容，恐怕就少有人知道了。簡單來說，「台灣共識」就是台灣人民都有的共同認識；至於它的內涵，據我居住在台灣六十多年，對台灣社會現況的觀察，或許也能中肯地提供幾點意見。

一、「中華民國」是台灣人民共識

近一年來，上自國家政府，下自民間，到處都在為中華民國一百年舉行慶祝活動，這不就是台灣人民的共識嗎？例如八月時台灣所有的宗教，都來佛陀紀念館參加八二三「愛與和平」宗教祈福大會，祈求人民平安、國家富強、世界和平，也就是希望能在這特殊的一年裡，把它奉獻給中華民國。可以說，這就是共識的成果。其實，就是陳水扁先生，乃至於現在的蔡英文女士，也都要競選中華民國總統，可見得還是認同中華民國的。至於少部分認同台獨的人，那就要等到台灣獨立以後再說了。

二、「自由民主」是台灣人民共識

「自由民主」是現今全世界認為的國家瑰寶。過去，法國羅蘭夫人說：「不自由，毋寧死。」佛教的教主釋迦牟尼佛也說：「眾生皆有佛性。」可見得，古今對於自由民主的看法是一如的。只是，自由民主得來不易，綜觀百年來，中華民國為了捍衛自由民主，多少的仁人義士因而犧牲生命。可以說，現在全台灣兩千三百萬的人民，幾乎沒有聽說過哪一個人不讚美自由民主的。

三、「不統、不獨、不武」是台灣人民共識

一直以來，統獨之爭在台灣鬧得沸沸揚揚。本來台灣民眾是很善良的，不至於造成統獨之爭。但是由於台灣早期政治的嚴苛，漸漸地，也就形成了這般爭執的局面。這都是由於歷史的錯誤所造成的。好比當初的「二二八事件」，如果國民黨能夠早一點向「二二八」死難的家屬認錯，可能就沒有現在的統獨之爭了。

此外，對岸強大的武力，也威脅到了兩岸的和平，例如飛彈的試射、航空母艦的建造等，都是造成兩岸對立的原因。戰爭是很殘酷的，在文明的現代，難道還要再用殺戮來爭勝負嗎？所以，馬英九先生提出的「不統、不獨、不武」、「和平協議」，應該是目前台灣人民最好的共識了。

四、「九二共識」是台灣人民共識

民眾經常在報章媒體上看到政治人物談論的「九二共識」，其實就是一九九二年「香港會談」的口頭協議。所謂「九二共識」，就是兩岸同意「一中各表」的看法。處在現在兩岸對峙的狀況下，九二共識的「一中各表」，恐怕是最好不過了。如果能夠遵守「一中各表」，兩岸就會和平，就會來往，就會交流……就會有很多未來性；假如沒有了九二共識的「一中各表」，難道爭執不休就是好事嗎？

五、「ECFA（兩岸經濟合作架構協議）」是台灣人民共識

兩岸簽訂ECFA之後，帶給台灣種種「利多」的條件，也擴大了台灣的經貿空間。舉凡出口免關稅、獲得投資保護、保護智慧財產權，乃至台商得以取得進入大陸市場的優勢，讓世界各國經由台灣而進入大陸市場等等。基於當前台灣人民生存的重要性，大家真應該要有這個共識。

六、「生活幸福」是台灣人民共識

台灣自從光復之後，經濟成長，社會進步，教育程度提升，氣質有了變化，可

以說，這是兩千三百萬人民最感到榮耀的事情了。而時至今日，台灣人民最重要的共識，應該就是追求生活的安樂幸福。

實在說，對於每次政治的爭論，甚至於政治人物的臧否，人民並不過分關心。大家關心的，是所有關於他們生活的利益。例如：環保、生態、治安、薪水、市場裡青菜蘿蔔的物價等等。遠見·天下文化事業群創辦人高希均教授曾說：「錯誤的政策比貪汙更可怕。」所以，對於全民安和樂利有所增益的政策，就是台灣全民的共識了。

總而言之，只要能基於人民安全、安和樂利、幸福美滿的立場，提出「台灣共識」的內容，又有誰會說他不願意承認呢？

近日由於我突發性中風，人在醫院裡接受治療靜養，但是當我從電視中再次聽到蔡英文女士闡述「台灣共識」時，基於對民眾平安福祉的關心、懸念，不禁口述記錄，提供意見如上。

（二〇一二年一月二日
刊於《人間福報》人間百年筆陣）

【修心之鑰】

• 統獨之爭加上對岸武力強大，九二共識的「一中各表」，能夠讓兩岸避免戰爭走向和平，是台灣人民共識。

• 政治的爭論，政治人物的臧否，人民並不過分關心。大家關心的，是所有關於切身生活的利益。例如：環保、生態、治安、薪水、物價等等。希望經濟好、生活幸福，是台灣人民共識。

《迴響》

「改變」的力量

——記第一屆「星雲人文世界論壇」

高希均

(一)

二〇一二年六月十六日是歷史性的一刻。在佛光山佛陀紀念館，來自海內外的朋友共同見證了第一屆「星雲人文世界論壇」創辦會的開幕。

創設這個論壇最大的願望就是要融和人間佛教與人文世界。人間佛教就是星雲大師所解釋的：「佛說的、人要的、淨化的、善美的；凡是有助於幸福人生增進的教法，都是人間佛教」。

因此人間佛教的精神是包容、奉獻、捨得、無我。「人文世界」是指人類對多種面向（如文史哲、藝術、音樂）的求知與知識的理性探討。當「人文世界」

聚焦於「人本思維」時，就是在提倡人類的平等、博愛、正義、公平。

因此人間佛教與人文世界，所追求的，所提倡的，有很多的重疊，完全可以產生相加相乘的功能。是這個原因，使大師很高興接受以「星雲」之名來舉辦這個論壇。

（二）

當前的台灣，被認為在華人世界中最民主、最擁有中華文化底蘊，以及旺盛民間生命力的地方；但我們仍然擔心社會上的功利與貪婪，自私與短視、財富的創造與分配，人才的培育與流失，以及政治上的對立。大師特別對這種現象憂慮，近年來所發表的一些重要文章，已經引起社會普遍的共鳴。在這一關鍵時刻，台灣社會就更需要注入人文思維及宗教情操。

（三）

第一屆的論壇以「改變」（change）為主題。「變」可能變「好」，可能變「壞」。「改變」通常指「良性的變化」，意含「改革」及「改善」。

勇敢的重大改變可以改善人民的生活品質及社會進步；錯誤的重大改變則帶來人民的痛苦及社會的混亂。

在中華民族的近代史上出現了兩位政治領袖，台灣的蔣經國先生與大陸的鄧小平先生，由於他們勇敢的改變與堅持，都改善了人民的生活，家庭的幸福及社會的發展。

十分難得的是邀請到了世界級的哈佛大學傅高義教授，專程來台參加這個論壇。這位精通中文和日文的美國學者，對我們東方人來說，一點也不陌生，他的《日本第一》，不僅在稱讚日本，更在警惕美國。他來台灣，喜歡用中文交談。對他的著作，美國學術界的評論是「呈現一種過人的洞察力」。華文世界的讀者，透過中譯文，可以讀到這本五十五萬字的鄧小平改革，這真是他一生學術生涯的重大貢獻。

另一位主題演講者是大師自己，主講「人間佛教改變了人心」。我曾經這樣歸納過星雲大師的一生——十二歲做和尚，二十三歲到台灣，投下了六十年的心血，開創了一個無遠弗屆的人間佛教，這是「台灣奇蹟」的一部分！他的一生：改革了佛教，改善了人心，改變了世界。

我自己則以「智慧創新改變了社會」，強調「智慧創新」的特質有八：要使用較少的材料、要產生較少的汙染、要減少新款式、要以耐久替代時尚、要以簡單替代複雜、要以分享替代壟斷、要以價廉替代昂貴、要以實用替代講究。這樣的綜效就有較大的可能走向「永續發展」。

現場一千五百餘名聽眾，大概見證了「改革開放」、「人間佛教」及「智慧創新」所產生的「改變的力量」。

二〇一二年七月十六日人間福報筆陣
二〇一二年七月二十三日刊出
（作者為遠見・天下文化事業群創辦人）

第七部

兩岸事：得善解，解人際之間

大师墨迹世

佛教對全球問題的概觀

各位法師、各位貴賓，大家好：

今天法鼓山為了慶祝落成開山而舉辦這場「世界佛教領袖座談會」，很高興能與各位法師大德共聚一堂，並針對「全球問題」發表看法，倍感榮幸。

談到「全球問題」，現今社會面臨的窘境，諸如戰爭的威脅、金融的危機、種族的衝突、生態的破壞、人口的老化，乃至高失業率、家庭暴力等，這些都是全球共同遭遇的問題。尤其近年來國際間災難頻傳，各種天災人禍造成嚴重的人命傷亡與財物損失，例如去年十二月二十六日，發生在印尼蘇門答臘的一場七級大地震，引發強烈海嘯，使得臨近的印度、馬來西亞、斯里蘭卡等南亞地區都遭受嚴重的災情；今年八月因為卡崔娜颶風橫掃，使得美國的紐奧良市一夕之間成為人間煉獄。其他再如今年七月英國倫敦多處地鐵站因為遭受恐怖份子以炸彈攻擊，一時人心惶惶。尤其二〇〇三年五月的一場 SARS 流行，更是打亂了舉世人類的生活步調……

其實，不管天災還是人禍，世間上的一切災難都是人類共業所造成。尤其一些看似起因於不可抗拒的天災，追根究底也都是源於人類的貪瞋無明，因為人類需索無度，不懂得善待地球，過度開發、使用的結果，自然引起大自然的反撲。因此我曾經說過：「世間上的問題，大都是源於人為的因素所造成。如何突破困境，解決世間的問題，唯有靠人類自我覺醒。」

今天針對「全球問題」，我僅提出四點看法，請大家指教。

一、要達致世界和平，應先建立平等的觀念

愛好和平，這是人性光明的表現，生活在地球上的每一個人，都有權利要求過安定、福樂、沒有戰爭恐懼的生活。然而和平並非一人之力可成，和平也不是透過禁武、限核等外在措施所能達致，和平的先決條件就是要「平等」。

「平等」與「和平」是一體兩面的真理，今日世界所以不能和平，就是因為不平等。舉凡政治上的恃強欺弱，經濟上的貧富懸殊，宗教爆發的衝突，種族的相互排擠，乃至男尊女卑、地域分歧……，種種無法和平解決的問題，皆出於彼此不能平等共存、共尊、共榮所致，韓愈在《送孟東野序》中說：「大凡物不得其平則鳴」，因此唯有平等，才有真正的和平。

現在舉世雖然也都在追求自由、民主與平等，但是真正的平等不是表面上、齊

頭式的平等，真正的平等需要彼此立場互易，才能有自他平等的相處。

「平等」是佛法的根本精神，當初佛陀成立僧團，標舉六和敬，以思想、法制、經濟、語言、身行、心意為民主平等的原則，樹立了佛法的平等風範。《雜阿含經》裡的「四不可輕」，也在說明平等的原則，尤其佛教的事理平等、性相平等、自他平等、怨親平等、生佛平等最為究竟。「平等」才能共尊，「和平」才能共榮，今日欲求世界的和平，必先呼籲世人建立平等心，不但大國小國、各種族之間要平等相處，尤其要能以大尊重小、以多尊重少、以強尊重弱、以有尊重無、以上尊重下，唯有在平等的觀念下，人人平等共尊，才能進取世界和平。

二、要推動生態環保，應先重視生權的提升

「生態環保」是當代舉世共同關心，也是亟待解決的重大問題之一。現代人為了滿足口腹之欲，毫無節制的濫捕濫殺，使得許多珍奇動物面臨絕種的危機，間接造成嚴重的生態破壞。尤其濫墾濫伐，造成土石流、水庫及河川淤積泥沙；濫採沙石，造成橋斷路危；濫抽地下水，造成地層下陷；任意燃燒有毒廢料，以及廢棄物、工業廢水、核廢料等處理不當，造成空氣、水質、大地的汙染，乃至溫室效應、臭氧層破洞、沙塵暴等大自然的異常反應，都已嚴重威脅到人類的生存。

另外，根據科學家的一項研究報告指出，以目前人類消耗自然資源的速度，和

全球人口增長速度來測算，再過五十年可能需要兩個地球才能滿足人類對自然資源的需求。由於人類面臨嚴重的能源危機及生態破壞問題，現代人終於意識到環保的重要。

環保是對於地球的愛護，沒有地球，人類就難以生存，因此提倡環保，首重愛護地球。早在一九九二年六月初，聯合國在巴西里約熱內盧舉行的「地球高峰會議」，這個被視為「搶救地球」的會議，主要目標就是要達成保護植物、動物和自然資源的協議。

因此，提倡環保應該從尊重生命做起，因為不光是人或動物有生命，樹木花草等植物也有生命，乃至山河大地都有生命。甚至時間就是生命，因為生命是時間的累積，所以浪費時間如同殺生。相同的，隨便浪費物品也是殺生，因為物品是大眾的資源，是聚集大眾的因緣而成，所以浪費時間，破壞物資，都是廣義的殺生。

佛教是個很有環保意識的宗教，佛教主張不僅對人要有愛心，對山河大地也要保護，所謂「大地眾生，皆有佛性」。既然「佛性平等」，一切眾生的生存權利也應該受到保障，不容許輕易加以傷害，因此佛教提倡不殺生。

不殺生就是慈悲，就是對生命的尊重，佛教對生命的尊重關懷，從一些偈語可以得到印證。諸如《梵網經合註》卷五載：「一切眾生肉者，不論水陸空行，但是有情身分，悉遮止也。一切眾生，皆有佛性，與我同體，而今食噉其肉，殘慘之甚，故云斷大慈悲佛性種子。」《中阿含經》：「諸賢！我離殺，斷殺，棄捨刀杖，有慚有愧，有慈悲心，饒益一切乃至昆蟲；我於殺生淨除其心。」近代耐庵道人也有詩云：「有命盡貪生，無分人與畜，最怕是殺烹，最苦是割肉。擒執未施刀，魂驚氣先窒，斷喉氣未絕，顛倒三起伏。魚鱉無聲類，見死睜兩目，揮命砧几間，張口不能哭。念此惻肺肝，何忍飽口腹」等。另外，根據佛教《六度集經》記載，佛陀在過去世為鹿王時，曾代替母鹿捨身，感動國王制定動物保護區，禁止獵殺。佛滅以後阿育王更廣植樹林，庇蔭眾生，設立動物醫院，規定宮廷御廚不得殺生等，凡此都是佛教對於護生的最好示範。

不殺生而護生，進而倡導生權平等，這是最合乎現代舉世所關心的生態保育，也是最積極的重視環保。因此，唯有喚起現代人的共識，大家共同重視生權，共同保護環境生態，才能還給人類一個健康美好的地球與未來。

三、要消除種族隔閡，應先發揚慈悲的精神

自有人類以來，「族群問題」就一直存在於各個國家與民族之間，不但經常造成國與國之間的戰爭，有時一個國家內部因為族群對立，也會導致分裂，甚至發生內戰。所以世界上最難處理的問題，不是貧富，不是智愚，最難處理的就是種族問題。

種族的紛歧，有的是地理環境使然，有的是語言風俗習慣差異，有的是人種膚色的不同，致使大家排除異己。即使是在同文同種的種族裡，也會有階級貴賤之分。不同種族裡更是劃分了種種的不同，於是產生種種不能相聚的情結。

要消除種族隔閡，首先應該發揚慈悲的精神。慈悲是佛法的根本，《觀無量壽佛經》云：「諸佛心者，大慈悲是，以無緣慈，攝諸眾生。」佛教提倡的慈悲，不但要以同體的慈悲來解救眾生，更要用無緣的慈悲為廣大眾生救苦救難；不僅要消極的不做惡事，更要積極的行善；不只要一時口號的慈悲，還要永久務實的慈悲；不唯以圖利求償而行慈悲，更要無相無償而行慈悲。所謂「慈」能與樂，「悲」能拔苦，當一個人內心充滿了慈悲心，則見他人痛苦時，即能以悲心拔除其苦厄；當見別人不歡時，即能以慈心施予安樂。如果人人都能以慈悲心相待，則一切眾生皆得福樂。

荷蘭弗朗幾博士曾說：「世界戰亂之根，由於人類貪競權力思想過高，遂發為暴毒爭戰之至慘。」佛教強調慈悲、包容，不像其他宗教帶有強烈的種族色彩，因此沒有種族仇恨、殘殺和宗教戰爭。佛教基本上是倡導和平的，佛法教導我們要怨親平等，不僅要「不念舊惡、不憎惡人」，甚至要愛我們的敵人。佛教的僧團裡，「四姓出家，同為釋姓」，就是破除種族歧視的平等制度的落實。

長期以來由於佛法能不分種族、宗教、國家，因此佛教徒在世界各地都努力推動淨化人心、福利群生的工作，甚至結合各地人士的力量，共同為世界和平、社會福祉而努力，同時更擴大胸襟，包容異己，群策群力，以法界為心，以地球人自居。只要地球上的人與人之間、種族與種族之間，都能本著慈悲心，彼此互相尊重、相互幫助，大家都能做個慈悲的地球人，都能走出國界，自然沒有種族的歧視。

四、要體現共生智慧，應先倡導緣起的思想

「法不孤起，仗境方生」。世間上的事事物物都不是憑空而有，也不能單獨存在，必須在各種因緣條件和合之下，才能現起和存在。一旦組成的「因緣」散失，事物本身也就不復存在，這就是佛教所謂「諸法因緣生，諸法因緣滅」的「緣起」道理。

我們生存在世界之上，可以說都是生命共同體，因為宇宙萬物都是由眾緣和合而成。所謂「緣聚則生，緣散則滅」，推其原理，國家與社會就是由種種因緣關係所組成；擴而大之，世界上的人與人之間，國與國之間，都離不開「共生」的關係，都離不開「緣起」的法則。

緣，是世間上最美妙的事！靠著眾緣和合，無中可以生有。由於善緣加入，壞的因子得以改善，因此佛教講「因緣和合」，也就是社會人生互助的意義。乃至一般人喜歡探究人有無命運？其實命運就是「因緣」。造什麼因，結什麼緣，就有什麼果報；果報善惡，就決定命運的好壞。所以做人要廣結善緣，別人曾經給我們好

因好緣，我們也要給人善因善緣，彼此互為因緣，這就是「同體共生」的關係。

總之，從「緣起」的法則來看，宇宙中一切事物都是相因相成，眾生之間也具有同體共生的關係，因此人類應該摒棄過去「物競天擇，適者生存」、「弱肉強食」的概念，大家要發揚互助精神，彼此不要分裂、排擠，讓共生在地球上的每一個人都能融和共存，都能以共生的理念發揚慈悲喜捨的精神，讓地球成為和平安樂的人間淨土，這才是我們應該努力追求的目標。

今天就以這四點意見：

一、要達致世界和平，應先建立平等的觀念

二、要推動生態環保，應先重視生權的提升

三、要消除種族隔閡，應先發揚慈悲的精神

四、要體現共生智慧，應先倡導緣起的思想

提供給各位參考，謝謝大家。

（二〇〇五年十月二十日講於台北圓山飯店十樓國際會議廳專題講演：佛教對全球問題的概觀——法鼓山文教基金會舉辦之「世界佛教領袖座談會」）

（二〇〇六年三月一日刊於《普門》學報）

【修心之鑰】

- 時間就是生命，浪費時間如同殺生。資源是聚集大眾因緣而成，破壞物資，也是廣義的殺生。
- 世界上最難處理的問題，不是貧富，不是智愚，是種族隔閡、排除異己的問題。唯有靠人類自我覺醒，朝做個「慈悲地球人」而努力。

如何建設和諧社會

一誠法師、葉局長、各位領導、各位法師、各位貴賓，大家吉祥：

很難得的因緣，今天能在這裡和大家齊聚一堂，共同參加這場由中國佛教界倡議發起，並由浙江杭州市佛協與舟山市佛協主辦的首屆「世界佛教論壇」。這次論壇的主題「和諧世界，從心開始」，不但呼應了胡錦濤主席「和諧社會」的倡導，同時也明確指出和諧之道在於「從心開始」，希望藉由這次的論壇，共同促進世界的和平，因此意義非凡。

談到世界和平，放眼當前社會，所以有諸多的紛爭，不能和諧，都是由於人們不善於管理自己，尤其不懂得如何管理好自己的「心」。如果人人都能把「心」管理好，則促進社會和諧，不為難也。因此，今天僅針對「如何和諧社會」這個主題，提出四點建設和諧社會的管理要點，分別是：一、柔性的管理，二、自覺的管理，三、感動的管理，四、佛法的管理，請大家不吝指教。

一、柔性的管理

「管理學」是因應時代進步而產生的一門學問。過去西方一談到「管理」，都是講究「制度管理」，也就是一般強調有組織、有系統、有計畫、有目標的企業管理。然而在佛教裡，除了重視組織、制度，佛教尤其有一套另類的管理辦法，也就是以慈悲、讚美、鼓勵來代替制度與規矩的「柔性管理」。

所謂「柔性管理」，世間上剛硬的東西不一定堅固有力，有時柔軟的東西反而有意想不到的穿透力。例如，滴水可以穿石、溫火可以融冰，乃至人體上堅硬的牙齒易斷，但柔軟的舌頭不死不爛。可見「剛」雖然不是絕對的不好，為人「剛直」有時也有其必要，但剛而銳的東西容易斷傷，所以佛教講「從來硬弩弦先斷，每見剛刀口易傷」，柔性反而能夠持久。佛教指導人坐禪，目的就是要培養柔軟心，心地柔軟的人才容易跟人融和相處，心性慈悲柔和的人，往往能制服頑強於無形。例如，佛教裡的盤珪禪師，他以「慈悲愛心」感動禪堂裡惡習不改的慣竊；仙崖禪師則以「不說破」的方式，化導頑皮的沙彌遵守寺規；乃至中國的老禪師放下身段「老作小」，因此讓整個寺院和合無諍，他們都是真正懂得管理三昧的人。

「以柔克剛」的原理不僅可以應用在人事管理上，其實現在海峽兩岸雖因政治因素造成隔閡，但事實上兩岸都是同文同種，有著血濃於水的民族情感；兩岸一衣帶水，國土實不容分裂。因此，兩岸統一是時代的潮流，也是必然的趨勢。未來在「一個中國」的統一大道上，應該立足在「愛」與「平等」的前提下，如胡錦濤主席說：「和平統一，不是一方吃掉另一方，而是平等協商，共議統一。」也就是彼此尊重、包容，透過柔性的溝通，如此才能化解僵局，才能和平統一。所以，和諧社會要講究「管理」，但不是「強勢」的管理，有時以「柔性」的攻勢，更能發揮力用。

二、自覺的管理

「管理學」雖是現代最時髦的一門學科，不過，現在一般人大都只懂得應用在事務上的管理，卻忘了要「管理自己」，尤其是「心」的管理，也就是佛教的「自覺」與「自悟」。

所謂「自覺」，就是自我要求、自我檢討、自我反省、自我發覺問題，繼而要懂得自己解決問題。例如自覺自己說話不圓融、做事不周全；自覺自己經常對人過分要求，乃至對自己無法信守承諾等。因此，「自覺管理」就是舉凡說話、做事，都要事先設想周全，不要事後懊悔，要時時覺得自己的形象重要，自己的品牌重要，所以要自我改進。尤其要「自覺」自己一生承受各種因緣的成就，故要感恩、發心，要懂得先「捨」才能「有」。

「自覺」就是一種自我教育，佛陀講：「自依止、法依止、莫異依止」，就是自我教育；「觸類旁通、舉一反三、聞一知十」，也都是自我教育。自覺的人生，做人處事要「豎窮三際、橫遍十方」，要自覺「內心重於外境、精神重於物質、結緣重於自私、建設重於破壞」；自覺的管理，就是要了解事情的前因後果、來龍去脈、輕重是非、人我關係，乃至覺悟宇宙世間因緣果報的定律。

當初佛陀也是透過自覺才能成道，所以人生在成長的過程中，有時候需要父母的教導、老師的訓誡、社會大眾的幫助、長官的提攜、朋友的勉勵；但是最重要的，還是要靠自己「自覺」。自覺就是自我成長，自我樹立形象，如果自己不能自覺，光是依靠別人，就如自己的身體，血管裡的血液是自己的，是自發的營養，對增進健康有最大的功效與幫助；如果靠打針、注射營養劑，總是外來的，利益有限。

是故，「自覺管理」其實就是自我認識、自我慚愧、自我懺悔、自我奮發、自我學習，也就是要能自我「見賢思齊」，把自我的能量發揮出來，把自我的形象樹立起來。如果人人都能建立起自己慈悲、智慧、明理、樂觀、忠誠、忍耐、守信等「形象」與「品牌」，自然能夠建立和諧的社會。

三、感動的管理

管理學中最難管理的是自己的「心」，但是管「人」也不是容易的事，因為人性是自私的，人有很多的煩惱，很多的意見，最重要的是面對不同的思想、習慣、經歷、年齡、族群等，如何在這麼多的差異之中，將人統攝起來，事實上是非常困難的。

有些人從事管理，善於以謀略在人我之間製造矛盾，然而一旦被人拆穿，就不容易為他人所尊重；有些人從事管理，喜歡用計策先試探別人的忠誠，但是一旦被人識破，就不能為對方所信服。所以最好的管理方式，應該是對人尊重、愛護，凡事「以身作則」，並且勇於承擔及包容部屬的不足或過錯。能夠用「感動」來代替「謀略」，用「施恩」來當做「助緣」，必然更能令人信服，更容易攝受人心。

自古以來，凡是善於管理的良臣名將，都是因為他們擁有這種體貼、承擔的美德，能與屬下「榮辱與共」、「生死不移」，所以感動大家同心一德，克敵致勝。例如吳起領軍，不但與兵士同榻而眠，同桌而食，而且噓寒問暖，為吮膿血，所以官兵們都肯為他赴湯蹈火，在所不辭；李廣帶兵，在饑乏之際，發現泉水，不待士卒盡飲，必不近水，不待士卒盡餐，必不嚐食，所以大家都樂於為他效勞賣命，出生入死。乃至現在的中共領導人胡錦濤、溫家寶，以及台灣的連戰、馬英九等，他們「親民愛民」的作風，也一直深獲廣大群眾的擁護。

過去聽過一則「剩菜的故事」，一個母親為了家庭、兒女，一輩子甘心情願的吃剩菜，我把這種肯犧牲、肯奉獻、不計較、不嫌苦的管理方法稱為「剩菜哲學」，這就是一種「感動」的管理。

感動的管理，不是用規矩來要求人，而是要懂得尊重、包容、平等，彼此立場互換，要讓人「感動」後心甘情願的發心奉獻，所以感動的管理不是命令、指示、權威，而是要讓人自動自發，是一種「無為而治」。

歷史上，伯夷與叔齊兄弟互讓王位、管仲與叔牙互為知音，乃至「羔羊跪乳」、「烏鴉反哺」，甚至最近宜蘭佛光大學活動中心萬人碑牆的夫妻相互報恩，都展現出令人動容的高貴情操。如果一個國家人人都能相互感動，彼此尊重包容，社會自然和諧無諍。

四、佛法的管理

世間的管理，最高的境界就是「皆大歡喜」，「歡喜」是人間最寶貴的東西，當初佛陀降誕世間，目的就是為了「示教利喜」，所以佛陀說法四十九年，一直以佛法給人歡喜、讓人受益。

佛陀是真理的傳播者，佛法則是宇宙人生的真理，世間一切問題，佛法都有辦法解決，例如每個人都離不開「心」而有生命，而能生活；然而我們的心時常製造很多妄想、煩惱，讓人不得安寧。佛法裡「治心」的方法很多，其中「五停心觀」即是五個治心的方法。

所謂「五停心觀」，就是以「不淨觀」對治「貪欲」、以「慈悲觀」對治「瞋恚」、以「緣起觀」對治「愚癡」、以「念佛觀」對治「妄想」，以「數息觀」對治「散亂」。

此外，僧團是「六和敬」的組織，「六和敬」就是最好的管理法。例如，「見和同解」就是「思想上建立共識」，「戒和同修」就是「法制上人人平等」，「利和同均」就是「經濟上均衡分配」，「意和同悅」就是「精神上志同道合」，「口和無諍」就是「言語上和諧無諍」，「身和同住」就是「行為上不侵犯人」。乃至「四攝法」的布施、愛語、利行、同事，「四無量心」的慈、悲、喜、捨等，這些都是建設和諧社會不可少的條件。

尤其佛教的經典，一卷《阿彌陀經》就是阿彌陀佛的「管理學」，一卷〈普門品〉就是觀世音菩薩的「管理學」。阿彌陀佛的西方極樂世界所以為人所嚮往，就是因為他能滿足人們對幸福安樂生活的渴求；觀世音菩薩所以能讓信者把家裡最好的中堂用來供奉他，因為他大慈大慈、救苦救難，讓眾生得以無憂無懼。

阿彌陀佛和觀世音菩薩不但是管理專家，他們的管理學更合乎自我的管理、自性的管理、自覺的管理、柔性的管理、感動的管理，可以說一切都是佛法的管理。甚至由此讓佛教發展出各種宗派的管理法、叢林清規的管理法、僧團戒律的管理法、祖師大德的管理法，可謂內容繁多，讓佛教對於當代社會，甚至自我的管理等等，都能提出貢獻。

現在舉世都在渴望真正的慈悲與和平，佛陀的慈心悲願正是為了給人類帶來幸福與希望，因此這次「世界佛教論壇」的舉辦，必將為全世界帶來非凡的貢獻。今天僅藉著「世界佛教論壇」舉辦因緣，不揣淺陋的以「柔性的管理」、「自覺的管理」、「感動的管理」、「佛法的管理」等四點促進世界和諧之道。希望提供佛教的管理理念，能有助於世人重視和諧，把自己的「心」管理好，繼而實現葉小文局長期盼這次論壇所要達成的「心淨國土淨，心安眾生安，心平世界平」之目標。最後祝福大家，身心自在，共生吉祥。

（二〇〇六年四月十三日
講於世界佛教論壇專題講演：
如何建設和諧的社會）

【修心之鑰】

• 佛門有「六和敬」管理法：思想上建立共識、法制上人人平等、經濟上均衡分配、精神上志同道合、言語上和諧無諍、行為上不侵犯人，真正做到，社會怎會不和諧？

《人間福報》十年有感

有人說：「如果你和哪個人過不去，就勸他去辦教育、編雜誌、建道場。」

這麼多年來，不是有人跟我過不去，也沒有人遊說我做什麼，但我教育辦了，雜誌編了，道場也建了。尤其我從年輕時，就一心想為佛教創辦一份日報，以為佛教廣開言路，同時也為傳播佛法盡一份心意。

這份蘊藏心中多年的理念，終於在二〇〇〇年四月一日《人間福報》創刊時實現了。《人間福報》是國內佛教界所辦的第一份日報，記得當初創刊時，我把他定位為「是一份注重人性光明、道德、溫馨的報紙」，他所代表的是淨化美的社會，是智仁勇的人生，是慈心橋的連繫，是因緣果的報導。

我的立意是，希望《人間福報》能多報導一些社會的光明面，能把生活周遭值得歌頌的善行美事表揚出來，也把每個人潛在的智慧、善良本性發掘出來，期許人人開創智仁勇的人生，同時透過《人間福報》這座慈心橋的溝通，能聯繫、結合每一顆心，共同開創祥和溫馨、淨化美好的社會。

因為我相信，儘管這個娑婆世界是一團汙泥，但我們還是應該做一朵淨蓮，要把美好、清淨的人性表揚出來，所以《人間福報》一直重在「奇人妙事」的介紹，以及「好人好事」的表揚。我覺得社會要有公道，因此不希望社會上的好事，都是寂寞的慈悲，壞事都是熱鬧的聲音；我們要讓好事傳千里，要讓好人能出頭，目的只希望社會能平衡。

另外，我們注重青少年善美教育的推動，以及世界科技新知的介紹；我們不只把藝術、旅遊、醫藥、體育等各種資訊貢獻給大眾，尤其希望所有的報導，都能對社會風氣的改善、對人性道德的提升有所助益。

十年來，由於《人間福報》沒有血腥暴力，沒有刀光劍影，沒有權謀鬥爭，是一份適合闔家老少一同閱讀的報紙，所以一般家庭都把他當作夫妻、親子間共讀的刊物，甚至各級學校也用來做為教學教材，許多莘莘學子更把福報的文章視為作文習作的最佳範本。

此外，不少企業家把《人間福報》當作管理錦囊，一般社會大眾更視之為人生寶典。甚至總統馬英九先生也肯定：《人間福報》「散播慈悲理念，淑世濟人；廣結善因善緣，蔚為社會一股清流。」可見《人間福報》儘管沒有聳人聽聞的政治新聞，但政治人物慢慢也知道，這種清流對人間還是很有用的。

《人間福報》是一份具備教育、文化、藝術、新知的報紙，創刊以來得到社會諸多肯定，包括獲得第一屆「競報——媒體報導獎」，以及第一、二屆「卓越新聞獎」等。但相較之下，《人間福報》能夠走進家庭，走入學校，走向機關團體，普受社會大眾接受，這是我們最大的欣慰。

在佛教裡講的是「眾緣和合」，《人間福報》能在短短十年裡，讓愈來愈多的人願意成為「終生訂戶」，甚至廣為宣傳，除了感謝全球佛光人的護持，共同推動「我訂報，你看報」活動，讓福報能普及到家庭、學校、監獄、公司等社會各角落之外，更感謝多年來主持筆陣的柴松林、馬西屏教授等人執筆為文，讓福報的內容充實不少。

雖然十歲的《人間福報》啼聲初試，就受到各方的鼓勵、愛護，但我們不能以此為滿足，未來還有待繼續發展、茁壯，因此對於走過十年的《人間福報》，只提出四點方向，做為今後努力的目標：

一、**走入校園，推行三好**：教育是國家百年樹人的根本大計，幫助國家培育德智兼備、品學兼優的下一代，一直是《人間福報》自覺責無旁貸的使命。十年來，我們每天刊載許多好人好事的新聞，以及發人深省的勵志文章，不但鼓舞學生積極向上，並且引發見賢思齊的正向思考，因此普獲教育界人士的好評。

不過，教育是永無休止、永遠不能停頓的工作，因此未來《人間福報》將再接再厲，繼續配合國際佛光會，積極推動「身做好事，口說好話，心存好念」的「三好運動」，期許「福報進校園，學子變三好」，人人都能成為身心健全的好國民，這是《人間福報》下一個階段的重要工作。

二、**掌握趨勢，關懷社會**：社會是由眾緣所成，人是活在因緣裡，不能遺世獨立，當然也離不開國家政治。所謂政治，就是管理眾人的事；每個人都是眾中的一員，不能不關心國家政治。因此，《人間福報》並不偏廢政治新聞，只是我們不能隨著某些政治亂象起舞，但對於有關國家政策的制定、法令的宣導、社會的和諧、弱勢族群的關懷，乃至與民生有關的經濟、交通、治安、人權、社福、環保等議題，甚至對時代的思想潮流、世界的發展趨勢等，都應該主動而深入的做正向報導，以期帶動全民關心國是，幫助大眾開闊胸襟與視野，成為「家事、國事、天下事，事事關心」的現代國民，這也是現代媒體應負的責任。

三、**擴大影響，拓展國際**：時代的發展，隨著交通發達，現在的國與國之間「朝發夕至」，真是「天涯若比鄰」；尤其網際網路的傳播，更是「資訊無國界」，所以未來將是個「地球村」的世界，現代人理應做好當個「地球人」的心理準備。

值此之際，《人間福報》不但在內容上要不斷宣導「同體共生」、「尊重包容」、「歡喜融和」、「平等和平」等普世共尊的理念，尤其在發行上更應加緊腳步，努力拓展到全世界，以期擴大影響，引領舉世人類，共同迎接地球村時代的來臨。

四、重視生活，實踐行佛：二十一世紀，人類的文明一日千里，但相較之下，社會上有很多發心的義工，他們在社會各個角落默默奉獻、服務，這種人性光輝的散發，才是這個時代最了不起的成就。這種義工服務的精神，正是「人間佛教」所提倡的生活修行，更是「行佛」思想的落實，他們為社會憑添溫馨與善美，為人間點燃光明與希望，更是值得表揚、讚美。

因此，未來《人間福報》要多鼓勵生活的修行，要多宣揚「行佛」的思想；只要人人心中有慈悲、有正見、有感恩、有發心，人人懂得慚愧、謙卑、忍耐、服務，這就是修行。希望未來社會能產生更多的義工菩薩，大家都能透過行佛來圓滿自己，進而美化人間。

總之，《人間福報》一向秉持「傳播人間善因善緣」的理念在辦報，未來祈願能繼續為社會注入清流，讓福報的發行為人間帶來祥和歡喜，實現「人間有福報，福報滿人間」的目標。是所至盼！

（二〇一〇年四月一日刊於《人間福報》專刊：〔人間福報十週年特刊〕創辦人的話——《人間福報》十年有感）

【修心之鑰】

- 《人間福報》十年，不只為佛教廣開言路，更為社會搭起一座慈心橋。
- 因為不希望社會上的好事，都是寂寞的慈悲，壞事都是熱鬧的聲音；我們要讓好事傳千里，要讓好人能出頭，目的只希望社會能平衡。
- 絕不隨亂象起舞，但純淨的報紙也不能不成為「家事、國事、天下事，事事關心」的現代媒體。

花，美麗了台灣

世界上哪裡最美麗？花前月下。

情人在花前月下，那就是他們的天堂；朋友在花前月下，更增添了情誼的交流。

說到月亮，有所謂的「古人不見今時月，今月曾經照古人」，而花，她那萬紫千紅、多采多姿的身影，在物換星移之中，早已穿越時空，陪伴了生生世世的人們。

在台北舉行的國際花卉博覽會，即將在這個月六日展開。像我這樣周遊世界多次，八、九十歲的老人，我曾經看過荷蘭的鬱金香、北海道的薰衣草；我走過花都巴黎，也到過牡丹之都洛陽；老實說，最初並沒有引起我的關心注意。直到近日，承蒙前台北市副市長李永萍小姐邀請，和總製作人丁錫鏞博士的引導，前往參觀花博部分區域的展覽，著實令人嘆為觀止。花的美麗，人文與科技的結合，節能減碳、環保愛護地球的精神，都發揮到極點，早已超出我的想像之外。乃至在花博中，提供休憩、談話、飲食、表演等動線，把人性的需要，都與花結合在一塊了。

我不知道花博在世界上具有什麼樣的地位？有多麼的重要？為什麼連年都有許

多國家競相爭取世界花卉博覽會的舉辦權？經過現場人士的指引、解說才知道，原來，花博也和「世博」一樣，和「奧運」一樣，它的千奇百態，它的各種內涵意義，不僅昇華了人生，也擴大了眼界，原來，花的世界，比起人一生的豐富，可謂毫不遜色。

花，可以用哲學的眼光，去欣賞她的一生；花，也可以用美學的角度，去探討她的內涵；花，是集合了天地的菁華、水土的情緣，她的嬌美生命與人類的靈魂，可以說緊緊的繫在一起，你說，世界上哪一個人不愛花呢？連佛祖也都要花香供養。

我在花博的現場中，看到了中國人的智慧，花比人嬌，人比花慧，把智慧與花朵點綴在一起，那花的智慧和美麗，真的是難以形容。走在精巧的設計中，走過萬花叢邊，我看到偉大的台灣，可愛的台灣。在台灣各種花卉農產中，有稻米、甘蔗、鳳梨、草莓、玉荷包、水蜜桃，高山的水梨，改良品種的芒果、芭樂，可以說台灣不但是花果的天堂，也是花香的世界。

那裡有青青翠竹，隨風招展，象徵著台灣向世界喊話；從空心菜、茭白筍、高麗菜的土壤下，嗅聞到台灣鄉土的氣息；我在一株莖上含有五十朵蘭花的盆栽前，注目欣賞，驚嘆不已；我也在錦簇的玫瑰花前，駐足觀看，不忍離去。在這萬千的花種之中，我感動得急於想讓全國的人、全世界的人來這裡分享花的生命，花的美麗，花的芬芳，花的教育。

葉葉花卉，無非般若，片片花香，皆是妙諦，於是，我問李永萍小姐，如何邀請住在台灣中南部的人北上欣賞花博；我也建議應該發文讓各級學校師生，前來上一堂美的課程；我更設想如何發動文宣，吸引全世界的人來看看我們的花博、我們美好的台灣，以及我們的成就，我們的智慧。台灣，是多麼的美麗的寶島啊！

台北的花博，匆匆一見，我好像看到居住六十多年的台灣的另外一種身影，我看到台灣多少人心智的偉大與傑出，我心想，台灣雖然只是小小的島嶼，但是透過花博，台灣的花香早已彌漫到全世界，台灣的美麗，又再一次呈現在全世界人類的眼前。

我在參觀花博後，四日隨即前往日本參加一場法會，在兩個半小時的飛機上，腦海裡不斷浮現的，全都是花兒美麗的影像。在花博開幕的前夕，我不禁要說一聲：「感謝台北市市長郝龍斌先生，你結合了台灣花卉專家，你為我們台灣人增加了榮耀，我們感謝你。」

星雲寄語，四日於日本旅途中

（二〇一〇年十一月五日刊於《人間福報》副刊）

【修心之鑰】

- 原來，花博也和「世博」一樣，和「奧運」一樣，連年都有許多國家競相爭取世界花卉博覽會的舉辦權，是向全世界展示美麗台灣的機會。
- 台灣不但是水果的天堂，也是花香的世界。

百年祝福：迎新年，行三好

人生百歲不容易，國家建國百年，更是值得慶祝。一百年前，孫中山先生為中華民國建立三民主義，實乃全民的愛國主義、幸福主義、快樂主義。現代人講究自由民主，但若百姓不快樂，自由民主有何價值？因此，提倡三民主義，讓人民備感尊重、讓人民富有、給予人民生存的空間與地位，人民自然幸福安樂，社會必定和諧繁榮。

中華民國邁入一百年，當前要務是教育人民要勤勞、互相尊重、為別人設想，奉行國際佛光會倡導之「三好運動」——身做好事、口說好話、心存好念，身口意三業清淨，是為國家最重要之基本建設。祝福中華民國一百年後，國運昌隆！

（刊於二〇一〇年十二月三十一日《聯合報》焦點：星雲法師 迎新年 行三好）

【修心之鑰】

- 孫中山先生創建「民族、民權、民生」三民主義，實乃全民的「愛國主義、幸福主義、快樂主義」，百年猶新。
- 迎建國百年，行三好運動。

百年之望

欣逢中華民國建國百年，就如人生弱冠之慶，而立之喜，甲子之幸。值此百歲元旦，回顧過去，前瞻未來，對當前之社會，不得不提些意見，用以勉勵未來。

一、**感恩和諧**：中國社會一向有「富而好禮」之說，而今日台灣的發展，經濟成長，民眾生活比之於往日，可以說都已經是小康之家，應該人人要有「國恩家慶」之感，進而端正身心，改善風氣，如此才是富有；一昧的貪圖，表示貧窮，只有和諧才能共榮。在此百歲開始，希望吾國吾民，都能效法「四恩總報」，期能促進「家庭和順，人我和敬，社會和諧，世界和平」。

二、**明因識果**：當今社會，由於科技發展，人人都為物欲所蔽，以致純樸民風不再，甚至昧於因果，因而災難頻傳。例如台灣風災水災不斷，地震山移，災情慘重，此皆各種業力造成。君不見「活魚三十吃」、「蝦蟹鍋裡跳」，令人好生不忍！乃至濫墾濫殺、貪吝成風、瞋恚蔓延等，如此言行，能沒有因果嗎？故身居美麗寶島之人，應知一切善緣好果得來不易，要能謹慎身心，如佛光山提倡之「四給」

——給人信心，給人歡喜，給人希望，給人方便；有所給人好事，才有好的回報，故此百年之期，希望全民能以「四給」，招致善緣好果。

三、**善心好語**：綜觀今日社會，多數人均有道德風範、善美言行，但仍有少數人惡語傷人，以謾罵說謊為能。觀之立法院的諸公，是否可以為全民模範？各種媒體報導，能否客觀屬實？社會重視清潔環保，我們的語言、內心，是否經得起考驗？希望百歲之國，所有人民都能言出芳香、行必有德，讓中華民國成為一個善心好語之邦，誠所希望之至！

四、公平正義：今日中華民國偏安台灣，對岸大陸也為吾人的邦本。兩岸較量，不只是政治、經濟，也不至於彼此槍炮武力相向；今日較量者，乃公平正義屬於誰家所有？最近在兩岸走動之人，都聽到兩岸的聲音，一致提倡「做好事，說好話，存好心」之「三好運動」。如今後吾人都能注重公平正義，這是兩岸比賽孰優孰劣，也是我中華民族全民之望也！

百歲之始，希望儒家道德人和，希望耶回博愛無爭，希望道家本諸清淨無為，希望我佛慈悲為本，智慧為門，三皈五戒，八種正道，蔚為風氣。吾國吾民，不禁欣之慶之！

（二〇一一年一月一日刊於《人間福報》社論）

【修心之鑰】

- 建國百年真是「國恩家慶」，社會安定步入「富而好禮」的境界。
- 美中不足，還是有被物欲所蔽，昧於因果，各種業力造成的災難頻傳，我們當以儒家道德人和，耶回博愛無爭，道家清淨無為，佛家慈悲為本，做為百歲之始的前瞻與期望。
- 力行「做好事，說好話，存好心」之「三好運動」，必定前途光明。

禪在中國

佛教發源於印度，光大在中國，現在中國的佛教有大乘八宗，其中以「行門」為主的有禪宗、淨土宗、律宗、密宗；另外四宗則以「解門」為重，分別是：天台宗、華嚴宗、三論宗、唯識宗。

八宗當中，禪宗以外的七宗，確實皆發源於印度；但是禪宗不同，禪乃發源於中國，光大於江西！因為大部分禪宗的祖師都出身於江西，其中最負盛名的如馬祖道一禪師，他在江西大樹法幢，與湖南的石頭希遷禪師同時名震天下，當時各地禪僧紛紛往來於江西、湖南之間參學，因此有「走江湖」之說。

馬祖禪師嗣法於南嶽懷讓，懷讓禪師與青原行思同在六祖惠能門下得法，並稱為兩大弟子。之後由此二人更發展出臨濟、溈仰、曹洞、雲門、法眼等五家，所以說禪宗自六祖惠能大師以後「一花開五葉」；甚至加上出自臨濟宗的楊岐派與黃龍派等「五家七派」，禪門的祖師一時在中國各地大振禪風，禪的精神不但融入中國文化，禪門的大德更是多如孔門的儒士。

近代國學大師錢穆博士曾經大力推薦，認為《六祖壇經》是探索中國文化必讀的經典之一，說明禪是中國文化，是中國人的發現。中國禪宗自菩提達磨由印度來華，傳法於慧可，之後慧可傳僧璨，僧璨傳道信，道信傳弘忍，弘忍傳惠能，是為禪宗六祖。菩提達磨雖然來自印度，但他在嵩山少林寺面壁坐禪長達九年，因此說他是在中國開悟的，也有可能。

禪，就是要「悟」！禪不是宗教，禪是我們的心。正如佛陀在靈山會上拈花微笑，傳法於大迦葉，他也說：「吾有正法眼藏，涅槃妙心，實相無相，微妙法門，不立文字，教外別傳，付囑摩訶迦葉。」佛陀說「教外別傳」，那是講「心」，而不是指「禪」，心裡面有禪，那是很重要的，所以說禪是直指人心，是以心印心。

禪是人人本具，個個不無，每個人都有禪心，心中有了禪，就如闇室裡有了明燈。禪，在宇宙之中，像水、像山、像大自然、像宇宙；宇宙就在我們的心中，所以不可以完全用宗教的眼光來看他，而要肯定禪是中國的文化，是中國人的發現，就如西方人發現許多新興的學科。中國人發現儒家的「仁」、道家的「道」，佛教的「禪」，這是偉大中國人的貢獻。

當初禪隨著佛教流傳到日本，日本佛教因此廣大發揚；流傳到韓國，韓國佛教因而隨之興盛。遺憾的是中國人不知道珍惜，現在中國人不顧文化、歷史，硬要把禪推說是外國的，是宗教的，誠為可惜。

之所以有這些感觸，是因為現在台灣有些團體要舉辦「大專學生禪學營」，大陸的教育界不放心讓學生來台參加，因為他們一聽說是「禪學營」，就害怕與宗教有關。後來幾經交涉，雖然有些開明的學校終於放行，但有些還是堅持不行。

其實，即使「禪」是與宗教有所關連也不用怕，因為禪是每個人自己的人生之寶，人生就是一個禪，你的語言有禪，所說的話就不一樣，你的眼光有禪，看到的世界就不一樣；甚至有了禪，你吃的飯菜味道會不一樣，有了禪，你睡覺就能睡得安然自在。何況事實上禪也不是宗教的，禪是人生，是生活，是人心，如此寶藏與儒家的仁、道家的道，同為中國之寶，一定要把他歸納於宗教，歸納為外國的舶來品嗎？

現在正值兩岸往來交流最密切的時候，此刻歧視文化，把禪廢止，兩岸的交流如何能發展呢？再說，兩岸交流光是人來往還是不夠的，要用「文化」、要用「心」來往，才能把兩岸同胞的情誼連繫在一起。

記得二〇〇二年佛光山聯合台灣佛教界，共同到大陸迎接佛指舍利來台，在短短的三十幾天之中，台灣就有五百萬人歡喜瞻仰、禮拜，此事對中國文化，對兩岸的往來交流，應該是有一些促進功能，是有實質貢獻的。因此，未來希望兩岸的政治界，不要再畏懼宗教，應該要更了解文化，更重視文化，讓政治、經濟、社會，都能與文化結合，如此兩岸的交流才會更具意義。

（二〇一一年九月一日
刊於《人間福報》人間百年筆陣）

【修心之鑰】

- 台灣舉辦「大專學生禪學營」，大陸的教育界不放心讓學生來台參加，他們一聽「禪學營」，害怕與宗教有關。最後有些開明的學校終於放行，但有些還是排拒。
- 禪不是宗教，禪是人生，是生活，是人心，與儒家的仁、道家的道，同為中國之寶，一定要把他歸納於宗教嗎？
- 未來兩岸交流，希望不要再畏懼宗教，要更了解文化、重視文化，讓政治、經濟、社會，都能與文化結合，會更具意義。

理性、包容、愛台灣

馬英九先生的第二任總統選舉，獲得了六百八十九萬多張的選票，得票率為百分之五十一點六。但從當選後到就職這段期間，因為推動改革，導致民怨沸騰，民意調查顯示，他的聲望從最高時期的百分之六十六降到了百分之二十三。這看出台灣的民意過分不穩定，對自我不具備信心，沒有以整個國家的大局為重，只對個人的厲害諸多計較，對某一件事情喜不喜愛，就全面否定國家領導人的奉獻，我覺得這實在是有欠妥當。

我也感覺到，現在台灣的各行各業不重視給別人空間。例如藍綠對立問題，過去還有「中間選民」的說法，慢慢的，中間選民的聲音也都減弱，只剩下對立責罵。假如能夠理智包容，以國為重，你有不同的意見，也未嘗不可，但都要往好處去想，現在卻變成了怨恨、仇視、無明，沒有理性、沒有原則，我就是不高興你的存在的情況了。

就如上週，我發表一篇〈慈悲與仁愛的啟示〉，有人批評：他是和尚，怎麼可以來管這許多事情？或是：出家人也談國事嗎？自古以來，無論中外，宗教家在國家裡關心社會、悲天憫人，行使一個公民的權利與義務，就算是在專制的時代，也都獲得帝王和人民的尊重，怎麼到了二十一世紀的民主時代，連一個公民權都沒有，反而「出家人做什麼事」的這種論調，也會在這個時代出現？你都剝奪別人說話的權利，怎麼能讓這個社會和諧呢？

我作該文，也只是以國家的一份子提出，希望兩岸和平、兩黨和諧、人民和解，馬英九做一位領袖，提升他民望，因為我覺得「和平、和諧、和好」是當代普世的價值。如果連普世價值都加以揚棄，那這種國民教育的水準，叫人怎不擔心呢？

我們的總統，是幾百萬人民一張一張神聖的票投下去選出來的，現在又說他不好，要是馬英九先生情緒化，說：我不幹了，總統你們來當！你說，這還成為一個政黨社會的民主國家嗎？現在應該不是馬總統的聲望跌到最低，而是我們全民的素養跌到最低的時候吧。

今日台灣的民主，需要大家共體時艱，就如汪洋中的一條船，人民必須通力合作才能穩定安全。我希望民主時代的每一個人，不要高估自己，不要一意孤行、稱意而言，應該要放棄偏見，凝聚共識。民主社會有意見不同、有所紛爭，都是在所難免，甚至倒閣、罷免總統也時有所聞，但是正常的情況之下，我們也應該給予國家領導人一個起碼的尊嚴。

有人說馬英九總統無能，試問：他調整油電價格和你意見不同，就是無能嗎？他的施政方針和你不同就真的無能嗎？應該讓他做出來看看才是。再說，總統不是技師、工程師，不是強調他具有什麼能力。過去胡適之博士要老蔣總統不要管太多的事情，因為國家有行政院長、各部會首長，國家有責任內閣、有分治單位，吾人對總統不該有太多的要求。四年來，看到馬英九總統頭髮漸白，為國操勞，我們全國國民又為國家做了什麼呢？

台灣的民眾要養成「以責人之心責己，以恕己之心恕人」的素養，然而，現在許多媒體人、政治人士，也不經過深思熟慮，任意的攻擊他人、批評他人，卻沒有想想我們自己呢？

我們現在每個人要先做好自己，站在各自的立場，農工者報國生產，教育者教示學生勤奮努力、為學做人，各行各業不自私、不貪汙、不狡辯，人人行三好——做好事、說好話、存好心，建設祥和之氣。國之所好好之，民之所愛愛之，這才是台灣的方向，在這種時候，我們可以選出一個勤勞奮勉、正直不貪汙的總統，這也是全民的福氣，實在沒有必要天天在那裡高呼總統無能。在批評聲中，不能放棄人性的善良和厚道。

我本無言，但我愛國家，我愛大眾，僧侶報國，只憑關懷，只要國家和平安定、社會和諧無爭、人民和好安樂，別人罵我、詬我，我都心甘情願。今天此文以慚愧的心情，向各位表白，請多多原諒。

（二〇一二年五月二十二日刊於《中國時報》時論廣場）
（二〇一二年五月二十二日刊於《旺報》兩岸新聞）
（二〇一二年五月二十二日刊於《人間福報》：全民合作 共創台灣的方向）

【修心之鑰】

- 台灣的人民原本純樸善良，現今卻變得不重視給別人空間，中間理性的聲音減弱，只剩下對立謾罵。
- 宗教人士關心社會、悲天憫人，行使一個公民的權利與義務，就算是在專制時代，也都獲得帝王和人民尊重，到二十一世紀的民主時代，反而出現「出家人做什麼事」這種論調，連說話的權利也被剝奪，這是民主素養的滑落。
- 不經過深思熟慮，任意攻擊批評他人，卻沒有想想自己的行為與動機。
- 台灣的民主，需要大家共體時艱，不要高估自己，不要一意孤行，應放棄偏見，理性包容、凝聚共識，批評聲中也不能放棄人性的善良和厚道。

看到兩岸融和的契機

兩岸關係說來實在是中國歷史上一段奇特的因緣，隔閡了六十年之後，說疏離其實又不太疏離；說親近嘛似乎又還有一點距離。不疏離的是同文同種；有距離的是雙方在政治上還有許多歧見。儘管從二〇〇八年之後，兩岸在經貿文化交流上大跨步的邁進，但是涉及到主權的問題時，就會碰到絆腳石，舉步維艱。在這樣的情況下，兩岸民間的互動就成了不可或缺的角色。

自政府開放大陸觀光客來台，尤其是開放自由行以後，兩岸民間就成了雙向的往來，這對於促進彼此的了解非常有幫助。六十年的隔閡，兩岸人民儘管感覺還很親，但還是有生活習慣上、思想觀念上的差異，這些差異必須透過一段較長時間的互動才有可能消解。很可喜的，我們在《旺報》的「兩岸徵文」中，看到很多兩岸人民往來的故事，也看到了兩岸間融和的契機。

以我個人來說，我雖然是個出家人，但我的經歷和大陸上隨著國民政府遷台的老兵們並無二致，他們都是響應「一寸山河一寸血，十萬青年十萬軍」的號召從軍的，而我從小在宜興的大覺寺出家，一九四九年南京淪陷了，有同道朋友號召到台灣，跟師父稟報之後，我就到台灣來了。初到台灣時很辛苦，慢慢地一邊學習一邊弘法，建立了「人間佛教」的信念。

兩岸經過多年的隔閡，等到開放之後我回到宜興的祖庭去看，也遊覽了許多名山古寺，才驚覺到佛法在大陸沒有了昔日的榮光，現在我感到有一些責任，必須和大陸的大德、法師們親近，把佛法帶回到大陸去。但是我也明白，很多事情無法一步登天，必須慢慢來。所以我現在從文教工作上著手，就像在台灣一樣，我辦學校、辦報紙、參與社會公益，天長日久才有一點點的成績。人同此心，心同此理，我相信假以時日，佛法可以在大陸重新弘揚。

跟我推廣人間佛教的理想一樣，《旺報》舉辦的兩岸徵文活動也是一點一滴積累的功夫。從文章中可以發現，兩岸人民對彼此的了解，已經從硬體轉向軟體，大陸民眾對台灣的制度和人文風習感到好奇與羨慕，譬如他們很喜歡看台灣的政治談話性節目，因為呼吸到自由的空氣；他們覺得垃圾分類、垃圾不落地很環保；他們在台灣掉了相機、掉了手機，很快就找到了。這是國民素質的表現，慢慢互相影響之下，差距就會縮小。

台灣人對大陸也慢慢的改觀了，有了一點認識。過去對他們的印象總是覺得很窮、很落後，但是大陸最近幾年經濟的發展，人民富裕起來了，都市也建設起來了。很多人深入大陸的二、三線城市，深刻體會到大陸「中部發展、西部大開發」的情況，不僅消費能力高，服務品質也慢慢提升了。

從中國歷史看，曾經經歷過三次大的政治分裂，卻促成文化的大融和。第一次是春秋戰國時代，雖然七雄割據、各霸一方，但是最後發展出秦漢文明；第二次是魏晉南北朝的分裂，卻促成大唐文明；從清末民初到現在兩岸逐漸統合，是第三次大融和，我們期待一個新的文明盛世，當然這個盛世會是融和兩岸文化精髓。

現代是個多元開放的社會，民間的力量才是主導兩岸未來發展的主流。最近大家都談到兩篇影響力很大的文章，這兩篇文章反映了大陸人民對台灣普遍的觀感。一篇是大陸年輕作家韓寒所寫〈太平洋的風〉，另外則是由《新周刊》製作的專題提到「台灣最美麗可觀的風景是人」，從這裡可以看出來，台灣這六十年來最大的成就，就是建立對於人的根本價值的尊重。

《旺報》的兩岸徵文裡頭忠實的呈現了兩岸人民之間互相批評、互相檢討、互相讚美、互相學習，這個平台是非常難得的，就像滴水穿石，兩岸的隔閡終有一天會彌合。

（二〇一二年十二月十四日
《人間福報》人間百年筆陣）

【修心之鑰】

- 從二〇〇八年之後，兩岸在經貿文化交流上大跨步的邁進，但是涉及到主權的問題時，就會碰到絆腳石，舉步維艱。在這樣的情況下，兩岸民間的互動就成了不可或缺的角色。
- 很多事情無法一步登天，必須慢慢來。先從文教工作上著手，就像在台灣一樣，辦學校、辦報紙、參與社會公益，天長日久才有一點點成績。
- 從兩岸徵文活動，發現大陸民眾對台灣的制度和人文風習感到好奇與羨慕，像談話節目自由的空氣、垃圾不落地很環保、在台灣掉了相機、手機，很快找到。
- 兩岸未來的發展，未必不能成為中國歷史上第三次文化大融和，而創造出新的文明盛世。

歡迎張志軍主任來台

人來人往，走久了，路就走出來了。兩岸從一九八七年台灣開放探親以來，兩岸人民來來往往，路愈走愈寬廣。來往的人多了，也愈來愈能相互了解。兩岸關係就是這樣走出來的。兩岸關係若要繼續穩當地發展，就要堅定不移地繼續往前走。

我很高興，大陸的國台辦張志軍主任一行要到台灣來走走，在我來看，張主任一行這次最重要的意義是走親，兩岸本來就是一家人，本來就要多走動，走的地方愈多，見的人愈廣，兩岸的感情就一定愈來愈好。

張主任是我的好朋友，他為人謙和，能力很強，這一次到台灣來，一定可以傾聽更多的聲音，認識更多的新朋友，對台灣增加更多的了解，與台灣結一個不解的善緣。

我近年來推動「三好」與「四給」，希望人人都能「存好心、說好話、做好事」。我希望張主任來台時，賓主雙方都能抱持著為兩岸謀求福利的好心，多為兩岸關係未來的和平發展提出建議，並讓此次訪問能夠圓滿順利。這就是為兩岸做功德，為我們下一代累善積福。

我還希望在張主任訪台之時，賓主雙方都要做到「四給」，即「給人信心、給人歡喜、給人希望、給人方便」。要讓兩岸政府與人民都對於未來的發展更有信心，要讓兩岸民眾彼此都能感受歡喜，要為兩岸人民的福祉創造希望，還要為兩岸人民解決困難，讓彼此更能像一家人一樣自然無拘的相處。

兩岸關係從以往的武力相對、惡言相向，走到今日的交流互動、和平發展，的確是非常不容易，這是以往大家種因結緣所得的善果。相對於目前在全世界各地的族群衝突、政治紛爭，兩岸即使目前仍有政治的分歧，但仍可和睦相處，這是由於兩岸人民都有智慧，都懂得包容的道理。

「有容乃大，慈悲無敵」。張主任此次來訪，是諸多因緣的果，也是未來諸多善果的因緣。佛光山將敞開山門，用最熱情的歡喜來迎接張主任。大陸朋友常常說，台灣最美麗的風景是人，我也希望台灣的朋友，用溫暖的歡喜來接待張主任，讓他們一行能夠感受台灣社會的和諧，民眾的善良純樸以及包容與慈悲。

祝福張主任一行訪問台灣，圓滿順利，滿載歡喜與信心而歸。

（二〇一四年六月二十五日刊於《聯合報》民意論壇：星雲 期許張志軍走出兩岸善緣）

（二〇一四年六月二十六日刊於《人間福報》投書：星雲大師 張志軍為兩岸做功德）

【修心之鑰】

- 從一九八七年台灣開放探親，兩岸關係的路愈走愈寬廣。
- 兩岸關係從以往的武力相對、惡言相向，走到今日的交流互動、和平發展，非常不容易，這是以往種因結緣所得的善果。繼續穩當地發展，就是為兩岸做功德，為下一代累善積福。
- 大陸朋友常常說，台灣最美麗的風景是人——展現待客熱情和歡喜的人。

兩岸和敬，不計較一兩句話

現在兩岸和平來往，這樣的和平來往得來不易，我們珍惜這種和好、和諧、和平，甚至還要「和敬」。特別是兩岸來往，要從大體上去促進彼此的了解、友誼，不要斤斤計較於一句話、兩句話、一個細節傷了和氣。

最近適逢大學開學期間，政治大學的大陸學生和台灣的學生在新一屆的陸生說明會，發生了一點糾紛，有兩句話引發了熱烈的討論。

第一句話是，台灣的學生對大陸的學生說「歡迎各位中國學生到台灣來」。但大陸的學生一聽不能忍耐這一句話，為此而抗議。

其實不必，叫中國也沒錯，叫台灣也沒錯，本來都是地名，沒有分別的意思，甚至現在兩地都在來往了，哪有什麼不對呢？

就好比一家人住在一個屋子裡，叫房間裡的人出來到客廳，那不是兩家，是一家；你從廚房到飯廳來吃飯，這也不是兩家，仍是一家人；從廚房到客廳、到飯廳，不管什麼說法，都是一家人。

講這話的人，他也沒有什麼分裂的意識，可能只是他的習慣用語，可能中國也包括台灣，不過從北京到台灣，這也是事實，就不要計較於「中國學生」這樣的名詞有什麼不好。

就算是夫妻，也會有不同的想法、不同的意見。容許一些說話用詞的不同，無關於宏旨，就不要疑神疑鬼太過敏感了。

我對佛光山的徒眾到大陸去，就告訴他們，在大陸，不可以說「你們大陸」，也不要說「我們台灣」，這好像對立一樣。

你可以說「我們大陸」，這樣讓對方聽了會感到大家都是一家人，也就沒有什麼糾紛了。這就是講究說話的藝術。

第二句引起爭執的話是「台灣像個小女生」。「小女生」這個名稱，是侮辱嗎？是不好嗎？是不敬嗎？也不見得。小女生也是可愛的意思，小女生將來也可以做貴夫人、做皇太后。

台灣和大陸比，是小，我們也無庸諱言，大陸很大，我們很小，做小女生不要緊，問題是大陸是大男生，如何追求到小女生，有條件娶小女生嗎？這才是重要的課題啊！

因此，這些是不值得計較的，本來就各有各的想法、各有各的看法，這都是個人一些的言語措詞，不要拿來影響大眾，甚至社會，兩岸的共識不要因此而損傷。

兩岸應該互相尊敬，假如一句話都不能容忍，那怎麼能和平友好呢？就是談判，你來我往，我往你來，舌戰唇槍，互相辯論，所謂「異中求同，同中存異」，這都可以，但不要做人身攻擊，傷了和氣。

台灣的同胞們應該學習講「我們的大陸」，這樣我們的心胸不是會擴大嗎？假如大陸的學生在台灣講「我們的台灣」，大家的感受又是什麼味道呢？所以不要執著，如佛教有兩句話：依法不依人、依義不依語，這才是重要。

像我們在台灣，經常感受中華文化之優美，中國歷史上仁人聖者之多，我們同享前人聖賢留下來的豐富精神食糧；像甘肅敦煌石窟、山西雲崗石窟，湖南的張家界、黃龍的九寨溝、雲南的玉龍雪山、宜興的石洞竹海，我們也共賞這些令人驚嘆的藝術價值和美妙的自然風光……，這許多許多，都是我們的。

所以，今後兩岸同胞彼此往來，要注意修辭，不要那麼敏感，統統都是我們中國、我們大陸、我們台灣，兩岸都是我們的，世界都是我們的，那還有什麼可以計較、爭執的呢？

（二〇一四年十月二日刊於《聯合報》民意論壇：兩岸和敬 別為「一句話」傷和氣）

（二〇一四年十月三日刊於《人間福報》投書：兩岸來往 和敬尊重 不計較兩句話）

【修心之鑰】

• 兩岸和平來往，得來不易，珍惜這種和好、和諧、和平，甚至還要「和敬」，不要斤斤計較於一兩句話傷了和氣。

• 講話有習慣用語，注意修辭，不要過度敏感，對話多說「我們」，少說「你們」，感受就不同。所以不要執著，如佛教有兩句話：依法不依人、依義不依語，這才是重要。

《迴響》

挑「好」的說

——「家和萬事興」的曙光會出現

高希均

（一）

每天排山倒海而來的負面新聞，從政經、兩岸、社會到體育、健保，使民眾看累了，聽膩了、心煩了。

進入二十一世紀的另一個十年，讓我們共同努力構建：一個快樂的家庭、一個和諧的社會、一個進步的國家、一個永續發展的大環境。

走向這個偉大願景的一小步，容我建議：先從大家「挑好的說」開始。用於家庭，家會快樂；用於社會，社會會和諧。限於篇幅，只討論對公共政策的批判。

- 對公共政策的優劣，做出符合比例的批評，是天經地義的。
- 謾罵是「自我感覺」好，於事無補。
- 「無所不罵」則凸顯自己的作秀與無知。
- 評論時政宜有同理心與體諒心，如陳長文與張作錦二位近來所呼籲的。
- 在台灣，責罵官員，完全不要有勇氣，只要有脾氣；稱讚官員卻需要道德勇氣。

(二)

一年半以來的馬政府到底做「錯」了什麼？我認為很少；政策推動上，做了「慢」的倒很多。平心靜氣地來探討新流感疫苗、ECFA、美國牛這些公共議題時，這些都是做了「對的決定」，但是為什麼反被認為是「做錯了事」？這就是「專挑壞的說」的效應。就「兩岸經濟合作架構協議」來說，面對「東協加一」自由貿易區的生效，政府只要對可能受影響的產業，採取適當措施，台灣就要趕快簽訂。

少數反對者不斷誇大以及專挑負面影響，而政府溝通力又不足時，就產生了政策的延誤，使全民整體利益受到損失。《遠見》雜誌十二月中的民調顯示：54%的民意認為簽訂ECFA對台灣經濟發展的重要，只有19%認為不重要。

當「對的決定」宣布後，政府一碰到少數反對，或遲疑、或收回，或道歉，好像變成「做錯了事」。這種一再出現的場景，起初是展現了風度，以後則是損傷了魄力。這種退讓是多數支持者對馬政府失望的根本原因。

（三）

當輿論發揮報憂不報喜的功能時，西方社會也常會出現另一種聲音：請媒體告訴我們：「政府做『對』了什麼？」

台灣的二十五縣市與中央部會當然也做了很多很多值得報導與令民眾興奮的事。可惜「好事出不了門」，使大多數的民眾日日夜夜被所報導的灰暗面所籠罩。

讓我們做三個月實驗：挑「好」的說。把八十／二十原則用在這裡：八成講「好」，二成講「不好」。

- 孩子數學成績從二十分升到四十分時，稱讚這是「一倍的進步」，不是「還不及格」。
- 鼓勵失業的丈夫：「休息是為了走更長的路。」
- 對遲暮的女子說：「妳一直有這樣動人的氣質。」
- 對蔡主席說：「加油，走理性的路。」

• 對馬總統說：「你放心，民調只剩下一個可能：升！」

胡志強有本書名《幽默一定強》（不是「志強一定強」），高希均有本書名《閱讀救自己》（不是「自己救閱讀」），馬英九有本書名《沉默的魄力》（不是「魄力的沉默」）。

星雲大師一直在提倡「三好」：說好話、做好事、存好心。這樣做「三好」，一定有「好」報。這個「報」也指報紙。

大家來實驗三個月：挑「好」的說。我猜想：股市會上升、微笑會增加、「家和萬事興」的曙光也會出現。

作者為遠見．天下文化事業群創辦人
二〇一一年一月四日《聯合報》刊出

第八部

大千事：執正見，解偏執之言

佛教走向國際

諸位仁者：

自四月六日離開佛光山後，我便開始了為期兩個多月的海外弘法之旅。第一站是印尼雅加達。

在印尼，感覺到回教的政府對於種族和宗教，都嫌有太過分的立場。據說佛教從未獲准在寺院以外的公共場所弘法。這次承慧雄、宏慧、宗如等法師的努力，在廣場和大會堂的公開演講，每場講座均在兩千人以上。在雅加達多位印尼人皈依佛教，在蘇門答臘皈依者在千人以上。

印尼的華裔師姑多，佛堂也多，讓我深深地感到過去中國佛教徒在海外開疆拓土，原來師姑們功不可沒，她們離開中國大陸時，身上背了一尊觀音聖像，或一尊彌勒菩薩，就飄洋過海，設立佛堂為民眾服務，甚至教育年輕的女童，讓她們成長，繼續佛教事業，在本山學部，不是有多位畢業或在學的學生嗎？

另外要提的是饒先生要在雅加達成立「印尼佛光協會」，葉豐鈺先生在棉蘭也成立了「棉蘭佛光協會」，他們為印尼的佛教跨進了一步，這是我出國的第一因緣，只是想到佛光山弘法人才，有那麼多有願有成的人嗎？

從印尼到了分別三年的馬來西亞，先在檳城作了兩天的演講，東姑禮堂真可說是人山人海，到處都擠得水洩不通。感謝馬來西亞佛光協會會長丘寶光居士，以及梁國興、陳椿成、謝桂元、黃增金、梁國基、許來成、陳愛珠等人，尤以廣餘法師助力最大。檳州州長許子根先生更從百忙中與我約談，向聽眾宣布要建萬人禮堂，做為我下次佛學講座的地方，隨即獲得了五千觀眾熱烈的迴響，掌聲久久不絕。

四月十二日到了吉隆坡，佛光協會執行會長陳孟齡、祕書陳愛珠、陳來富等人安排我在吉隆坡最大的、可以容納二萬人以上的體育館演講，多位法師、工程部長郭洙鎮和當地中華民國駐吉隆坡的代表黃新壁都蒞臨聽講，黃炳成先生致詞，黃逢保先生司儀。馬來西亞所有報紙更以第一版彩色版面多次刊登弘法的盛況。時值馬來西亞回教徒正向政府申請要以回教的戒律列入憲法，如：女人出外要戴面紗，犯偷竊行為要斬斷雙手，男女情感出軌則應亂石打死。後來總理馬哈迪發表聲明，說馬來西亞是個多種族的國家，是個信仰自由的國家，回教的戒律不應列入憲法，滿天雲霧，一時消散。我很喜歡在海外傳教，也很喜歡為華人盡微薄的力量。

馬來西亞佛教總會會長金明法師，和前會長竺摩法師，都是難得的善知識，因為有他們，佛教才增加榮耀。我拜訪了他們，我和他們電話晤談，他們為教辛勞的熱誠，不減當年，心中欽佩不已。

四月十七日晚間，乘了十五個小時的飛機行程，我到了巴黎，在巴黎成立了十八個佛光協會的分會，二十日，到倫敦作數場講演，也成立了「倫敦佛光協會」，慧海在巴黎的潮州話，慧群在倫敦的英語翻譯，出盡了鋒頭，我深深覺得，推動佛教國際化，語言是多麼的重要。四月二十二日，從倫敦乘了十三小時飛機，到南美洲的巴西聖保羅。

巴西正是等待佛教開發的地方，巴西的林訓明、斯子林、張勝凱、許疊等居士，都是大心菩薩，為這次弘法不遺餘力，尤以張勝凱居士將自己的住宅精舍獻給佛光山做為道場，更名為如來寺，很令人感動，斯子林居士在里約的房子也要獻做道場，諸位仁者！你們說，誰能來擔任住持和弘法呢？

尤以巴拉圭之行，承蒙許東波先生的悉心安排，沒有簽證就由憲兵警車開道護送，在巴拉圭的東方市，作了另一場佛學講座。食宿方面也受到了中華會館、紀文祥先生、郭徐玉珠老太太及其公子郭文綺無微不至的照顧。我在巴西成立了「巴西佛光協會」，在烏拉圭也成立了佛光協會籌備委員會，又飛行了九小時到了紐約，在那裡也成立了紐約佛光協會。

我終於在一個月中旅行了四大洲，五月三日回到洛杉磯西來寺。

西來寺四周的紫羅蘭正在盛開，各色的夾竹桃更是爭奇鬥艷，狼群不時的在四周出沒，善良的灰兔也偶而出現，西來寺大眾正為佛光總會的成立，以及傳授三壇大戒而忙碌，我看出了佛光人的精神，我也彷彿看出了佛教未來的希望！

我忙過了國際佛光會世界總會的成立，對於大會的主題「歡喜與融和」，希望各位仁者要以此做為座右銘，希望你們知道，國際佛教等著你們發心和努力，因為弘法利生固然要慈心悲願，但更要佛學和語言的能力！你們要打好佛法的基礎，養成傳教師的風儀，以便以歡喜的心情和融和的雅量走向世界，擁抱地球吧！

星雲

佛光紀元二十六年

六月二十六日

（刊於一九九二年六月佛光山傳燈學院）

【修心之鑰】

- 過去中國佛教徒在海外開疆拓土，師姑們功不可沒，她們離開中國大陸來到東南亞，身上背了一尊觀音聖像，或一尊彌勒菩薩，就飄洋過海，設立佛堂為民眾服務。
- 推動佛教國際化，傳教的熱情是基本條件，但語言是不可或缺的工具。弘法利生固然要慈心悲願，但更要佛學和語言的能力！

二十一世紀的訊息與展望

有人說：二十一世紀是太平洋的世紀，也有人說：二十一世紀是中國人的世紀。在我個人看來，並不盡然如此。那麼，二十一世紀是什麼樣的世紀呢？下面我分四點來說明自己對二十一世紀的展望：

一、二十一世紀是尊重包容的世紀

二十世紀，自由、民主與科學發展迅速，在人類的誤用下，已產生諸多弊端，例如，個人太過自由，妨礙到他人的生存；民主成為「眾暴寡」的藉口，科學也淪為「強凌弱」的工具。近幾年來隨著歐洲共同體的成立，蘇聯集權的解體，核子武器的凍結、科技文明的整合，世界的前途日趨光明，我們可以預見，未來的世紀是走向尊重和包容的世紀。因為惟有尊重對方，自他互換，易地而處，才能消弭無謂的殺戮和紛爭，惟有包容異己，同中存異，異中求同，才能共享幸福的生活。尤其在科技進步、資訊發達，人類邁向地球村的紀元裡，我們更需要打破宗派、種族、國家的界限，摒除私心，接納異己，攜手建立尊重包容的世紀，才能共成美事永享和平。

二、二十一世紀是同體共生的世紀

人類最初生活在神權時代，將冥冥不可知的未來寄託於神祇，後來，帝國的形成造就君權至上的時代。直至近代，民智漸開，人類拋頭顱、灑熱血為自己爭取權利，民權時代於焉而起。然而，因為缺少「同體平等」的認知，族群衝突頻起，由於沒有「共生慈悲」的觀念。我們的地球遭到空前的浩劫，不但生物漸滅，滿目瘡痍，而且周遭環境日益惡化，促使大家開始覺醒昔日之非。我認為這將會推移人類到一個注重生權的時代，也就是同體共生的世紀。

在一切眾生都有權利的時代，大家將意識到，儘管彼此之間有國家、民族、習性、物種的區別，卻居住在一個地球上「同」為眾緣和合的生命「體」，所以應該「共」相仰賴並求「生」存。如果我們都能體悟物我一如、生佛平等的真理，就能捐棄我執，化解對立，整個世界就能和平安樂、生機盎然，成為同體共生的世紀。

三、二十一世紀是集體創作的世紀

在今日知識爆炸的時代，專業分工成為不可避免的趨勢，但又發生無法掌握全局，反成扞格的弊病，人們漸漸覺悟到彼此合作、集體創作的重要性。其實，兩千六百年前，我們的教主釋迦牟尼佛在印度所領導的就是一個集體創作的僧團。在佛陀的出家弟子中，迦葉、優婆離尊者重修持、守戒，目犍連、舍利弗長老善於說法、教化，甚至愚笨如周利槃陀伽，都能安住在灑掃中，貢獻社會。佛陀的在家弟子從王公貴族到販夫走卒，也都能依循教理，充分發揮護法衛教的功能。在僧俗二眾的通力合作之下，使佛教在當時的印度不但發展迅速，而且興盛璀璨。同樣地，今日世界在邁向現代化、國際化的同時，妥善分工，固然是每件事是否成功的關鍵，但也必須進一步的合作無間，集思廣益，才能創造歷史性的事業。所以，我覺得二十一世紀應邁向集體創作的路線，才能集合眾人的力量，共創美好的未來。

四、二十一世紀是崇尚真理的世紀

從早期求取生存溫飽，到目前的工商發達，物質豐富，人類的身心遭遇愈來愈多的問題，面對國家政局的動盪不安、人我是非的衝突紛擾，社會情況的日趨繁複，以及未知將來的不安恐懼，人類無論在生活上、工作上、經濟上、情感上，都產生著莫大的壓力，大家莫不殷切渴求心靈的超越，這時如果沒有一個正確的知見來引導生活，就容易造成道德的淪喪、社會的脫序。所以，人類對真理的需求可說是刻不容緩。

西方思想家說：「吾愛吾師，吾更愛真理」，的確，真理如明燈，能指引我們走向康莊大道；真理如船筏，能運載我們安然度過人生大海。兩千六百年前，佛陀在菩提樹下所證悟的宇宙人生真理，簡單而言，就是放諸四海而皆準的「因果法則」。如果我們能明因識果，就知道想要身體健康，就必須飲食節度，生活正常；想要成功，就必須奮發向上，精進不懈；想要財源廣進，就必須開源節流，培植福德；想要名聞遠播，就必須慈悲喜捨，廣結善緣。在這個千變萬化，學說紛紜的現代社會裡，如果大家都能順著理而行，必定能開展美滿的人生。因此，二十一世紀應該是一個崇尚真理的世紀。

展望二十一世紀，我們若能胸懷法界，放眼宇宙，以尊重包容的雅量擴大心胸，以同體共生的認知發展生機，以集體創作的理念成就事業，以崇尚真理的精神開發自心無限的寶藏。則二十一世紀將是一個擁有無限希望的世紀，也是一個人間淨土的世紀！

（一九九六年五月一日刊於《普門》雜誌第二〇〇期：新．心生活運動——二十一世紀的訊息）

【修心之鑰】

- 居住在一個地球上「同」為眾緣和合的生命「體」，應該「共」相仰賴並求「生」存。
- 佛陀在印度所領導的就是一個集體創作的僧團，人人安住，各展所長，個體群體能共成美事，共享幸福，二十一世紀應邁向集體創作的路線，成為同體共生的世紀。

我對宗教融和的世界觀

永久的和平是千古以來，人人夢寐以求的美景，尤其處在這個是非顛倒，戰爭迭起的時代裡，人人自危，大家對和平更是渴望不已。然而今天，自由、民主與科學雖然成為世界的潮流，但是在人類的濫用之下，自由成為侵犯他人的藉口，民主也變成犧牲弱小的武器，科學更是被野心家利用做為打倒鄰國的工具，這三項被認為社會進步的要素，如今卻弊端百出。和平主義經常被人扭曲，反使人類的禍害頻傳。

政治上的以強欺弱，經濟上的貧富不均，宗教、種族的排擠，男女、地域的分歧，這些不能和平解決的問題，莫不是因為彼此不能平等共存所引起，所謂：「不平則鳴」。

追求世界和平是各個宗教一直努力倡導的，但是我特別要提出，談和平必須先建立平等關係，如此才有和平可言，無論國與國間、或宗教與宗教間沒有平等，這和平就很難了。我們在倡導和平裡，要先有平等，才有和平，沒有平等的和平，是片面的。

平等必須要人我共尊。先賢曾說：「敬人者人恆敬之，愛人者人恆愛之」，平等不是用強制的手段逼迫對方就範，而是應該顧及對方尊嚴，唯有人我共尊才能達到彼此平等的境地。像東西德過去的隔離，現在南北韓、巴爾幹的分裂，彼此劍拔弩張，一直無法達成和平相處。但到一九九〇年，西德對東德的尊重與包容，柏林圍牆倒塌以後，人民心中那道無形的圍牆隨之冰消瓦解，東西德在人我平等共尊的理念下，攜手共創美好的未來。南北韓、台海兩岸、以阿之間，如果彼此尊重，人我無間，則和平又哪會遙遠無期？

在佛教教義裡，對於不同國家、種族、階級、性別、年齡的人們，也最能賦予尊重，平等對待。二千五百年前的印度，佛陀提出：「四河入海，無復河名；四姓出家，同為釋氏」的主張。正因為佛教擁有「人我共尊」的平等特性，心物一體的平等主張，因此在歷史上唯有佛教流傳的過程中，未曾發生過戰爭流血的衝突。

平等要彼此立場互易。佛教裡，佛陀告訴吾人，如何建立平等觀念？必須要視人如己，愛人如己。經典上也提醒我們，如何增長慈悲胸懷？見到別人苦難，要設身處地為對方設想，假如我是他，或者他是我，如此立場互易才能建立自他平等的相處。能平等對待，世界怎會不和平？將社會上的醜陋缺失，看成與自己有關，自然會以慈悲胸懷，以平等觀念去對待。所以唯有人我互易，異地互惠的平等方式，才能和平共存。

平等真義乃一多不異：一般人喜多厭少，以致有比較、計較、起惑造業，也因而紛擾不斷。其實在佛教看來，一就是多，多就是一，一多不異，性相圓融。因為萬法一如，同體共生。隨舉一法，都與全體有密不可分的關係。例如：小國盧森堡或新加坡的總統到歐美訪問，大國如美、法總統，一樣親臨機場歡迎，以表尊重。因為不管國家大小，人民多寡，在平等之下，價值一樣的，此即是一多不異的平等真義。

南美的巴西，擁有一片廣大森林資源，具有調節地球上氣溫的作用，聯合國曾明文規定，要巴西保護這片森林，不得任意砍伐。這雖然只是巴西國內的一個定點，卻可影響到整個人類的環保存亡。

不管人口多少，土地大小，語言種族，經濟懸殊，並不影響其在國際上的地位，就像亞洲四小龍，即是一例。一棵樹的種子埋在土壤，經過灌溉施肥，可以結出萬千果實；道家也說：「道生一，一生二，二能生三，三生萬物。」一句話、一件事、一個人、一本書、甚至一個念頭，都可以決定一個人或一個國家的命運，因為「一」具有眾多的背景，因為「一」可能是眾多的起因。所以我們不要因星星之火而輕視，因它可以燎原；不因少數民族而輕視，因會釀成難以想像的禍患；不因王子幼小而輕視，因他總有統理你的可能。這些都是多從一生，一多不異的例子。

平等，要能以大尊重小，以多尊重少，以強尊重弱，以有尊重無，以上尊重下。平等是當然的習慣觀念，世界在平等的觀念之下，必定能獲致和平。

由於這次我到梵諦岡與天主教教宗會面，希望今後天主教的神職人員及佛光山的僧信大眾，能常常來往交流，如舉辦學術研討會、佛光大學設立宗教研究所，我們歡迎他們神職人員前來研究，我們的僧眾也可以去天主教大學研究。在宗教教育上、信仰上，大家都能提供方法研究出更超越、更有見地的宗教發展。假如有機會，佛教與天主教或其他宗教能合作舉辦世界宗教研究所，讓世界每個宗教有機會，大家互相談話、互相了解、互相學習，先讓宗教彼此間互相溝通以後，對於各種思想的統合或學術的交流，都會比較方便。

天主教與佛教常常在世界各地救助苦難的人民，我希望透過宗教融和的理念，世界各宗教能夠攜手合作，對於世界苦難的民眾給予具體的安排與協助。就如我曾經到過泰北，提出以工作代替賑濟的方式，因為救濟他們，要救濟到何時？不如到那裡設立工廠、設立職訓所，讓大家有工作、有機會習得一技之長，這樣才能幫助當地人根本解決問題。

宗教融和一直是佛光山這些年致力推展的會務，不但是與天主教、基督教、道教或是其他宗教，我們一直伸出友誼的手。我一向主張同中容異，異中求同。「融和」是一種容人的雅量，一種平等的相待，一種尊重的言行，每個人都需要備有容納異己的氣度，方能有博大的未來。在佛教裡，南北傳佛教要融和，傳統和現代要融和，今日世界更需要融和，國家與國家要融和，種族與種族間要融和，政黨與政黨間要融和，宗教與宗教之間更要融和，因為融和才是今後地球人的共生之道。

（一九九七年四月一日
刊於《普門》雜誌第二一一期）

【修心之鑰】

- 平等真義乃一多不異：一就是多，多就是一，因為「一」具有眾多的背景，因為「一」可能是眾多的起因。
- 平等，是要設身處地為對方設想，假如我是他，或者他是我，如此立場互易才能建立自他平等的相處。能平等對待，世界怎會不和平？

佛牙來台

舍利，意譯遺身或靈骨等義，乃指人往生後的遺身或火化後的骨灰。一般而言，生身舍利分有白色的骨舍利、黑色的髮舍利，乃至紅色的肉舍利。因而所謂佛牙舍利，是骨舍利的一種，為釋迦牟尼佛涅槃荼毘火化後，所遺留下來的固體結晶物，此乃佛陀宿世以來，由戒定慧三學薰修所得，功果圓成，為無上福田。

普通人的遺身或骨灰，皆由其子孫藏於棺木，或置於金、石、陶質容器中，埋葬於墳墓或納骨塔中。而佛菩薩和祖師火化後的舍利則不同，它會受到弟子及一般佛教徒普遍的尊敬與供養。因此，根據佛典記載，當佛陀入滅荼毘後，就有八大國王爭分舍利，取得佛舍利後，請回本土起塔供養。

儒家言「慎終追遠」，對於先聖前賢及歷代祖師祭祀供奉，以表尊敬之意。佛弟子對祖師的遺骨，往往建塔造墳加以供奉，乃至前人生前所遺留的牙齒，剃下的頭髮，甚而剪下的指甲，都特別以精緻的容器盛之供奉。佛陀累積多生修行，難行能行，難忍能忍，歷經無數的考驗與磨練，才能究竟圓滿成就佛果，他的真身舍利，當然備受佛弟子的珍重。因此，此顆佛牙舍利能流傳兩千多年，歷古今而不失，實甚為稀有，更顯出其難能可貴，此乃佛陀慈悲與智慧的象徵，故為無上至寶，更應受到禮敬與尊崇。

由《中國時報》、高雄市立美術館等合辦的藏傳佛教藝術大展，三月二十八日在萬方矚目之下，隆重揭幕。此次展出的主題為「天空下的珍寶：慈悲．智慧」。其實，四月九日彌足珍貴即將迎奉來台灣的佛牙，正是佛陀無上慈悲與智慧的表徵。

「慈」，是給予眾生安樂，「悲」，是拔除眾生痛苦；佛陀在無量劫的生命中，割肉餵鷹，捨身飼虎，實踐慈悲的菩薩行；佛陀以智慧方便降伏邪魔外道，去除眾生的無名煩惱，呈現圓融的智慧。慈悲與智慧，是佛陀累劫多生所薰習圓成的威德。

慈悲不是用來衡量別人的尺度，而是身體力行的道德；慈悲也不是沽名釣譽的工具手段，而是真愛的自然流露。

所以，我們為人處世，要能悲智雙運，福慧雙修，人生才能如意自在。

目前台灣處處充滿暴戾之氣，社會嚴重的脫序，想要改善社會風氣，淨化人心，建立一個富而好禮的社會，就必須提倡慈悲與智慧，人人懂得包容、尊重、忍耐、謙讓，讓社會充滿祥和歡喜，使人間處處有溫暖。

此次佛牙能夠奉迎來台，是全台灣千千萬萬人民的莫大福報，佛牙雖然是有形的存在，但是它的價值是無量無限的。希望台灣全民百姓藉由禮拜恭敬佛牙的功德，能夠淨化每個人心中的貪瞋癡習氣，彰顯人人本具的清靜佛性，將自己的心，化為佛心，以慈悲來關愛社會大眾；將自己的手，化為佛手，奉行善事，熱心公益，不做壞事；將自己的眼，化為佛眼，對他人沒有歧視差別；將自己的口，化為佛口，常說讚歎的語言，沒有惡言毀謗中傷。因此，佛牙的功德，是真實體現人生悲智圓融的境界。

有人說此次佛牙能夠迎奉來台灣，將可為台灣帶來富足、平安、祥和、繁榮的氣象，萬事無礙。事實上，我們不可以將所有的功德罪業匯歸於佛牙，讓佛牙承受「不可承受的重」。自己貪瞋癡所感得的因緣果報，要自己去承擔責任；社會大眾共同造作的殺盜淫妄的共業，責無旁貸的要人人共同擔當。《佛遺教經》說：「佛如良醫，知病說藥，服與不服，非醫咎也。佛如善導，導人善道，聞之不行，非導過也。」稀世珍寶的佛牙，固然能令全台灣百姓同霑法益，但是佛牙的再現，對我們而言，毋寧是一種激勵與啟示，啟發我們每個人，應該更加珍惜現有的福報，勤奮培植未來的福報，激勵我們每個人要收攝自己的身心，發揮慈悲智慧的本性。

佛牙在哪裡？佛牙就在我們的心中，心中有佛，我們的心就是佛心，以佛心的慈悲與智慧去觀看世間，世間就是清淨祥和的淨土。讓我們將佛牙功德所薰的慈悲喜捨、圓融智慧常掛吾心，把台灣創造成莊嚴安樂的佛國。

（一九九八年四月一日
刊於《中國時報》時論廣場：
佛牙來台的福報與教育意涵）

【修心之鑰】

- 佛牙是佛陀宿世以來，由戒定慧三學薰修，功果圓成的結晶，佛弟子視為無上福田，佛教徒普遍心懷尊敬並供養。
- 恭敬禮拜佛牙，是為了淨化心中的貪瞋癡習氣，彰顯人人本具的清靜佛性，以佛心觀看世間、做人處事，才能輝映佛牙的功德。

邪教之害

《人間福報》在第一版開闢「迷悟之間」的專欄，是因為在這個五光十色的社會裡，許多迷悟之間的觀念有待釐清，加以一些散播似是而非思想的人，影響他人徘徊在正邪之間，甚至落入危地。

本報身為人民喉舌，自覺應負起去邪顯正的使命，以保護大眾的權益慧命。

末法時期，正法不彰，邪教盛行。美國柏克萊大學辛格教授在寫給白宮的一份報告中估計，光是在美國，邪教組織就多達二千到五千個，計有一千萬至二千萬人參與邪教活動。

其實論及邪教，其波及地區之廣，危害程度之深，已到了令人咋舌的地步。據《文匯報》、《明報》記載，近十年來，著名者如美國的「人民聖殿教」、「大衛教派」、「天堂之門」，澳洲的「聖歌餐運動」等，曾唆使教徒集體自殺；日本的「奧姆真理教派」在地鐵施放毒氣殺人，「法之華三法行」、「生命空間」等詐騙財物；義大利的「撒旦之子」等聚斂金錢，非法交易……，均造成舉世轟動；餘如烏克蘭的「大白兄弟會」，德、法的「科學教派」，菲律賓、印尼的「基督教末日教會」，瑞士、比利時的「太陽神殿教」等，也都引起相當程度的震撼，甚至如中國大陸的「法輪功」等至今仍餘波盪漾。邪教危害至鉅，於此可見一斑。

欣聞美國政府有鑑於邪教之害，已採取嚴格措施，打擊邪教的非法活動，數千個民間社團也誓言抵制邪教；餘如日本、比利時、以色列等國也都加強取締邪教。唯獨台灣，儘管神棍充斥，斂財騙色，還有以「真佛」之名義號召惑眾者，有自稱「無上師」以怪誕行徑迷人者，卻未見有關當局注意。更有甚者，身為民意代表對於邪教活動趨之若鶩，熱心參加，無異助長邪風。

過去政府曾因「宋七力事件」而呼籲掃除迷信，其實，迷不可怕，怕的是邪。因為迷，只是信得入迷；邪，是走錯了路。

今天台灣邪教風行，究其原因，不外乎：

一、**宗教師沒有考核制度**：對於宗教師，相關單位不實施審核制度，以致於心懷不軌的人穿起僧衣來，就可以招搖撞騙；邪知邪見之人可以到處建道場，作住持，說邪法，做邪事。

對於會計師、律師、醫師等，政府及相關公會都設有考核制度，以維護專業水準，保護大眾權益；但對於身為人天師範，負有淨化人心使命的宗教師，不但不定考核制度，還任其發展，社會不亂，焉有此理？

二、**宗教學院不予立案**：正信宗教有心設立學院，培養宗教人才，期能達到淨化社會的宗旨，但政府卻一直不予立案，如此一來，反倒讓邪教乘虛而入，因為橫豎沒有立案，你是來自正信宗教學院，還是來自邪師邪道，有誰曉得？

一般的社會教育都講究正科出身，所以政府當局為立審核標準，頒發學歷文憑，但對於注重傳承，講究戒法的正信宗教，政府卻不重視，邪教盛行，究竟是孰令致之？誰能為之？

三、**宗教教育不夠普遍**：宗教教育不普及，讓宗教如同蒙上一層薄紗，一些人無法辨認何者為正？何者為邪？很容易就信奉邪教，甚至被邪師控制，做為行惡的工具。

如今雖然教育法令鬆綁，在大學內准予開設宗教課程，成立宗教系所，但終究只能嘉惠少數人，或僅屬研究性質，不能普遍。

四、朝野缺乏掃除邪教的魄力決心及道德勇氣：邪教害人非淺，眾所周知，但政府當局缺乏魄力與決心，讓邪教一再死灰復燃，而許多民眾也本著「自掃家裡門前雪，不管他人瓦上霜」的心理，甚至抱著幸災樂禍的態度，隔岸觀火，殊不知在交流頻繁的社會裡，大家都具有「同體共生」的關係。

於今之計，我們希望——

一、**宗教法規能夠儘速確立**：對於宗教師、宗教徒、宗教學院、宗教道場等，法律都能有明文規定，俾從根本上斬除邪教之害。

二、**宗教教育從幼兒開始**：如能從小擁有正確的觀念，長大之後，不致信奉邪教，也不致為非作歹。此乃「正本清源」之道也。

（二〇〇〇年二月十七日
刊於《人間福報》試刊號社論）

【修心之鑰】

- 迷不可怕，怕的是邪。因為迷，只是信得入迷；邪，是走錯了路。
- 有些人對於似是而非思想、招搖撞騙的行徑、神祕危險的活動，無法清楚辨認，邪法與邪事的氾濫，必須要靠法規及教育來解決。

十邪：再論邪之害

日前本報〈社論〉中，我們以「邪教之害」為題，闡述邪教的可怕及對治的呼籲，受到讀者們熱烈的迴響，可見邪教之害，人皆畏之。其實，邪教只是諸邪之一，邪之害還有很多，為使大眾能充分了解，茲列舉「十邪」，以為說明：

一、**邪說**：邪說害人，自古有之，於今為烈，例如「人死如燈滅」、「人死後繼續轉世為人」等邪說，往往成為惡人為非作歹的藉口；「宿命論」、「撥無因果論」等邪說使得許多窮苦的人對於未來失去信心；「及時行樂」等邪說讓人們耽溺於五欲之中，無法自拔；近年來流行「末日到來」的邪說，則已誤導許多人做出自殺、殺他之惡行。邪說害人於無形之中，吾人不可不辨。

二、**邪命**：人人都需要有正當職業來維持生命，回饋社會，然而有許多人卻為了貪圖巨利，不惜挺而走險，販賣毒品、刀槍，開設酒家、賭場，製作色情電影、黃色網路等，促使殺盜淫妄猖獗，社會治安堪虞。

三、**邪念**：正心誠意是修身、齊家、治國的根本，但一些有心人士，或基於陰謀，或由於心術不正，宣導邪念妄想，例如誘人從事投機商業，進行不正當的買進賣出，促成毒品交易，以謀取暴利，乃至設下圈套，傷害他人，助長民眾貪瞋癡，顛倒是非之惡行，其罪過可謂深矣！

四、邪書：過去，誨淫誨盜或思想不正之出版物都在嚴禁之列，時至今日，社會提倡自由，放寬禁戒，各種色情暴力、鬼怪亂神、異端邪說的書籍、影帶觸目皆是，敗壞社會善良風俗，以致犯罪的人數日增，犯罪的年齡層也逐漸降低，吾人不可不加以警覺！

五、邪淫：正當美滿的夫妻生活可以促使家庭和諧，然而在目前性開放的氾濫下，婚外情、同性戀、未婚生子、娼妓、牛郎等現象甚囂塵上，古德云：「萬惡淫為首。」現在到處淫地、淫事、淫具等氾濫猖獗，長此以往，將使倫理綱常盪然，豈不動搖社稷根本？

六、邪戒：戒律本來是追求解脫的途徑，但一些邪教卻以之做為標新立異，譁眾取寵的手段，例如主張喝小便、光吃水果辟五穀、不與家人往來等等，可以成道證果，如此行徑，無異以一盲引眾盲，相牽入火坑。

七、邪行：卜卦算命、風水地理等雖是運用中國《易經》的哲理，但被一些人濫用以神權、宿命來操縱信者，使其喪失自我正理的力量，凡此皆非正道。所以《遺教經》云：「占相吉凶，仰觀星宿，推步盈虛，歷數算計，皆所不應。」

八、邪人：小至家庭，大至世界，每一個團體都是由「人」所組成，「邪人」

多問題。存在，如同害群之馬，團體當中，只要有一個邪人，就足以破壞安寧，但看今日，不務正業、投機取巧、招搖撞騙、欺世盜名者充斥社會，如不加以遏止，將造成諸多問題。

九、邪地：在我們都市中，風花雪月的招牌標幟、殺生害命的飯店餐館、招搖撞騙的星卜場所、剝削暴力的地下錢莊等充斥街頭，誘人犯罪造業，皆為不正之邪地，然政府不但視若無睹，任其猖獗，甚至頒發法令，允許登記，無異助長歪風。

十、邪團：社團組織的成立，本來是相關人士為了促進團結，利益社會，但近幾年來，非法組織的團體增加，或宣揚邪說，或蠱惑人心，或顛覆政府、或分裂國家，為世界各地帶來了災難。

邪之害，乃冰凍三尺，非一日之寒，解決之道，非政府集合有識之士，群策群力，難以成功，在此希望朝野各界都能具有榮辱與共，唇亡齒寒的認識，共同整頓邪惡，掃除歪風，尤其希望傳播媒體應宣導正知正見，正行正命；父母師長要強調因果教育，注重言行身教；工商企業遵守職業道德，杜絕邪具之製造，邪念之散播；文化事業自尊自重，發行有益世道人心之出版物；宗教團體發起自律行動，清理門戶，揭發不合戒法的言行，以為警誡；娛樂事業舉行正當活動，寓教於樂。寧可正而不足，不可斜而有餘，更希望全體大眾，即日即時，覺悟「邪之害」。

（二〇〇〇年二月二十五日
刊於《人間福報》試刊號社論：再論邪之害）

【修心之鑰】

• 邪說害人於無形之中，相信邪教如同一盲引眾盲，相牽入火坑。

• 寧可正而不足，不可斜而有餘。斜，是心邪了！

世紀生春

冬天已去，春天來了！院子裡的百花盛開，樹上的鳥兒啼叫。當遠山含笑，綠意盎然，這是寒冬業已過去；當冰雪融解，春風回暖，這是生機已經來到。老人們走出家門，兒童們成群嬉笑；校園裡歌聲洋溢，公園內柳綠花紅，好一片大地春臨、「世紀生春」的新氣象。

當春天重回大地人間：春江水暖，游鴨先知；春草暖性，昆蟲已曉；春到枝頭，楊柳翠綠；春回大地，蝴蝶飛舞。春雷驚蟄，萬物復甦；二十世紀過去了，二十一世紀的腳步已經悄悄的來到。你看！人間好一片「四季生春」的美麗風貌。

二十一世紀的時代，世界的冷戰已經加強在和解，各國的糾紛不斷的也獲得調停。民權受到重視，生權也跟著起步。強權已經不能再稱霸世界，核武也受到各國的限制。民族平等的呼聲高唱雲霄，環保生態的維護獲得舉世的關注。瑞典諾貝爾和平獎的號角處處響起，各國聯合及和平團結的呼聲，已經傳遍十方了。這一個世界上，各國的飛機你來我往；各國的民眾穿梭不停。法界之內，同體共生；四海之內，皆為兄弟。這一切，都是「世紀生春」的美好寫照。

有人說，二十一世紀是中國的世紀；有人說，二十一世紀是太平洋的世紀；有人說，二十一世紀是人間佛教的世紀；有人說，二十一世紀是普世和解的世紀。二十一世紀，正如一個充滿生機盎然的春天，帶給人類無限美好的未來；因為，新世紀，總會有新希望。

在二十一世紀的自我人生裡，我們要重新調整自己的腳步，奮發自強，充實自己的知識與道德，加強自己的技能與閱歷。我們要為社會做出奉獻與犧牲，我們要散發生命的光和熱，我們要增添自己的智與能。樹立自我慈悲的形象，促進人我融和的交往，處處歡喜合群，時時積極進步，讓自己真正擁有一個世紀的春天。

在二十一世紀的家庭中，父慈子孝、兄友弟恭，夫妻相親相愛，你中有我，我中有你；家居生活，和樂融融，這是家庭的「世紀生春」。

在二十一世紀的社會裡，工商發達，產業豐收，生命安全，生活自在，讓大家都能人我尊重，往來互助，這是社會的「世紀生春」。

在二十一世紀的政治上，官員清廉誠實，體察民生疾苦，發心為民服務，立願為民前鋒。黨與黨攜手合作，官與官勤政愛民，人與人開誠布公，家與家安居樂業。讓社會人間，再沒有傾軋與打壓，再沒有黑道與黑金，再沒有恃強與凌弱，再沒有害人與害己。媒體所披露的，都是好人好事；百姓所展現的，都是笑逐顏開。好一片太平盛世的和樂景象，這是政治上的「世紀生春」。

在二十一世紀裡，我們希望海峽兩岸的春天早日來到，我們希望久已倡導的「和平統一」代替「僵硬執著」，我們也希望經濟繼續成長的春天常駐海峽兩岸。現在中國大陸的經濟，已經面臨了一個春天；台灣的經濟和自由民主，也早就是春天了。台灣世稱寶島，氣候「四季如春」；我們希望人情也能像春暖花開，處處飄香；我們更希望每一個人的內心都能飄散著戒定慧的芬芳，讓法界蒙薰，共同祈願「世紀生春」的來臨，共同創造舉世人類的「世紀之春」。

（二〇〇一年一月一日刊於《人間福報》社論：元旦賀詞．世紀生春）

【修心之鑰】

- 新世紀，總會有新希望，我們要重新調整自己的腳步，讓自己真正擁有一個世紀的春天。

宗教與當代世界

我剛從韓國來到日本。韓國有三寶佛寺：通度寺又稱佛寶寺，海印寺又稱法寶寺，松廣寺又稱僧寶寺。現在世界普遍都在追求佛學，其虔誠及求法的精神令人感動。不單韓國，像馬來西亞、新加坡、菲律賓、亞洲，甚至美洲、歐洲，都是如此。此次舉辦的「宗教與當代世界學術研討會」，意即宗教對當代世界的人心、思潮，或者社會生活、倫理教育等，應該提供一點意見與規範。現以四點意見說明如下：

一、對物質的生活要淡薄

我們對當代世界的物質生活應加以規範，力求淡薄。因為現今社會與人心，已逐漸與古代重視修身養性、內外一如的生活離遠了，大家慢慢都是向錢看，紙醉金迷，對物質生活過於偏重。

好比現代許多人心，常常成為物質的奴隸。心是自己的主人，我們可以運用物質、金錢，但不可被其利用。晉朝文人陶淵明說：「心為形役」，我們的心為六塵蒙蔽，被物質束縛，使得本性的光明無法顯現，而不得自由，人生因之失去平衡。

德蕾莎修女以為：「我以貧窮為光榮。」禪門祖師也云：「一池荷葉衣無盡，數株松花食有餘。」他們不汲汲於物質的追求，無衣，則以荷葉蔽體；吃飯，僅以松果裏腹，將生活關注在精神、心靈上的解脫與自在。

當然，並非全然捨棄物質生活。過去佛教說「財色名食睡，地獄五條根」，其實言之過重，基本的物質生活，還是需要的。早期的佛教封閉保守，倘若出家人戴手錶，就被視為奢靡放縱，他們往往忘記手錶的功用是為了計時，而非裝飾。好比一回，我從台北到高雄演講，才下車，就有人當面指責我：「出家人還坐汽車啊！」我心想，不坐車，從台北走到高雄要一個禮拜耶！人一旦認知上有了錯誤，便失去判斷是非的能力。

佛陀時代，有位跋提王子和同參在山林裡參禪打坐，不知不覺中，三個人異口同聲地叫出：「快樂啊！快樂啊！」

佛陀聽到了，就問：「什麼事讓你們如此快樂？」

跋提王子回道：「佛陀！當初我雖住在華麗的王宮，吃著珍饈美味，身穿綾羅錦緞，無以計數的衛兵日夜保護我，我仍然感到恐懼不安。如今出家，二六時中，參禪修道，雖吃得素簡，卻甘美飽腹；住在林間樹下，卻覺得安心自在，因之而欣喜若狂。」

「莫嫌佛門茶水淡，僧情不比俗情濃」，過去高僧大德，也非反對物質生活，而是將之淡化，從物質以外，追求人生的幸福快樂。

二、對精神的生活要昇華

現代人忽略精神生活，鎮日為生計而忙碌奔波，精神生活被壓榨得只剩少許的空間。縱使有些人懂得調劑，也是著重在讀書、情愛……，其實，真正的精神生活是身心靈的自在解脫與超越。

精神的提升是全世界必須重視的課題。許多宗教人士，寧可物質生活缺乏，但是精神的生活要富有。記得有一回，因泰北住了一群中國難民，於是舉辦「送溫暖到泰北」活動，我們前往探望，聊表心意。當地的難民感激的說：「我們寧可沒有飯吃，也不能沒有佛教。」可見精神的豐足遠比物質的飽滿來得重要。

現代人以讀書、旅遊來享受，來充實精神生活。我以為還是不夠。過去大迦葉尊者在墳間修行，卻不以為苦；顏回「居陋巷，一簞食，一瓢飲，人不堪其憂，回也不改其樂。」因為物質的生活有限，精神的生活卻是「取之無窮，用之不盡」。各位宗教界的學者、老師們，應該做時代的中堅，給予社會、人心提攜精神的力量及精神上超越的空間。

三、對藝術的生活要豐富

商周時代鑄造的銅器，雕工之美，展現藝術的精神；歷代佛教的繪畫、雕刻、塑像、建築，更是藝術之極。此皆反應古人對藝術的愛好與重視。反觀現代人不注重藝術生活，只在乎物質的享受，讓人不禁慨歎，今不如昔。

如果，人世間藝術的生活能增添一分，貪欲、瞋恨、嫉妒、愚癡、人我戰爭就會減少一分。若我們愛好美術、文學、音樂等，就能在美術的大海裡悠游，陶冶的就是自心的三千世界。不過，這還是有形的藝術美。無形之美，例如講話有藝術，歌詠、讚美他人，世界自會增添祥和歡喜。宗教講究淨化美，如菩薩一揚眉、一瞬目都是美感，像思惟中的彌勒菩薩，即展現其超越了無限的生死，無限的時空，無限的人生在思惟之中。

所以，藝術的生活就是：穿衣，不須太華麗，合身就是美；吃飯，無須山珍海味，有顆歡喜感恩的心即是美。我一生，最歡喜的飲食是茶泡飯、拌醬瓜，淡中之味方是妙香。一碗麵，有時比滿桌佳餚來的美味。因此，我常對徒眾說：「不喜歡吃麵的人不可以出家！」因為，出家生活應力求簡單、淡泊。衣食住行，行住坐臥，都有至美的思惟動作，缺少了這些藝術的生活，心靈就會立即被煩惱占據，如何體會佛菩薩的真如佛性！

這次前往韓國，我問韓國的法師：「阿彌陀佛在西方極樂世界，藥師佛在東方琉璃世界，彌勒佛在兜率內院，那麼，釋迦牟尼佛在哪裡？」眾人回說：「釋迦牟尼佛在虛空裡。」虛空有盡，虛空能容法身，我們看得到嗎？「釋迦牟尼佛在常寂光淨土。」在東方、南方、西方？我們也不知道啊！

佛一直在眾生的心中，我們能感受得到嗎？日用生活間，吃飯時有佛，喝茶時有佛，走路時有佛……，乃至體會到佛的般若智慧，慈悲願力，就能與佛同在，就能圓滿一切。

四、對信仰的生活要超越

舉凡一個宗教的成立，必定有他應具備的條件，即是要有教主、教義、教史。此三寶，如「鼎之三足」，缺一不可。是故，信仰要完美，應從三寶裡獲得，但往往信仰者不是只拜佛，不歡喜聽經聞法；就是只研究經典，不愛拜佛；亦或只拜師父，卻不信佛祖，不愛聽經。其實，無論我們信不信佛，他都不會因之而增加或減少什麼。信佛是要信自己，讓我們有個規範、目標，讓人格、心性與佛同等。

《金剛經》提及，佛菩薩度眾生，只需用幾千萬分之一的悲願，世界就會和平：「所有一切眾生之類，若卵生、若胎生、若濕生、若化生；若有色、若無色；若有想、若無想、若非有想非無想，我皆令入無餘涅槃而滅度之。」意即我不但施予眾生衣食，更要讓眾等獲得解脫，證入涅槃。又云：「如是滅度無量無數無邊眾生，實無眾生得滅度者。」佛沒有你小我大的自我意識，一切眾生皆可度。整部經以「無相布施，無我度生」為主旨，把一個人的人格與所有的大地眾生融為一體。

關於宗教信仰的問題，以佛教為例，信徒到道場，某些法師總是強制性的要其拜佛。但是，有些人會將佛教的拜佛，與過去臣子對君王行三跪九拜之禮畫上等號，進而對佛教望之卻步，以至於不敢再親近道場。我個人以為，拜佛是一種很自然的宗教行為，應讓其自然而然，心甘情願的接受。

佛教對當代思潮、當代人心，還是無法發揮顯著的影響力，仍因台灣民眾普遍以民間信仰為主。信徒多半都是對神明有所要求，求發財富貴、求長壽百歲、求家人平安、求子孫滿堂等。相反的，佛教教人學習菩薩慈悲喜捨的精神，布施予人，從為人服務中，解脫煩惱。

信仰宗教不應只是在有所求的層次上駐足，要在奉獻、犧牲、利人上用心，才有流傳的價值。也不能老是停留在拜佛、信佛、求佛的階段，應該要「行佛」，行佛之所行，當初佛陀「割肉餵鷹、捨身飼虎」，以「難行能行，難忍能忍」的精神，為眾生犧牲奉獻，才是學佛者應學習的方向。所以，世界要進化，宗教也需提升。

宗教對當代世界，縱使有多崇高的理論、多深遠的理想，沒有群眾，也是曲高和寡，走不出去。我以為，宗教對當代世界，唯有教導人淡薄物質生活，提升精神生活，豐富藝術生活，乃至信仰的生活能有所超越，才能發揮實質的作用，改善社會人心。

（二〇〇三年九月十七日講於日本本栖寺法輪堂：宗教與當代世界學術研討會致詞）

【修心之鑰】

- 宗教對人心、思潮、社會生活、倫理教育……都是有影響力的。世界在進步，宗教本身也要提升，也要現代化。
- 無論我們信不信佛，佛都不會因之而增加或減少什麼。信佛是要信自己，讓我們有個規範、目標，讓人格、心性與佛同等。

融和與和平

——日內瓦國際會議中心專題演講

各位女士、各位先生：

大家遠從世界各國來到日內瓦會議中心相聚，很高興能在這裡與大家共同談話。

生活在世界上的每個人，最需要的是財富、健康、成功、歡喜，到了和世界接觸之後，最需要的就是融和與和平。我們的家庭一定要融和，家人才會幸福快樂；我們的世界一定要和平，各個國家、民族才會相處融和。

聯合國主要目的是致力倡導世界和平，創建人民幸福，世界上也有很多專家學者，提出相關的寶貴意見。站在佛教的立場，對這些問題又有什麼看法？人與人之間要融和，必須先和平相處；想要讓世界和平，也必須先相互融和、尊重。怎樣才能融和呢？提出四點意見，供大家參考：

一、**包容觀可以融和**：這個世界上有很多的不同，國家不同、文化不同、宗教不同、種族不同，對於各方面的不同，若不能包容，而以對抗的方式相待，又怎麼會融和呢？要能包容，必須先有愛心，能尊重對方，即使別人跟我不同也沒關係。比方一個盒子，能容納很多種東西；一個杯子，可以裝茶也可以裝水，不管是什麼成份的飲料，它都容許。又例如這個空間能容納我們這麼多人，世界虛空可以容納萬事萬物，都可說是具有很大的包容力。同樣的道理，人類也能包容，我們的心量很大，就能把宇宙萬物容納在心裡，如此，這顆心也就更富有了。

前天我到梵蒂岡和教宗見過面以後，他們的第一樞機主教 Paul Poupard，是梵蒂岡的外交官，負責宗教對談，他邀我一起作個簡短的談話：

他問我：「佛教容許佛教徒再轉信別的宗教嗎？」

我說：「在台灣或中國，多數佛教徒原先都信仰具有中國文化的宗教，也就是道教。甚至在中國文化裡，過去儒教、道教、佛教，也有所謂『三教同源，五教一家』的思想。就好比我在這個學校念書，念得不契機，可以轉到另外一個學校讀書；我吃這一樣菜不合味口，可以換吃另外一樣菜；我交了這個朋友，也可以再交另外的朋友。世界上許多事情都不是專一的，西方對宗教的看法，有一個了不起的觀點就是『信教自由』」。

他說：「我們天主教不允許教徒再轉信其他的宗教。」

我說：「這些觀點可以在天主教裡規定，那是天主教教內的事情。假如是對外的，與很多宗教在一起時，就要互相尊重包容，才不會觸及到『只有我，沒有你』

的問題。」

在這個世界上，一般人想要有成就，其包容的心量有多大，成就就有多大。在基督教裡，出賣耶穌的猶太，偉大的耶穌最後也原諒了他；佛教的釋迦牟尼佛，也曾有一些人違逆他，例如有名的提婆達多，而佛陀卻說：「沒有黑暗就沒有光明，沒有罪惡就沒有善良。感謝提婆達多，他一再反對我，是我的逆增上緣，他的反對成就了我。」可見佛教是一個最具有包容心的宗教。

世界上好的、善美的，我們都歡喜接納，但是不善美的，我也要能包容，與他共同存在，如此，他也會變好。比方我們手上生了一個膿瘡，流膿流血，發腐發臭，散發出不好的味道，能因此而把手砍斷嗎？當然不行。這是我的手，即使患了病，也要把它洗淨、敷藥、包紮。再舉個例子，我的父母假如人格道德不健全，只要我用誠心誠意去感化他們，最後他們也會有所改變。

面對世界上一些罪惡、不健全的人，只要我心量大，給與一些寬容，都可以感化他們。所以，包容是最美好的事。我們用包容心看待一切，一切就在我們的心中，世界是我們心裡的世界，眾生是我們心裡的眾生。心裡的東西，我可以美化它、淨化它，最後它也會變得更美好。你看，日本仙崖禪師一句：「夜深露重，早點回去睡覺，不要著涼了。」以關愛代替責備，感化夜遊沙彌；安養法師情願以紙張當被蓋，也要弟子將被偷的棉被還給小偷，因此感化對方，改邪歸正，皈依佛教。我們能給別人一點空間，一絲諒解，一些包容，則對自己、對他人，甚至對整個世界和平都很有幫助。

二、**無我觀可以融和**：無我可以促進種族和諧與世界和平。每個人都有一個「我」，這個「我」明明存在，怎麼說無我呢？檢查一下這個「我」，永遠都是真實的？都不會變嗎？想一想，剛出生的女孩叫做女嬰，再大一點叫做女童，再長大些叫做女學生，後來成了小姐，結婚後變成太太，生兒育女之後就成為媽媽，時間歲月久了就成了老婆婆。這個人是叫做女嬰、女孩、女學生、小姐、太太、媽媽，還是叫老婆婆？她究竟是什麼人啊！又好比一棵小樹長成大樹之後，它究竟叫做什麼呢？

無我並不是真的沒有我，這個道理只是說明世間沒有一個真實不變的我。例如：每個人都會說當初我是怎麼樣，後來我變了，變得有智慧，不再像過去那樣逞匹夫之勇，凡事都知道要講道理了……，「無我」之觀點值得大家省思。

在佛教裡講「我」，是由骨頭、血肉、呼吸、大小便溺……，種種條件結合起來，才成為一個人，假如這些都分散了，「我」在哪裡呢？好比我們現在使用的這一棟建築，是由許多材料建造起來的，假如把這許多材料分散，這個會堂又在哪裡呢？所謂「犧牲小我，完成大我」，大我者，宇宙、人類都是如此，靠因緣和合而生，因彼此相互依附而存在。假若沒有士農工商供應衣食等等，我們何以能生存；花草樹木，若沒有土壤、水分、肥料、陽光、空氣，何以能成長，所以，「我」必定是仰賴許多因緣關係才能存在。

人類因為有「我」，老是想「我」要前途、「我」要成就、「我」要……，做任何事都是為了「我」，所以心甘情願地奮鬥，受盡種種辛苦都可以承受。執著這個「我」固然可以有力量，但是太過自私，什麼都只為了我，也會成為苦惱的根源。例如：我要發財固然很好，但是有了財富就會快樂嗎？我要愛情，因為愛情讓心歡愉，可是愛情真能永久而不滅，順利而無波嗎？是故，我們要培養服務奉獻他人的心，以此擴大自我的心胸，才能成就大事業。

「無我」是什麼樣的心境？舉個小故事：

有位先生邊吸香煙邊看球賽，看得入神，不慎香煙燒到隔壁男士的西裝，痛得他大聲尖叫。吸香煙的先生趕緊道歉，穿西裝的男士也看到忘我，連說：「不要緊！再買件新的就好。」

因為專心看球賽，這個人並沒有因此把香煙熄滅。不一會兒，鄰座小姐頭髮也燒得直喊痛。抽煙的人連忙道歉：「對不起！我的香煙又造罪了。」這時候球賽正是勝負的關鍵時刻，這位小姐看得入神，忘了利害關係，不計較地說：「不要緊，不要緊，回去再換一頂就好了！」

忘我就減少執著，減少鬥爭，減少痛苦。所以，「無我」的觀念，是一種最平等、最和平的觀念。無我並不是指人死了以後才沒有我，而是在修養上、思想上，慢慢建立起一個大我的觀念，不再自私，不再只顧自我、執著自我，如此，也就容易促進世界和平。

究竟無我的觀念如何觀想？修行要如何到達無我的境界？其實「無我觀」就是思想上對「我」的看法。我是有生死的，是無常的，是會損壞的，這個身體不會讓我們永久擁有，因此，要尋找一個真我，也就是我們的真心。人生要找到真心的我，世界才會和平，才能融和。

三、**平等觀可以融和**：真平等才能真和平。古往今來，國與國間之所以爭執不斷，皆出於不平等；人類因想法不同，認知有別，所以引起鬥爭，乃至種族的歧視，男女的不平等，都會造成人世間的糾紛。

有位農夫養了許多羊、鹿、牛與小豬，他每天把羊送出去，剪了羊毛又帶回來；把鹿送出去，剪了鹿角又送回來。羊、鹿和牛從不開口，只有小豬聽到農夫說要走了就大叫，羊和牛笑他：「主人叫我們出去，我們都不開口，怎麼叫到你，你就叫得那麼大聲？」小豬抗議說：「叫你們出去還會再回來，我是一去不復返，怎能不叫呢！」

所謂「不平則鳴」，沒有受到公平的待遇，反應當然就會不一樣。這世間，要平等絕非易事，但是，做不到平等，和平又在哪裡呢？

有個貓和老鼠的故事：

有一隻老鼠向貓抗議：「我們同樣是生命，為什麼你老是要吃我呢？太不平等了。」

貓回答：「好！老鼠，我給你吃，這樣平等了吧！」

老鼠疑惑：「我哪裡能吃你呢？」

貓說：「既然你不能吃我，我現在吃你，總算很平等了吧！」

世間上多少人在假平等的口號下犧牲，造成人間許多的不圓滿。如何才能真平等？《法華經》中敘述常不輕菩薩經常向人禮拜讚歎，並說：「我不敢輕視汝等，汝等皆當作佛。」《菩薩睒子經》說，睒子菩薩「履地常恐地痛」，由此看出，菩薩視眾生如己的平等慈心。

平等是從思想上建立，有智慧、有仁慈，平等心自會於焉而生。舉個例子：

有一個家庭，小孩吵鬧不休，被祖父賞了一巴掌，小孩的父親看到這一幕，就自己打自己。祖父驚訝地問道：「你怎麼自己打自己？」父親說：「因為你打我的兒子，我就打你的兒子。」這叫做愚癡，不是平等。

平等是合乎理性，是放諸四海皆準的，理要有平等性、必然性，才是真理。假如你有錢，說話就有理，我沒有錢，說話就沒有理，這就不平等；你是男人講話就有力量，我是女人講話就沒有力量，這也不平等。我們呼籲世界要融和、要平等，平等的觀念是一種行持，是一種道德的行為，須靠大家要共同努力去實踐、去圓滿。

四、慈悲觀可以融和：人間要有融和，世界要能和平，唯有慈悲待人。慈悲就是愛的昇華，愛有真心相愛，有慈悲的奉獻，但是愛也有自私的愛，例如有的人為了愛而去殺人，這種愛就有了雜質。愛要昇華，要淨化為慈悲，才是大愛。

「慈悲」，分「有緣的慈悲」，如對親朋好友慈悲以待；也有「無緣的慈悲」，對無緣的眾生，施於愛心，關懷。「熱鬧的慈悲」容易做，例如哪個地方發生天災需要救苦救難，大家便奮勇向前。但是左右鄰居、街角陋巷有人饑困、貧窮、呻吟、孤獨、困苦，這種「寂寞的慈悲」往往乏人問津。

有些人在助人後，總想得到名位，要求回報，這是「有相的慈悲」。能做到無相、不計較，行善不望回報的「無相的慈悲」才是真正的慈悲。耶穌教說要「愛你的仇敵」，在佛教講「怨親平等」，對冤家仇人能捨棄敵對，真心感謝，將之看作是成就自己的善知識，這種慈悲不容易做到。

待人慈悲有什麼好處呢？有則動人的小故事：

有位婦人欲出門倒垃圾，門一開，發現四個老人在寒風中顫抖，她心生慈悲，說道：「四位老人家，天氣寒冷，到我家裡喝杯茶取暖好嗎？」

四個老人反問：「你家裡有男人在嗎？」

婦人回道：「沒有。」

四個老人說：「如此，我們不方便進去。」

傍晚，先生與孩子回到家，太太告知家人此事，先生立時請太太將四位老人請回家中作客。婦人趕忙請四位老人進門。

四個老人卻說：「我們四個人有個規矩，只能派一個人當代表。這位叫做財富，那位是成功，他叫平安，我叫做慈悲。你想要什麼，就請那一個人到你家裡去。」

婦人回去轉述方才老人所說的話。全家人思惟後，各持己見：先生認為請財富，太太以為平安最好，兒子希望成功進門，女兒歡喜慈悲。最後大家採納女兒的意見，請慈悲進家門。

慈悲進了他們家，另外三個老人也跟著進門，太太疑惑：「你們不是說只能一個代表嗎？」

三個老人說：「我們有一個慣例，慈悲到哪裡，我們三個都願跟隨。」

最後，我也希望能把財富、成功、平安、慈悲送給各位，祝福大家。

（二〇〇六年六月二十四日
於日內瓦聯合國國際會議中心）

【修心之鑰】

• 人與人之間要融和，必須先和平相處；想要讓世界和平，也必須先相互融和、尊重。

• 若具有包容觀、無我觀、平等觀、慈悲觀，則國家、文化、宗教、種族，都能走向融和。

《迴響》

星雲奇蹟

——佛光山人間佛教的興起

高希均

一位十二歲的揚州和尚，二十三歲從大陸到台灣，沒有親人，不諳台語，孤苦無援；還誣陷為匪諜入獄二十三天；但腦無雜念，心無二用，投下了六十年的心血，開創了一個無限的人間佛教世界。

這位法名「悟徹」的出家人，就是現在大家尊稱的星雲大師。

在台灣，在大陸，在其他華僑地區，以及世界各地（從日內瓦、東京、到雪梨），人間佛教、佛光山、星雲大師已變成了「台灣之光」。

他的一生：改革了佛教，改善了人心，改變了世界。

這是「台灣奇蹟」的一部分，這是台灣「寧靜革命」的一部分，這是在慶祝開國百年中一位值得尊敬的人物。

一、「奇蹟」起因於一念

六十年來的台灣社會，已經從貧窮變成小康，從閉塞變成開放，從威權變成多元，人才與言論早已是百花齊放、百家爭鳴。在宗教界，能結合佛教思想與人生幸福，再加以多方面實踐與全球性推廣的領袖，當推佛光山星雲大師。

對大多數人來說，他們並不清楚佛光山的信徒到底有幾百萬？每年在世界各地佛法的宣揚有幾百場？遍布世界各地的道場有多少個？組織的讀書會有幾千個？出版的佛學專著有幾百種？但很多人都能體會到佛光山無遠弗屆的影響力。

我的觀察是，這些在海內外的成就以及對台灣社會的貢獻，起因於一個念頭：推動人間佛教。年輕的星雲，從宜蘭做起。他所嚮往的就是：「佛說的、人要的、淨化的、善美的；凡是有助於幸福人生增進的教法，都是人間佛教。」不懂精深佛理的人，也都能懂這樣平易近人的解釋。

人間佛教的提倡，是透過各種直接與間接方式、宗教與非宗教活動走進人群、走進社會、走進生活以及走向國際時，追隨的人——信徒以及非信徒——都被這些信念與行為所感動：給人信心、給人歡喜、給人希望、給人方便。他又深知人生離不開金錢、愛情、名位、權力，因此又不斷提倡「要過合理的經濟生活、正義的政治生活、服務的社會生活、藝術的道德生活、尊重的倫理生活、淨化的感情生活」。

他自己則從不間斷著述立論、興學育才、講經說法、推廣實踐，六十年如一日。他的辛苦沒有白費；他的成就難以細述，在文教領域：

- 一九六七年創建佛光山，啟動「人間佛教」弘法之路。
- 創辦了十六所佛教學院，二十二所美術館。
- 在美、台、澳洲創辦了四所大學，二十六所圖書館。
- 在台灣另有八所社區大學，在世界各地有五十所中華學校。
- 重編藏經，翻譯白話經典。
- 成立出版社、圖書館、電台、人間衛視、《人間福報》等。
- 海外已有兩百多個別分院與道場。
- 個人獲得的榮譽（如榮譽博士、勳章、獎狀等）更逾百位數，包括最近中山大學（高雄）、香港大學致贈的榮譽博士。

在一般人（包括我自己）的內心深處總想了解星雲大師：

- 如何以其智慧，把深奧的佛理變成人人可以親近的道理？
- 如何以其毅力，再把這些道理變成具體的示範？
- 又如何會有這樣的才能，把龐大的組織管理得井然有序？

• 又如何會有這樣的胸懷，在五十八歲就交棒，完成佛光山的世代交替？又如何在交棒之後，再在海外另創出一片更寬闊的佛教天空？

• 最後，又如何以其願力、因緣、德行，總能「無中生有」，把佛教從一角、一地、一國而輻射到全球？

二、開創「佛光事業」

自己讀經濟，用我們的言語來探討：星雲大師是用什麼「經營策略」，以及什麼「商業模式」，創造了遍及海內外的「佛光事業」？

相識二十年來，一直在思索他的領導模式與管理哲學。他如何能「無中生有」、「一有即無」？他或許會說：「我不懂管理，只懂人心」；「我不會命令，只會慈悲」；「我以出世的精神做入世的事業」；「我相信：捨才有得」；「我相信：有佛法就有辦法」。

二〇〇五出版的《藍海策略》與《星雲模式的人間佛教》，終於提供了關鍵性的解答。「藍海」不是政治符號，是一種機會無限的隱喻。《藍海策略》一書的二位西方學者指出：企業（或任何組織）不可能永遠保持卓越，要打破這個宿命就是要脫離「血腥競爭的紅色海洋」，去追求一個完全嶄新的想像空間與發展方向。它不再堅守一個固定的市場，更不能對舊產業緊抱不放；而是勇敢地另建舞台，另尋市場，另找活水，就會在新發現的藍海中揚帆前進。當我們看到任何一個組織（從政黨到企業）不另找活水時，就會一個一個地在一池死水中衰退，終至消失。

開創藍海，要有四項策略：1.「消除」哪些習以為常的因素？2.「減少」哪些不必要的因素？3.「提升」哪些因素？4.「創造」市場上尚未提供的因素？1.與2.在節省成本，以擴大需要；3.與4.在創造「差異化」與「新價值」，以開拓市場。

令人驚訝的是：這個近年來橫掃企業界的藍海理論，早已在佛光山與他的弟子身體力行下默默地推動：

- **他們一直在努力開創佛教的「新市場」；**
- **與其他宗教常相往來，使「競爭」變得不對立；**
- **創造出信徒及社會的新需求，保持活力；**
- **以新的事業與願景，維持信徒的熱情及社會的信賴；**
- **不斷提升內部人才的培育與外語能力，並且加強內部作業系統。**
- **更以不同的說法語言、弘法方式、為教願心、證悟目標來傳播人間佛教。**

這樣的用心、做法、效果，不僅符合藍海策略，更超越了藍海策略。因此滿義法師所寫的《星雲模式的人間佛教》，即是人間藍海的中文版、宗教版；更正確地說，星雲大師是人間藍海的領航者，比之英文著作已經先啟航了半個世紀。

我們要分辨的是：企業所追求的藍海是企業利潤、個人財富與產業版圖；人間佛教所追求的藍海是現世淨土、人間美滿、慈悲寬容。

三、「星雲模式」的提出

我們還應當進一步引用滿義法師對「星雲模式」的詮釋。

在知識經濟時代的企業運作中，模式（model）的對錯，決定公司盈虧。我們常聽到高科技企業界的主持人興奮的說：「本公司已經找到可以盈利的新商業模式（new business model）。」或者聽到另一種藉口：「公司之所以虧本，就是選錯了商業模式。」因此，「模式」就是指決定運作成敗的一套方法、一個過程、一種組織、一種判斷。

作者滿義法師非常用心地根據大師這麼多年來的言行及著述，探討了人間佛教特有的做法與推展的特色。作者把這些做法與特色歸納為四個項目，然後旁徵博引的陳述「星雲模式」在於：

一、說法的語言不同。

二、弘化的方式不同。

三、為教的願心不同。

四、證悟的目標不同。

在每一個大項目下，又以清晰的文字與實例來闡釋。在引證「說法的語言不同」時，作者指出星雲大師：

- 詮釋佛法的語言很人性化，沒有教條、沒有形而上的談玄說妙，也不標榜神通靈異。
- 說法善於舉喻說譬，他常利用故事、公案，藉以詮釋深奧的道理，令人心開意解，繼而對佛教生起信心。
- 說法理路清晰，前後有連貫性，簡潔扼要，不會離題漫談，也沒贅語。
- 說法機智幽默，常常信手拈來，一句話就能回答一個難解的問題。
- 言行一致、言而有信，且一生信守承諾，所開示的佛法都是自己躬親實踐過，所以說來令人信服。
- 講話圓融，客觀中肯，而且面面俱到，總能令舉座皆大歡喜。
- 為人慈悲厚道，從小就學習「口邊留德」，從不輕易批評、責怪別人，說話總是給人留有餘地；他體諒、溫厚的性格，總是令人如沐春風，凡是與之接觸過的人，無不歡喜親近，並且被他的誠意感動。

在「弘化的方式不同」之下，作者又指出：

- 提出「用新事業增廣淨財」的理念，將信仰與事業結合，使信仰佛教的人口逐漸「年輕化」、「知識化」，大大改變過去一般人對佛教的觀感。

- 首開興辦活動之風氣，透過「多元」活動的舉辦，不但帶動朝野各種社團活動的蓬勃發展，尤其藉助活動，發揮「寓傳教於活動」的弘法功能，讓佛教走向社會，帶動社會善良風氣，甚至走向國際，如最近提倡的佛光女籃球國際比賽。
- 對於傳統佛教的陋習勇於改革，能夠擺脫守舊而不斷創新、發展。

這裡引述的「不同」即是「特色」。「星雲模式」的人間佛教，就擁有這三十二項「特色」，突出於海內外的信眾及民眾的心目中。

從我們研究經濟及管理的觀點來看，「星雲模式」之所以在國內及國際市場有高度競爭力，不僅在於「差異化」（有三十二項不同），也在於其能滿足顧客（此處是指信眾）的需求；更重要的是這位領導人擁有四項才能：過人的說服力、堅強的執行力、群眾的擴散力、旺盛的生命力。

他回顧自己當年的承諾：「我是出家人，我要把和尚做好。」即使以最嚴的標準責己，也應當給自己一個「很滿意」的分數。

四、「軟實力」無處不在

提倡「軟實力」（Soft Power）的哈佛學者奈伊教授（Joseph Nye）剛於去年十二月訪問過台灣。近幾年來我不斷在鼓吹「軟實力」的理念。印證人間佛教的興起，正證明了「軟實力」的實力。

「軟實力」是指一種吸引力，能使別人（別國）願意來稱讚、學習、仿效。一個社會擁有的文明、開放、平等、法治、宗教、藝術等等都是軟實力的例子。

「人間佛教」的吸引力呈顯在文字上與活動上：它可以是一種靜態的或與動態的、個人的或團體的、國內的或國際的，它也可以是「同中存異」或「異中求同」。所有這些吸引力又可歸納為一種：

1. 奉獻的行為。

2. 行善的服務。

3. 慈愛的感染。

佛光山的體系則是源頭，它是一個：

4. 具有效率的組織。

5. 擁有推動的機制。

6. 積極助人的團體。

最後，在信眾及民眾之間，

7. 凝聚成一股「向上的力量」。

8. 產生了「參與的嚮往」。

星雲大師說過的這些話，都給「軟實力」做了貼切的示範：

- 「不怕吃虧，吃虧就是佔便宜。」
- 「給人利用，才有價值。」
- 「天下長輩都是我的父母，天下晚輩都是我的子女，天下人都是我的自家人。」
- 「你對我錯、你大我小、你有我無、你樂我苦。」
- 「你中有我，我中有你。」
- 「給人就給己，佛光山就是從『給』裡成就出來的。」
- 「我跟別人結緣，沒有別的本領，只有用感動、用佛法、用真誠的心。」
- 「大眾第一，自己第二；信徒第一，自己第二。」

五、緣分

二十年來對我影響深遠的一位長輩就是星雲大師。

我不是佛教徒，也不諳高深的佛理，但常能從他倡導的平易近人的人間佛教中，獲取很多啟示。即以辦教育而言，我一生教書，能教出多少學生？他所創辦的大學，如佛光大學、南華大學及美國的西來大學，一年就培養出幾千位大學生與研究生。

《遠見》雜誌促成了我們相識的因緣。那是一九八九年三月，大師第一次從大陸訪問回來，我們邀請到了他在台北做一次公開演講，相信這也是在當時的台灣社會，公開「談大陸行」的第一次演講。

二〇〇六年三月曾有機緣隨大師赴長沙有千年歷史的嶽麓書院聆聽他的演講。正碰上春雨的長沙，數百位聽眾在這個充滿史蹟的書院的露天中庭穿著雨衣，專心地聆聽他的講話，這真是從未見過的感動場面。

然後嶽麓書院的朱漢民院長請我做十五分鐘的講話，其中有一段話我是在細雨中這樣向聽眾說的：

「隨著國際佛光會的散布全球，隨著中國社會的逐步開放，星雲大師還有更多的人間佛教事業要做，更長的人間佛教道路要走。

近年來，大師多次受邀訪問大陸，他對中國大陸的愛心，已經播下了友誼的種子，遲早必然會對海峽兩岸有所貢獻，發揮對社會人心淨化的功能。

此刻如果他誕生的土地需要他來協助建立一個和諧社會，我們相信他一定會樂於貢獻出他的心力。」

二〇〇五年後大師再回到宜興復興祖庭，重建大覺寺，並在揚州設立鑒真圖書館及「揚州講壇」，大陸各地設立四十餘所「佛光希望學校」，二十餘所佛光醫院；也在非洲塞內加爾、巴西、印度、菲律賓等地設立育幼院及技能訓練班。

他自喻為地球人，跨越宗教、人種、地域。他自己與天主教、回教等領袖或會談、或交流、或共同推動世界和平、人類博愛。近年來常與單國璽樞機主教對話。

從他的高度與視野來看這世間的一切——他的四句話是送給天下人最好的禮物：

人生最大的毛病是自私；

人生最大的悲哀是無知；

人生最大的勇氣是認錯；

人生最大的本錢是尊嚴。

在佛光山的大會客廳中掛有三幅字：「做好事、說好話、存好心」。當重要政治人物看到這「三好」時，內心想必會有一番觸動。他近年也在各處推廣「行三好，救台灣」。

大師要以「三好」為核心，進而構建「三和」：「人民和睦」、「兩岸和平」與「人類和諧」，形成台灣、大陸與世界的「共和」。

佛光山佛陀紀念館的興建是星雲大師晚年深藏內心與願望的實現。它一面供奉佛牙舍利，供世人瞻仰；另一面眾人可以學習佛陀的慈悲智慧，創造更真、更善、更美的和諧社會。

此一建館工程佔地一百公頃，自二〇〇三年開始，將於紀念民國百年的二〇一一年竣工。佛陀紀念館是一座融和古今與中外、傳統與現代的建築。在佛光山巔，它將閃耀著人類文化與佛教智慧的光芒。

出身貧寒的他，從未學習過寫字。近年因視力模糊，一沾墨就一筆揮就，被稱為「一筆字」。中國藝術研究院院長王文章有這樣的形容「一筆字」：大師的字超越了俗世「規矩」和「方法」，但卻氣韻流暢；有一種鮮活的靈動之美和深刻的禪意。「一筆字」的書法，近幾年來已在台北、北京、南京等各美術館展出。大師說：「不要看我的字，請看我的心，我有一點慈悲心及一顆中國心」。

他又於二〇〇九年設立「星雲真善美新聞貢獻獎」，肯定在新聞傳播領域，對華人社會有重大貢獻的新聞專業人士；他們堅持理想，建立典範，並發揮社會公器責任。此一貢獻獎已頒發二次，得獎地區除了台灣，已擴及大陸、香港、星、馬。得獎者包括了典範人物獎成舍我、王惕吾、余紀忠；終身成就獎張作錦及教育貢獻獎與傳播貢獻獎等獎項。

二十世紀大經濟學家熊彼德在一九五〇年去世前，他曾經對彼得・杜拉克父子講過這麼一段話：「人們若只曉得我寫了幾部著作及發明一些理論，我認為是不夠的。如果沒有改變人們的生活，你就不能說改變了世界。」

大師六十年來在自己的著述及實踐中，所提倡的「人間佛教」已經改變了人們的生活，也已經改變了這個世界；像一場「寧靜革命」，已在海內外和平的崛起。

文史學者余秋雨先生第一次見到大師，就有這樣的印象：「大師形象大、格局大、氣魄大、心胸大、理想大。」愈與他有機會親近的人，愈會有這種「大」的體會。

我們不能把他的成就，歸於機運；不能把他的「事業」，只認為是宗教；更不能把他的影響，侷限於台灣。星雲大師的貢獻實在已經跨越宗教，超越台灣，飛越時空。

面對外界對他的各種讚譽，他總是淡淡地說：「我只是一個平凡的出家人，我來世還要做和尚，因為我做得不夠好。」

這真是台灣「經濟奇蹟」之外的另一個「星雲奇蹟」。

（二〇一〇年十二月二十九日於台北）
二〇一一年一月十二日修訂

社會人文 BGB399

星雲智慧

國家圖書館出版品預行編目(CIP)資料

星雲智慧 / 星雲大師著.
-- 第一版. -- 臺北市 : 遠見天下文化,
2015.08
面 ; 公分. -- (社會人文 ; BGB399)
ISBN 978-986-320-794-8(精裝)

1.佛教說法

225.4　　104013813

作者－星雲大師
主編－王力行
迴響－高希均

總編輯－吳佩穎
執行主編－項秋萍（特約）
責任編輯－賴仕豪
美術指導－張治倫（特約）
封面及美術設計－張治倫工作室　廖得妤 林育琦（特約）
封面及內頁圖片提供／佛光山

出版者－遠見天下文化出版股份有限公司
創辦人－高希均、王力行
遠見・天下文化 事業群董事長－高希均
事業群發行人／CEO－王力行
天下文化社長 － 林天來
天下文化總經理 － 林芳燕
國際事務開發部兼版權中心總監 － 潘欣
法律顧問－理律法律事務所陳長文律師
著作權顧問－魏啟翔律師
地　址－台北市 104 松江路 93 巷 1 號 2 樓
讀者服務專線－（02）2662-0012｜傳真－（02）2662-0007；2662-0009
電子信箱－cwpc@cwgv.com.tw
直接郵撥帳號－1326703-6 號　　遠見天下文化出版股份有限公司

電腦排版－張治倫工作室
製版廠－東豪印刷事業有限公司
印刷廠－祥峰印刷事業有限公司
裝訂廠－精益裝訂股份有限公司
登記證－局版台業字第 2517 號
總經銷－大和書報圖書股份有限公司
電話－（02）8990-2588
出版日期－2015 年 8 月 31 日第一版第 1 次印行
　　　　　2023 年 2 月 17 日第一版第 9 次印行

定價－550 元
ISBN 978-986-320-794-8
書號－BGB399
天下文化官網 － bookzone.cwgv.com.tw